*Epistemological Investigation of
Science Curriculum Design*

科学课程设计的认识论考察

张磊 著

社会科学文献出版社
SOCIAL SCIENCES ACADEMIC PRESS (CHINA)

摘 要

对教育系统内部各种现象的观察以及对人类生存环境的思考，启发人们对教育的持续关注。而没有课程的支撑与引领，教育的任何作用都将难以实现，其中"课程设计"关心具体而实用的课程产品系统的开发与利用，直接关系着教育目的的达成。因而，"课程设计"是课程领域应优先解决的问题。具体到"科学课程设计"，无法回避的一个事实是，科学技术的盲目发展所带来的生态环境恶化。这实际上触发了人们对"理性"的深刻反思，并由此认识到，从科学与人文两方面培养人才的重要性，认识到以培养学生批判性思维能力为核心的科学素养理想，是科学课程设计"应然"的努力方向。

科学课程的性质满足实现这种理想的条件，认识论的发展也足以提供实现这一理想的思想基础，但对科学课程设计的历史考察表明，传统科学课程囿于技术性处理，整体上缺乏对人文发展需求的思考，即强调学科而忽视学生与社会发展需求的极端表现，并从而助长了科学主义倾向的蔓延。这一现象表明，认识论作为反映人们认识发展规律的学说，对科学课程设计具有基础性作用。而实证主义以及客观主义知识观与认识论对传统科学课程设计的深远影响，正是传统科学课程设计现实与理想差距甚远的根本原因。

实际调查证明了这一点。如：（1）分别有 62.50% 和 44.19% 的初中与高中教师,认为理科课程设计就应该"遵循学科知识体系的逻辑发展线索",而仅分别有33.33%和16.28%的初中与高中教师认为理科课程设计应"关注学习者需求";(2)将科学视为真理的八年级到高三年级学生比例依次为30.21%、18.56%、3.77%、13.38%、12.96%,认为科学就是客观知识体系的八年级到高三年级学生比例也分别有40.10%、37.11%、42.45%、54.23%、50.00%,主要采用理解记忆方式学习理科课程的八年级到高三年级学生分别占27.60%、29.59%、28.30%、35.92%、40.74%,而用记忆方式学习理科课程的八年级到高三年级学生也分别有9.38%、14.29%、13.21%、9.15%、3.70%;(3)认为科学知识是客观世界真实反映的初中和高中教师分别为70.83%和60.47%,而当教师认为"科学是客观知识体系",接受科学知识是"人类获得真理或客观世界真实反映"的观点时,便倾向于运用理解记忆的方式进行教学。我们无法对成长中的中学生超越教师的教导寄予过高的期望,意味着将新的课程理念落实到教学实践,还有许多工作要做。

基于以上思考,本书针对科学课程设计存在的诸如科学课程观的褊狭、科学课程结构的逻辑发展单一化、科学课程方法的局限以及科学课程评价的重结果化倾向等问题,进行了分析论证,指出尽管产生这些问题的原因涉及多个方面,但课程设计在认识论上的偏差是不容忽视的重要因素。即采取狭隘的科学—实证或实证主义一元化的研究方式,将课程孤立于课程既有的范围之内,助长了课程设计思想上的唯知识论倾向,使课程设计基本上变成知识的架构与增删,遮蔽了课程的开放性质以及课程本身的意义。

然而,狭隘的科学—实证即实证主义的真理性是值得怀疑的。毕竟真正科学的理论不过是还未被证伪的假说,其科学性实质上表现为能够被证伪的可能性。但科学理论却又既不能被完全证实也不会被彻

摘 要

底否证，因而无论是严格的证实还是严格的否证，都不会使人们从经验中获得好处。这实际上意味着，实证主义甚至证伪主义的困难确实存在着，是说那种认为"所有经验科学的陈述必须是能最后判定其真和伪的，或者说它们必须是'可最后判定的'"的观点，或强调"必须证实它们和证伪它们"的想法是难以实现的。这就从根本上动摇了传统科学课程设计的认识论基础。于是应正确区分实证思想与实证主义、证伪方法与证伪主义的区别与联系，事实上，以实证主义和证伪主义为两极，证实或证伪都处于两者连线之上，都是实证研究必要的思想方法。但发展到实证主义或证伪主义则是极端荒谬的想法或做法。

正因为科学理论不可能成为"最终的"表述或"最后的"真理，因此决不能仅仅用科学陈述的逻辑的或形式的结构当作经验科学的特征，也应建立起将经验科学的方法构成其特征的思想。是说科学理论绝不是在所谓获得证实的真命题与由它们构成的知识体系的静态的简单积累，而是动态的在已有知识基础上的不断生长，从而表现出新旧知识之间的连续性，即将以前已经完成的东西合并到不断生长的也必然穿越时间并进步着的结构中，永远处在一个不确定的、动态的变化之中。于是与传统科学课程强调对知识的累积不同，科学课程实际上是对科学理论实行检验的方法的态度与精神。从而使得科学知识不仅包括关于世界的观念、规律和原理的体系，而且也内在地包含了了解世界的方法体系，以及关于世界的观点、看待世界的态度和情绪等方面。但这种方法不同于"技术理性"所强调的具体的方法程序，而是一种质疑的精神、批判的态度和思维的习惯。这意味着科学课程是有待教师与学生在教室情境进行检验的假设，教学目的不是让学生寻求一致的标准答案，只是引导学生在探究过程中进行毫无标准答案的学习与讨论，把已有知识作为师生思考的材料，以发展学生理解、批判性反思和负责任判断的能力。

上述观点概括于"科学课程即研究假设"的课程观念之中，并以培养学生批判性思维为核心的目的说与以观念转变理论为指导的方法说相配合。落实这一课程观念具体表现在三个方面：（1）以问题为导向的科学课程结构，即以问题为中心组织课程内容不仅使学生沉浸在问题式学习之中，而且通过建构整个情境的意义，使学生在知识学习和实际运用之间建立起更加紧密的关系。（2）针对调查结果：认为科学是客观知识体系，将科学知识视为真理或客观世界真实反映的教师，倾向于运用理解记忆的方式组织教学活动；而当下以探索总结为主的教学方式还并非完全意义上的探究式教学。本书提出应树立正确的科学与知识观念，确立以问题为核心的探究式教学策略，以便探究式教学在理性指引与规范之下顺利开展。（3）评价的目的在于促进学生发展，而且课程评价旨在考察质而不是量。基于"任务驱动"的课程评价以问题为载体把评价设计成让学生完成真实任务的形式，使评价贯穿于知识生成的整个过程之中，能实现以学生自评为主的自我监督，将反馈、激励与改进功能统一于问题解决之中，从而能最大限度地确定课程需要改进的方面，实现评价的建设性功能。

目　录

引　论 …………………………………………………………… 1
  一　问题的缘起 ……………………………………………… 1
    （一）基于教育系统内部的观察 ………………………… 1
    （二）着眼于人类生存环境的思考 ……………………… 3
    （三）课程设计有待于进一步完善 ……………………… 7
  二　理论及实践基础 ………………………………………… 14
    （一）理论研究 …………………………………………… 14
    （二）实践探索 …………………………………………… 22
    （三）基本共识 …………………………………………… 28
    （四）存在问题 …………………………………………… 30
  三　立场确立 ………………………………………………… 35
    （一）基于"理性"的认识 ………………………………… 36
    （二）"两种文化"的融合 ………………………………… 48
    （三）论证及解决问题 …………………………………… 53
  四　基本概念界定和框架结构 ……………………………… 56
    （一）基本概念界定 ……………………………………… 56
    （二）框架结构 …………………………………………… 60

第一章　科学课程的性质 ······ 62
一　科学是一种文化过程 ······ 62
（一）人是文化的存在 ······ 63
（二）科学的起源 ······ 72
（三）科学发展的文化过程性 ······ 75
二　科学课程的文化属性 ······ 79
（一）科学课程作为文化的重要方面 ······ 79
（二）科学课程对文化的传承 ······ 80
三　科学课程的价值诉求 ······ 84
（一）国际上科学课程的目标定位 ······ 84
（二）我国科学课程的目标定位 ······ 86

第二章　科学课程设计的认识论基础 ······ 89
一　认识论作为科学课程设计的思想基础 ······ 89
（一）以认识论为基础设计科学课程的必要性 ······ 89
（二）认识论对科学课程设计的指导作用 ······ 90
二　实证主义对传统科学课程设计的制约 ······ 91
（一）实证主义的基本思想 ······ 92
（二）实证主义的影响 ······ 96
三　可检验性作为新的认识论基础 ······ 98
（一）可检验性思想的确立 ······ 98
（二）可检验性给予科学课程设计的启示 ······ 101

第三章　科学课程设计的历史考察 ······ 104
一　西方科学课程设计简要回顾 ······ 104
（一）西方科学课程形成的思想基础 ······ 106

（二）西方科学课程的形成 …………………………………… 112
二　我国科学课程设计简要回顾 …………………………………… 115
　　（一）我国科学课程形成的思想基础 …………………………… 115
　　（二）科学课程形成及新课程改革前的发展 …………………… 118
三　中西方不同设计思想的历史透视 ………………………………… 126
　　（一）对待研究方法的态度不同 ………………………………… 126
　　（二）思维方式上的差异 ………………………………………… 128
　　（三）课程目的期望上的差别 …………………………………… 129

第四章　科学课程设计的认识论偏差 …………………………… 138
一　科学课程观的褊狭 ……………………………………………… 138
　　（一）科学主义的局限性 ………………………………………… 139
　　（二）科学课程的科学主义倾向 ………………………………… 143
二　科学课程结构的线性逻辑特征 …………………………………… 145
　　（一）科学课程对学科基本结构的强调 ………………………… 145
　　（二）学科基本结构的线性逻辑发展 …………………………… 151
三　科学课程实施方法的局限 ………………………………………… 154
　　（一）接受式学习方式易使学生成为知识被动的接受者 ……… 154
　　（二）学科基本结构的发现式学习机制不够清晰 ……………… 155
　　（三）建构主义学习方式的微观机理不够明确 ………………… 157
四　科学课程评价的重结果化倾向 …………………………………… 160
　　（一）评价依据的唯一性 ………………………………………… 160
　　（二）评价方式的单一化 ………………………………………… 161

第五章　科学课程设计的基本观念 ……………………………… 166
一　学科、学生与社会发展需求的辩证统一 ……………………… 166

（一）超越科学主义 …………………………………… 166
　　（二）课程设计不同理论取向的整合 ………………… 170
　　（三）注重学习者理论取向的课程设计 ………………… 174
　　（四）社会文化需求理论取向的优先性 ………………… 178
二　科学课程作为研究假设的课程观 …………………………… 185
　　（一）科学课程作为研究假设的含义 ………………… 185
　　（二）对"课程即研究假设"观点的超越 …………… 188
三　批判性思维为核心的目的观 ………………………………… 189
　　（一）"真""善""美"的和谐与统一 ……………… 189
　　（二）培养批判性思维的现实可能性 ………………… 194
　　（三）批判性思维是超越意识形态的力量 …………… 197
　　（四）批判性思维指向教育中最终的解放 …………… 200
四　基于观念转变理论的方法论 ………………………………… 203
　　（一）观念转变理论的基本精神 ……………………… 203
　　（二）观念转变理论的方法论意义 …………………… 206

第六章　基于问题的科学课程及其设计 …………………… 210
一　基于问题设计的必要性与可能性 …………………………… 210
　　（一）基于问题设计的必要性 ………………………… 210
　　（二）基于问题设计的可能性 ………………………… 213
二　以问题为导向的科学课程结构 ……………………………… 216
　　（一）科学探索中永恒的变量——问题 ……………… 216
　　（二）以问题为中心的动态生成结构 ………………… 219
三　科学课程实施方法的探究性特征 …………………………… 226
　　（一）探究式教学存在的问题 ………………………… 226
　　（二）探究式教学实施策略 …………………………… 229

四 科学课程评价的重过程性 ·················· 235
 （一）评价方式的多样化与多元化 ··············· 235
 （二）评价的激励与发展功能 ················· 237
 （三）基于"任务驱动"的过程性评价策略 ··········· 240

附录 ······························ 248
 附录 1 学生理科课程观调查问卷 ·············· 248
 附录 2 教师理科课程观调查问卷 ·············· 251
 附录 3 学生问卷统计 ···················· 255
 附录 4 教师问卷统计 ···················· 260
 附录 5 《PSSC 物理内容》 ·················· 265
 附录 6 ·························· 267
 附录 7 ·························· 270

名词索引 ···························· 274

人名索引 ···························· 288

后　记 ····························· 293

Contents

Introduction ·· 1
    Section One   Origin of the Problem ································ 1
    Section Two   The Theoretical and Practical Basis ············ 14
    Section Three   Establishing Positions ···························· 35
    Section Four   Definition of Basic Concepts and Framework
                        Structure ·· 56

Chapter Ⅰ   Nature of the Science Curriculum ··············· 62
    Section One   Science is a Cultural Process ···················· 62
    Section Two   Cultural Properies of Science Curriculum ········ 79
    Section Three   Value Demand of Science Curriculum ············ 84

Chapter Ⅱ   Epistemological Basis of Science Curriculum
              Design ··· 89
    Section One   Epistemology as a Basis of Ideas for Science
                        Curriculum Design ································ 89

Contents

Section Two　Positivism Constraints on Traditional Science
　　　　　　　Curriculum Design ·································· 91
Section Three　Testability as a New Epistemological
　　　　　　　Basis ·· 98

Chapter Ⅲ　Historical Survey of Science Curriculum Design ······ 104
Section One　A Brief Review of Western Science
　　　　　　　Curriculum Design ································ 104
Section Two　A Brief Review of Chinese Science
　　　　　　　Curriculum Design ································ 115
Section Three　The Historical Perspective of Different
　　　　　　　Design Approaches between China and
　　　　　　　the West ··· 126

**Chapter Ⅳ　Epistemological Deviation of the Science
　　　　　　Curriculum Design** ································ 138
Section One　Insularity of the Approach to Science
　　　　　　　Curriculum ······································· 138
Section Two　The Linear Logic of Science Curriculum
　　　　　　　Structure ·· 145
Section Three　Limitations in the Implementation Methods
　　　　　　　of Science Curriculum ···························· 154
Section Four　Result-oriented Tendency in Science
　　　　　　　Curriculum Evaluation ···························· 160

· 7 ·

Chapter V Basic Ideas about Science Curriculum Design 166

   Section One Dialectical Unity between Disciplines,
                Students and Social Development Needs 166

   Section Two Science Curriculum as a Research
                Hypothesis 185

   Section Three Critical Thinking as the telos 189

   Section Four Methodology Based on the Theory of
                Transformation of Ideas 203

Chapter VI Problem-based Science Curriculum and Its Design 210

   Section One Necessity and Possibility of Problem-based
                Design 210

   Section Two Problem-oriented Science Curriculum
                Structure 216

   Section Three Inquisitivences of Implementation Methods
                for Science Curriculum 226

   Section Four The Procedural Focus of Science Curriculum
                Evaluation 235

Appendixes 248

   Appendix 1 248

   Appendix 2 251

   Appendix 3 255

Contents

Appendix 4 ·· 260

Appendix 5 ·· 265

Appendix 6 ·· 267

Appendix 7 ·· 270

Index Ⅰ ·· 274

Index Ⅱ ·· 288

Postscript ·· 293

引　　论

　　一般而言，有历史的地方就有教育，教育发生和发展的历史与人类发展的文明史同样久远。无论家庭、学校或社会，对学生或儿童进行教育都要包含教育内容，需要有计划地编制教育内容。斯宾塞就把这种经过组织的教育内容叫做"课程"。没有课程的支撑与引领，教育的任何作用都将难以实现，新世纪基础教育课程改革也明确定位于"课程"。其中"课程设计"关心具体而实用的课程产品系统的开发与利用，直接关系着教育目的的达成。因而，"课程设计"是课程领域应优先解决的问题。

一　问题的缘起

（一）基于教育系统内部的观察

　　使年青一代身心健康成长是教育的基本要求，也是我国教育追求的重要目标之一。2000年对在某校抽取的215名学生学习物理的状况（仍使用新课程标准颁布前的教材）进行问卷调查，数据统计结果显示：讨厌学习物理的学生为44%；不讨厌，也不喜欢的占35%；而喜欢学习物理的人数仅占21%。[①] 作为对比，作者2012年对4所学校共600名学生进行问卷调查（有效问卷共592份，详见附录3：第3题）的结果是：喜欢物理的比例从八年级到高三年级依次约为：56%、46%、23%、48%和43%，表明新课程在激发学生学习兴趣方面的成效是显著的。但值得注意的是八年级接受调查的学生中有约4%的学生对物理、化学、生物都不喜欢；九年级学生三门课程都不喜欢的比例上升为14%；到高一年级此项比例达到最高为32%；高二年级有所降低为18%；高三年级继续降低但仍维持在9%左右。

另外，一种普遍的厌学情绪或许是不容忽视的。学生厌学一般表现为三个方面[②]：（1）上课时注意力不集中，思想时常开小差，或打瞌睡、做小动作，或恶作剧扰乱课堂。课堂上不动眼、不动口、不动手、不动脑，即实行所谓的"四不主义"，视上课为坐牢。（2）课后既不愿复习也不愿做作业，练习偷工减料——漏做、少做、字迹潦草，甚至抄袭作业或者干脆不做。对测验、考试无所谓，只做几个选择性试题应付了事，不负责耕耘，也不管收获。（3）逃学，是学生厌学的最突出表现。这些学生经常借故旷课，玩游戏或外出闲逛等，严重者，甚至于跌到青少年犯罪的泥潭。总之，厌学者，希望离开课堂、离开作业、离开考试、离开老师，最后离开学校。即使不能离开学校也只是做一些不劳力不动脑的事，并总想冲破校纪、校规的约束，自由自在。但同时无聊、孤独与空虚也时常伴随着他们。在被调查的初中生中有45%表示不喜欢学习。有10%的学生承认经常不想上课，便随便找个理由跟老师请假。占被调查高中生的33%的学生表示不喜欢学习，主要原因是无法承受过大压力，如学校压力、家庭压力和社会压

[①] 《全日制义务教育 物理课程标准（实验稿）》，湖北教育出版社，2002，第107页。
[②] 林璋：《让学校成为每位学生的乐园——谈厌学情绪》，http://campus.eol.cn。

力等；而67%表示喜欢学习、也有自己追求的高中生中，却有很大一部分学生在原因栏中写的是迫于责任。

这种普遍的厌学情绪终于演变为中考、高考过后，铺天盖地被撕碎的书本和试卷，令教育者们不无心酸与扼腕。可见，教育理想与教育现实之间的差距依然真实地存在，令人沮丧。但也正如卡尔·波普尔所注意到的：如果我们有足够的把握正视与研究我们失误的本质，改进便是可能的。因而，我们有理由重新拾起我们几乎已经失去的勇气，继续前行。为了每一个即使是不可救药的"问题少年"也都曾经是能深深感受母爱的孩子，我们也必须坚持、必须努力。

（二）着眼于人类生存环境的思考

国家教育"十二五"规划纲要指出："把育人为本作为教育工作的根本要求。"科学课程作为科学教育的重要依据，不仅承载了人类科学进步的核心观念、知识体系、方法论意识和科学精神，而且体现着课程编制者对待科学的态度以及对科学教育的认识等价值观念。因此科学课程从根本上影响并决定着"育人为本"在科学教育中的落实。但研究课程、关注教育，从根本上说旨在人的进步和健康成长，旨在人类生活质量的提高和改善。然而，来自生态学领域的统计数据却揭示出人类的前途和命运似乎正在一步步坠入深渊。

生态是包括人在内的生命个体和相同与不相同的生命群体以及生物和环境之间的协调与相互作用关系，是一个动态演化的历程。就其总体状况而言，生态在经历了人与自然漫长变迁的历史中，在原始文明期，人们生活在自然资源相对丰富的地区，但这时技术水平比较落后，人类只能被动地适应自然，与自然处在原始和谐的关系之中。发展到农业文明期，随着工具的改进生产力水平提高，活动范围扩大，生产自给自足，人口也缓慢增加，于是出现过度砍伐、开垦，也频繁发生为争夺水土资源而引发的战争，人与自然间的和谐关系已有被打破的迹象。再到工业文明时期，不仅创造出农业文明无法比拟的劳动生产力与舒适便捷的生产、生活方式，而且人类开拓自然资源的能力也大大增强，人口数量大幅度增加，寿命也延长了，同时工业文明对不可再生性化石能源大规模地消费也与日俱增，造成能源短缺、环境污染，致使生态环境被严重破坏。

比如，综合美国橡树岭国家实验室 CO_2 信息分析中心、世界资源研究所和美国能源部能源信息管理局的数据，自第一次工业革命以来，1751~2006年全球累计排放了1.22万亿吨 CO_2，使全球大气 CO_2 浓度已从工业革命前（1750）约280毫升/米^3，增加到了2007年的383毫升/米^3，远远超过了过去65万年来自然因素引起的变化范围。[①] 最近的一些评估结果显示，在 CO_2 水平增加一倍之后，全球各地的气温将升高1.5~6℃。但当未来全球平均增温达到1.5~2.5℃（相对于1980~1999年），评估的物种中将有20%~30%可能面临灭绝的风险；如果升温幅度超过3.5℃，则有高达40%~70%的物种可能灭绝。[②] 从对农业生产的影响来看，在 CO_2 浓度倍增的条件下，以大豆和小麦为例，大豆氨基酸和粗蛋白含量分别下降23%和0.83%；冬小麦籽粒粗蛋白和赖氨酸分别下降12.8%和4%。

现实中"各种技术的发展都是那么急剧那么猛烈，以至于人类还没来得及使自己适应它。结果是我们今天正在亲眼目睹的这些混乱，而且它正在搅乱我们的精神世界，就像已经搅乱我们的物质世界一样。……工业、商业和财政上的手段和机器的增长是那么的不顾后果、

---

① 中国科学院可持续发展战略研究组编著《2009中国可持续发展战略报告：探索中国特色的低碳道路》，科学出版社，2009，第10页。

② 中国科学院可持续发展战略研究组编著《2009中国可持续发展战略报告：探索中国特色的低碳道路》，第15页。

冷酷无情，以至于一些大的领域正在被一些本应使他们兴旺和快乐的活动弄得一团糟。生活过分的机械化已经玷污了个人、家庭和社会幸福的源泉"。精神上的混乱也是如此之深，或许再"不能让科学作为一种与我们的文化无关的工具来发展。科学必须人性化，这意味着至少不能允许它横冲直撞。它必须成为我们的文化中的一个组成部分，并且始终是为其余部分服务的一部分"。当然，"每个时代的科学成就，从开始到最后，都是人的成就。的确，不论它们技术上是否困难（那是很有意义的，但是是次要的），这些成就都是它们那个时代中最完美最壮丽的成就"①。

但雷切尔·卡森认为，无论如何"控制自然"一词是个妄自尊大的幻想之物，是在生物学和哲学仍处于低级幼稚时代的结果。当时人们设想对自然的控制，不过是要大自然为人类的便利舒适而存在。因而应用昆虫学里的这些概念与做法应在很大程度上归咎于人类科学上的蒙昧。像昆虫学这样一门最为原始的科学也竟然用最可怕、最现代化的化学武器来武装，但不幸的是它们在被用来消灭昆虫之余，也同时已经威胁到这整个大地了。② 因而"自然界并不是粗暴的；恰恰是我们人类是如何粗暴地对待她"③，正如 E. B. 怀特所言，我为人类感到悲观，人们对自己的利益过于精明。人们对待自然的办法只是打击以使之屈服。但如果人们不是这样的专横与多疑，并调整好与这颗星球的关系，如果人们能深怀感激之情对待它，那人类本可以有更好的生存空间与机会。美国公共卫生部的戴维·普赖斯博士也感叹道，我们经常在生活中提心吊胆，生怕哪一天什么原因会使我们的环境进一

---

① 〔美〕乔治·萨顿：《科学史和新人文主义》，陈恒六等译，华夏出版社，1989，第140～141页。
② 〔美〕蕾切尔·卡森：《寂静的春天》，吕瑞兰等译，上海译文出版社，2008，第295页。
③ 〔美〕霍尔姆斯·罗尔斯顿：《哲学走向荒野》，刘耳、叶平译，吉林人民出版社，2000：序8。

步恶化,从而使人类成为被淘汰的生物去与恐龙为伍。

人们需要一个更加高度理智的方针和一个更远大的眼光。任何生命都是超越了人类理解能力的奇迹,即使人们在不得不与之进行斗争的时候,人们仍需要尊重它们。用杀虫剂这类化学武器来对付昆虫已足以表明人类能力的不足与知识的缺乏,人类还远无法控制自然的变化,即便用暴力打击也无济于事。于是,科学上需要的也依然是谦虚谨慎,人类没有任何理由能骄傲自大。正如1876年恩格斯在《自然辩证法》中所说,"我们不要过分陶醉于我们对自然界的胜利,对于每一次这样的胜利,自然界都报复了我们"。于是爱因斯坦警告人们:科学技术是一把双刃剑,科学并不能为人类的发展确定目标,而只能是提供达到目标的手段与方法。52位诺贝尔奖获得者也发表《迈瑙宣言》:"我们愉快地贡献我们的一生为科学服务,我们相信:科学是通向人类幸福生活之路。但是,我们怀着惊恐的心情看到,也正是这个科学在向人类提供自杀的手段。"①

遏制环境进一步遭到破坏,已经是刻不容缓的事情,并且需要人类所有成员的积极参与和共同努力,"如果人们要维护这个我们个人和我们孩子们生活的星球,现在就必须一致行动"②。保护环境不能没有教育事业的参与,因为生态环境的恶化,在很大程度上受人们思维与行为方式的影响,是说人们思维与行为的方式极大改变了生态环境的状况。而教育是形成人们思维与行为方式的重要途径,发挥着举足轻重的作用。因而国务院于1994年颁布《中国21世纪议程》,要求:"应对受教育者进行可持续发展意识的教育,将可持续发展思想贯穿

---

① 转引自杜时钟著《科学教育与人文教育》,华中师范大学出版社,1998,第124页。
② 〔美〕米都斯等:《增长的极限:罗马俱乐部关于人类困境的报告》,李宝恒译,吉林人民出版社,1997,前言第10页。

于从初等到高等的整个教育过程中。"①

（三）课程设计有待于进一步完善

课程设计似乎不应为这些问题"埋单"，也无力担负起拯救这所有问题的重担。然而，毕竟"教育是我们时代少有的伟大希望之一"，"教育在社会发展和个人发展中起基础性作用"。因为"教育是更深刻、更和谐的人的发展并从而减少贫困、愚昧、（不平等的）排斥、压迫和战争的一种主要手段"，"教育是社会的核心，是提高社会生活质量的基本手段"②。"在 21 世纪到来之际，教育和各种培训已成为发展的首要推动力"③。因而，教育尽管并非解决所有社会弊端的灵丹妙药，但教育却常是我们战胜挑战取得平等持续发展的有效途径。因此"不仅教师和家长，而且每一个公民都有责任考虑教育目的应该是什么这个问题。'我们的社会应该是什么样子？'——对每一个公民来说，这个问题是不容回避的。它与有关教育的问题有很多交叠之处，以至于二者不能够明显地区别开来……"④ 意味着有责任的每一个公民都不能不关注、并最终明确什么是值得追求和学习的。

调查表明，对课程的期望与其现实状况之间着实存在着差距。为掌握科学课程现实状况的第一手资料，作者做了中学理科教师与学生关于科学课程设计状况的问卷调查。

学生问卷调查主要从科学知识观、学习观、课程观与对科学课程的愿望等四个方面进行；教师问卷调查则是围绕科学观、课程观、教学方法观以及对课程设计的认知与期待等四个方面。就科学观而言，

---

① 余自强：《科学课程论》，教育科学出版社，2002，第 196 页。
② 郝德永：《课程研制方法论》，教育科学出版社，2000，第 4 页。
③ 《教育——财富蕴藏其中》，联合国教科文组织总部中文科译，教育科学出版社，1996，前言第 2 页。
④ John White, The Aimes of Education Restated, London: Routledge & Kegan Paul, 1982, p.1.

科学课程设计的认识论考察

主要包括科学本体观、形态观、发展观、价值观四个维度，而科学课程观则主要包括课程形态观、目的观、教与学的方法观三个维度。此外，还对教师和学生对教科书的定位、课程的难度及原因等进行了调查。作者分别对教师和学生问卷进行设计，其中教师问卷中有客观题17个、主观题2个，学生问卷中有客观题13个、主观题2个。由于条件与篇幅所限，本次抽取包括山东省威海市、曲阜市、烟台市及招远市四地六校的100名教师和600名学生，仅就科学课程中某些具体问题进行了调查。问卷调查内容与数据统计参见附录1~4。本次教师与学生问卷调查结果表明：

（1）目前，实证主义和客观主义知识观与认识论，依然在中学教师和学生的头脑中占据主导地位。许多教师和学生将科学等同于静态的知识体系甚至高深理论，认为科学的发展是归纳的逻辑。如：将科学视为真理的八年级到高三年级学生比例依次为30.21%、18.56%、3.77%、13.38%、12.96%；认为科学就是客观知识体系的八年级到高三年级学生比例分别是40.10%、37.11%、42.45%、54.23%、50.00%；并分别有20.31%、11.34%、25.47%、23.94%、20.37%的八年级到高三年级学生将科学等同于高深理论，具体如表0-1中所示。

表0-1 （科学是？A. 真理　B. 客观知识体系　C. 探索自然的方法　D. 高深的理论）

	A		B		C		D		总人数
八年级	58	30.21%	77	40.10%	99	51.56%	39	20.31%	192
九年级	18	18.56%	36	37.11%	46	47.42%	11	11.34%	97
高一	4	3.77%	45	42.45%	33	31.13%	27	25.47%	106
高二	19	13.38%	77	54.23%	46	32.39%	34	23.94%	142
高三	7	12.96%	27	50.00%	17	31.48%	11	20.37%	54

(2) 许多学生不清楚科学知识在社会生活中究竟有什么价值，或者认为科学技术毫无负面效应或者不置可否。许多教师认为，当前科学课程不利于学生了解科学技术的有限性及可能带来负面效应。比如明确选择科学技术没有负面影响的八年级到高三年级学生比例分别是22.16%、31.63%、33.02%、17.56%、42.59%；而不知道科学技术是否有负面影响的八年级到高三年级学生比例也分别有6.49%、13.27%、12.26%、9.92%、3.70%（如表0-2中所示）。27.91%的高中教师及41.67%的初中教师认为现行理科课程没有反映科学技术的负面效应，认为现行科学课程根本没涉及科学技术负面效应的初中和高中教师也分别占到被调查初中和高中教师的12.50%、23.26%（如表0-3中所示）。

表0-2 （科学技术有消极作用吗？A. 有　B. 没有　C. 可能有　D. 不知道）

	A		B		C		D		总人数
八年级	49	26.49%	41	22.16%	83	44.86%	12	6.49%	185
九年级	13	13.27%	31	31.63%	42	42.86%	13	13.27%	98
高一	22	20.75%	35	33.02%	37	34.91%	13	12.26%	106
高二	34	25.95%	23	17.56%	72	54.96%	13	9.92%	131
高三	3	5.56%	23	42.59%	26	48.15%	2	3.70%	54

表0-3 （科学课程能否反映科技的负面影响？A. 完全能　B. 基本能　C. 不能　D. 没有涉及）

	A		B		C		D		总人数
初中教师	0	0.00%	22	45.83%	20	41.67%	6	12.50%	48
高中教师	0	0.00%	17	39.53%	12	27.91%	10	23.26%	43

(3) 认为理科课程的主要内容是科学知识的初中和高中教师分别占被调查初中和高中教师的52.08%和58.14%（如表0-4中所示）。

科学课程设计的认识论考察

表 0-4 （理科课程主要内容：A. 科学知识　B. 科学方法
　　　　 C. 技术知识　D. 科学知识与社会的关系）

	A		B		C		D		总人数
初中教师	25	52.08%	17	35.42%	3	6.25%	18	37.50%	48
高中教师	25	58.14%	10	23.26%	0	0.00%	12	27.91%	43

（4）耐人寻味的是分别有 62.50% 和 44.19% 的初中与高中教师，认为理科课程设计就应该"遵循学科知识体系的逻辑发展线索"，而仅分别有 33.33% 和 16.28% 的初中与高中教师认为理科课程设计应"关注学习者需求"（如表 0-5 中所示）。

表 0-5 （理科课程设计：A. 遵循学科知识体系的逻辑发展线索
　　　　B. 关注学习者需求　C. 优先满足社会发展的需要
　　　　D. 是包括教师参与在内的动态生成过程）

	A		B		C		D		总人数
初中教师	30	62.50%	16	33.33%	10	20.83%	17	35.42%	48
高中教师	19	44.19%	7	16.28%	9	20.93%	13	30.23%	43

（5）许多教师与学生认为学习科学课程的主要方式是记忆、理解和应用。于是，大部分教师认为，增加学生探索活动的主要障碍是"效率太低"（初中和高中教师分别占 62.50% 和 62.79%，如表 0-6 中所示）。在中学生中，采用理解记忆的方式学习理科课程的八年级到高三年级学生分别占 27.60%、29.59%、28.30%、35.92%、40.74%；而用记忆方式学习理科课程的八年级到高三年级学生也分别有 9.38%、14.29%、13.21%、9.15%、3.70%，如表 0-7 中所示。主要采用理解记忆的方式进行理科教学的初中与高中教师分别占 31.25% 和 32.56%，如表 0-8 中所示。与于海波博士当年调查结果：

· 10 ·

60.00%的中学理科教师认为，理解记忆是目前主要的科学课程学习方式[①]相比较，意味着基础教育课程改革在转变教师观念方面的成效还是十分显著的。

表 0-6 （探索活动主要障碍是：A. 教科书的内容不合适　B. 效率太低　C. 考试不考　D. 设施不健全　E. 不清楚如何操作）

	A		B		C		D		E		总人数
初中教师	3	6.25%	30	62.50%	3	6.25%	23	47.92%	3	6.25%	48
高中教师	6	13.95%	27	62.79%	14	32.56%	16	37.21%	6	13.95%	43

表 0-7 （学习理科课程方法：A. 记忆　B. 理解记忆　C. 理解记忆并应用　D. 在活动中理解并应用）

	A		B		C		D		总人数
八年级	18	9.38%	53	27.60%	94	48.96%	56	29.17%	192
九年级	14	14.29%	29	29.59%	42	42.86%	15	15.31%	98
高　一	14	13.21%	30	28.30%	52	49.06%	12	11.32%	106
高　二	13	9.15%	51	35.92%	66	46.48%	14	9.86%	142
高　三	2	3.70%	22	40.74%	23	42.59%	8	14.81%	54

表 0-8 （教学方法：A. 死记硬背　B. 理解记忆　C. 理解后应用　D. 探索总结）

	A		B		C		D		总人数
初中教师	1	2.08%	15	31.25%	30	62.50%	13	27.08%	48
高中教师	0	0.00%	14	32.56%	26	60.47%	9	20.93%	43

（6）近半数甚至超过半数的高中学生认为学习理科课程的首要目的是为了升学，其中高一、高二和高三年级这个比例分别是：

---

① 于海波：《科学课程发展的文化学研究》，东北师范大学出版社，2007，第222页。

47.17%、63.38%和53.70%；对于八年级和九年级这个比例都比较低，分别是：17.71%和29.59%。分别有66.67%和52.04%的八年级和九年级学生认为学习理科课程的首要目的是为了拓展知识面，是令人欣慰的方面（如表0-9中所示）。

表0-9 （学习理科课程：A. 为升学　B. 为拓展知识面
C. 为解决生活中的实际问题　D. 不明确）

	A		B		C		D		总人数
八年级	34	17.71%	128	66.67%	89	46.35%	7	3.65%	192
九年级	29	29.59%	51	52.04%	21	21.43%	4	4.08%	98
高　一	50	47.17%	44	41.51%	12	11.32%	10	9.43%	106
高　二	90	63.38%	50	35.21%	33	23.24%	9	6.34%	142
高　三	29	53.70%	18	33.33%	11	20.37%	4	7.41%	54

（7）通过对主观题的归纳发现，绝大多数学生希望，今后的理科教学中能再多做些实验，进一步加强课程内容与生活及社会实际之间的联系。

尽管本次调查暴露出很多问题（具体情况将在相关部分逐一述及），但现行科学课程与以往理科课程相比较，改善与提高也十分明显，比如激发学生学习兴趣、转变学习方式等方面就有很大程度的提高，但也依然需要多方面地进一步完善。而在使学生理解科学技术的负面影响，提高受教育者的可持续发展意识方面，物理学科教学就有着得天独厚的条件和优势。

一方面，物理教学内容中包含了大量可用来进行环境保护意识教育的材料。以热学部分内容为例，传统物理课程过多关注了诸如各种燃料的燃烧值等知识，只是关心学生是否牢记了这些燃烧值的具体值。仅考虑了燃料燃烧产生热能的利用方面，而对于废料或残渣的处理，则在物理教科书中一般不予涉及。但若有意识地加强环境保护意识教育，比如进一步鼓励学生经过综合判断后，在若干可供应用的燃料中做出选择，就不仅会使环境保护意识有效而自然地融入物理课程之中，而且会增加学生对物理知识趣味性以及可应用性的认识，激发他们应用物理知识解决现实问题的欲望，自觉将物理知识与实际相联系，在实际应用中增长能力。还可以鼓励学生在课后继续查阅资料，了解化石燃料的藏储量以及这种燃料与可再生资源的不同，以完善他们对燃料及对能源的认识。

课程内容组织得好、运用得当，不仅不会增加儿童的负担，反而会激发他们学习的热情与解决现实问题的勇气，使他们在解决现实问题的过程中得到锻炼、增长才干，能把像燃料燃烧值这样的具体数值记得更牢固。事实上，与解决实际问题相比，解题要容易得多，因此考试分数只会高不会低，因为学生一旦意识到知识的真正价值、意识到自己学习的意义，不让他记、不让他学、不让他额外自行探究并扩充知识面，都是不行的。所以，能否将儿童激发到那种对于学习欲罢不能的境况，作者认为，与教育者所持有的教育观与知识观有关。将知识学习作为工具，无论是用来应付考试还是用来改造自然，最后都只能是连工具也掌握不好——考试不能应付，更不用说用来改造自然造福人类。实际上，物理学中，存在很多能将知识学习与培养解决问题能力并与环境意识教育有效联系起来的内容。如原子及原子核能的开发与应用，电能的应用，潮汐能、风能的利用，发电机工作原理等内容的学习，都能在提高受教育者的可持续发展意识方面，发挥独特的作用。

另一方面，物理学研究方法注重观察和实验，注重对实验事实的归纳与分析，从而为融入环境保护意识教育提供了契机与平台。如在进行凸透镜成像的教学中，让学生观察太阳光下凸透镜后面的纸片，颜色逐渐变暗到燃烧起来的过程，学生欣喜的同时，感觉太阳的温暖，也感知太阳光的能量。这时若不失时机地激发他们对太阳能运用的设想，介绍人类对太阳能的利用情况，就容易将环境保护意识植根于儿童的心中，并能生根发芽。但教学实践中恰恰更多地关注了概念，如仅仅让学生掌握凸透镜的焦点、焦距、对光线的会聚性质等，而不能把物理知识与现实的物理世界联系起来，使许多启发学生积极思考与想象、激发学生探索的机会白白浪费或溜掉。

当然，这不意味着学习透镜的内容，还有时间、甚至有必要展开对太阳能的深入学习与讨论，而是点到为止，并恰到好处地抛下悬念，以激发起学生内在的好奇与求知欲。这样的课表面上看来，提到许多与教学内容不相关联的问题，且没有标准答案，但正是这样的课，不仅能为儿童留下思考的余地、充分想象的空间和继续探究的线索，而且能开辟将物理知识与真实物理世界联系起来的有效途径。这对于把可持续发展思想有效贯穿于从初等直到高等的全部教育过程，能产生举足轻重的作用。[①]

二　理论及实践基础

（一）理论研究

1. 课程设计的研究

早在 1922 年，廖世承就在《教育杂志》上撰文论述中学课程编制的原则，王克仁也于 1928 年出版了《课程编制的原则与方法》等，这些都是课程设计研究的重要基础。总的来看，课程设计更多是作为

[①] 张磊：《论物理教学中强化环境保护意识教育》，《物理通报》2010 年第 10 期，第 73 页。

课程论的一部分加以阐述的,这样算来有关课程设计的内容就更加丰富。如1988年人民教育出版社出版的由邢清泉等译的日本伊藤信隆著《学校理科课程论》,书中是用四章的篇幅研究了学校课程的编制问题;陈侠在1989年3月出版的《课程论》,作为我国新时期第一部课程论专著,书中作者用大量的篇幅论述了制约课程编制的因素、学校课程的编制与实施以及课程编制的趋势等方面内容;1989年4月钟启泉编著的《现代课程论》,则是用了三章的篇幅论及课程设计的内容;1989年10月春秋出版社出版的由王伟廉、高佩译英国泰勒、理查兹著的《课程研究导论》,书中第三章讨论课程编制,第四章则专门论及课程设计;李定仁、徐继存主编的《课程论研究二十年》,也是用独立的一章即第三章论述课程设计的基本内容。

以往对课程设计的研究,至少在三个方面做出突出贡献。一是对课程的概念加以梳理,尽管课程一词的各种定义并不能解决各种课程问题,但的确提出了看待这些问题的观点,是课程论研究的逻辑起点,常常被认为是"课程论的中心和基调"[①]。比如美国学者古德莱德从课程实施的纵向层面分析,提出有五种不同的课程观点,一是理想课程,指由课程专家、学生团体和某些研究机构提出的应开设的课程;二是正式课程,指由教育行政部门规定的课程计划、课程标准和教材,是列入学校课程表中的课程;三是感知课程,是任课教师所感受到的课程;四是运作课程,是课堂情境中确实实施的课程;五是体验课程,指学生实际体验到的东西。我国有学者概括了六种典型的课程定义:(1)课程是教学科目;(2)课程是有计划实施的教学活动;(3)课程是预期学生获得的结果;(4)课程是学习经验;(5)课程是社会文化再生产;(6)课程是社会改造。较有代表性的课程观可概括为三种:

[①] 李定仁、徐继存主编《课程论研究二十年》,人民教育出版社,2004,第3页。

(1) 教学科目说;(2) 教学活动说;(3) 学习经验说。①

值得注意的是,与上述较被广泛接受的课程定义比起来,斯坦豪斯在《课程研究与课程编制入门》一书中给出了如下的课程定义:"一种课程是将一些基本原则与一个教育计划的特征联系起来的尝试。联系的方式在于它可以被批判地审查及能够有效地付诸实践。"② 显然,这一定义十分模糊,有近乎虚无缥缈之感。因此,尽管之后有许多课程论专家对该观点进行了进一步阐释,但这种观点提出了近半个世纪,仍然远未与教学实践建立起能被觉察到的任何意义联系。所以,这种课程观没有像其他那些观念一样,能对课程理论与实践产生些许影响。看来欲达到斯坦豪斯所期待的"能够有效地付诸实践",还需要更进一步的研究进展和实质性的突破。

二是对课程设计的概念加以界定(事实上有十几种之多),如廖哲勋1991年给出的界定为:课程设计是按照育人的目的要求,制定课程标准和编出各类教材的过程。钟启泉在1995第2期《教育研究》"试论素质教育课程设计的教育学模型"一文中的界定是(《课程设计基础》一书中依然沿用了这一界定):课程设计是指课程的组织形式或结构,有时也称为课程设置。它是基于两个层面:一是理论基础,二是方法技术。理论基础系指学科、学生和社会;方法技术是指对包括目标、内容、策略(资源、媒体、活动)、评价等在内的课程各要素,依照理论基础作出安排。总之,"课程设计"包括方法技术,而不仅限于针对已有的课程现象进行纯粹的理论分析和研究,同时还关心具体且实用的课程产品的开发,以达成教育目标。"课程设计"受教育观与课程观的影响,其意义是强调"设计"观

---

① 李定仁、徐继存主编《课程论研究二十年》,人民教育出版社,2004,第6~8页。
② 〔英〕劳伦斯·斯坦豪斯:《课程研究与课程编制入门》,诸平等译,春秋出版社,1989,第5页。

念，即要求课程规划和实施人员重视课程设计工作，以便确立适当的课程目标，选择与组织恰当的知识内容，选取合适的课程实施与评价策略，增进课程设计的效果，促进儿童学习经验的顺序性、延续性和统整性。

三是对课程设计的模式进行了深入的探讨，包括以"实效性""科学性""精确性""定量化"著称的、得到广泛采用的目标模式；包括对我国课程设计理论与实践的建设发展起到重要推动作用的过程模式；包括基于环境和文化分析的情境模式；包括施瓦布提出的实践与折中模式；也包括批判课程模式的课程设计思想。其中以目标模式的影响最为深远，使1949年泰勒出版的《课程与教学的基本原理》一书，不仅奠定了现代课程论者继续研究的坚实基础，而且被课程学者古德拉（Goodlad，1966）推崇为"课程研究的时代基石"。四个关于课程设计的基本问题：（1）学校教育应力求达到怎样的教育目标？（2）达到这些目标需要为学生提供何种教育经验？（3）组织这些经验的有效方法是什么？（4）如何确定这些目标正在得以实现？便成为研制任何课程及教学计划的起点，以至于不管人们是否赞成"泰勒原理"，也不管人们持何种哲学观点，但若不探讨泰勒所说的这四个问题，就根本不可能全面而深刻地研究课程问题。这些都是人们熟知的内容，不再赘述。

2. 科学课程的研究

围绕科学课程的研究大致经历了以下几个特点鲜明的阶段。一是18~19世纪以获取知识和技能的数量为目标，以自然科学体系本身为课程内容的"科学主义的课程"阶段。这一阶段课程，在教育思想史上称为"实质训练"，反映了要素主义思想对课程的影响，也称作"科学中心课程"（Science-centered curriculum）。这种课程因缺乏对学生心理以及在教育方面的考虑，致使学生对内容消化不了。同时科学

科学课程设计的认识论考察

进步造成的知识膨胀也形成教材分量过重，于是产生了从构成自然科学体系的领域里有目的地选择适应学生发展阶段内容的需要，并把称为科学的东西作为教育内容，称为"学科中心课程"（Subject-centered curriculum）。正如赫尔巴特所指出的，这种教材的编排是"由易到难"，以适应学生发展阶段的特点，而且重视科学体系。按这种课程进行学习，一般称为系统学习。概括来讲，人们认为这种"学科中心课程"作为科学主义课程的一种，具有如下四点优势：

第一，根据学科所组织起来的教材，能教人系统掌握文化遗产；

第二，有条理地学习合乎逻辑地组织起来的教材，能充分增长人的聪明才智；

第三，把一定的知识、技术的基本要素有组织地传授和教导，符合教育任务；

第四，课程的构成比较单纯，容易进行评价。

但这种课程造成的实际困难也十分明显，比如教材由于重视逻辑的系统性，进行学习时，易偏重记忆而忽视理解；易偏重于知识方面的教学，而轻视学生社会性发展和身心健康发展的需求；尽管学习了各种学科的教材，却难以发展起解决现实社会上各种问题的必要能力；由于教育方法划一，不能兼顾学生潜能与个性的差异进行教学；由于学科的类别较多，对于学生来讲，很难将学习的成果进行综合与统一。

二是以科学和科学的方法为基础开展起来的，称为"经验主义的课程"的阶段。如"儿童中心课程"就是建立在经验主义的立场上，不是通过传统的学科，而是以基于儿童的需要而进行的各种作业为中心，组织学习经验。这种课程的长处是：第一，因为是从学生感兴趣的问题出发，所以学习活动是积极的，可以预期提高学习效果；第二，自主、协同地进行学习，易使学生发展民主的价值；第三，易使学习与生活环境密切联系；第四，不仅在智能方面，而且可以预期整个人的身心得到发展。其缺点大致表现为：选择适合学生兴趣的最有效教材十分困难；以儿童为中心，易轻视教育的社会任务；难以将学习的结果概括化、系统化；教育内容集中在现实问题上，易忽视与文化传统和未来设想的联系；很难有组织地制定教育计划，学生在经验发展上的差别难以避免。

三是将目标定位于未来走向的，以社会中心课程为标志的"改造主义的课程"阶段。社会中心课程的长处是：第一，学习所具有的社会的职能，能直接地发挥出来；第二，学习经验集中于社会人格的形成上，可以期望整个人格的发展；第三，教师与学生依据共同计划来学习，能够发展对学生来说有意义的经验。缺点在于：社会的功能、课题等只停留在一般知识的学习，很难进行价值观的研究和人品的改造；所谓社会功能和问题的界限，很可能把成人的问题强加给儿童；易忽视与解决问题的学习相关联的有系统的发展；教师在缺乏足够资料和周密指导计划的情况下，容易失败。

四是称为"科学的人文主义的课程"阶段。这一阶段以主张"我们抱有人类目的才能够生活，于是应该努力迅速地培养能给科学和科学技术按人类目的指出方向的下一代"为鲜明特色，强调在形成科学的人类这一意义上，让知识、爱和同情成为道德的坚实基础，使智能的主张和有目的的行为成为合理的而且具有客观性。因此，它是以调和的、改造的、发展人的教育和科学技术教育为目标的。其中以 PSSC 为代表的"学问或知识中心课程"（Ciscipline-centered Curriculum），倡导通过掌握科学的基本结构和研究方法使之发展广泛的应用能力，精选典型的教育内容，发现式地去学习。

这种课程的基本假设是：第一，理解学科的基本结构能帮助理解学科的内容；第二，学科内容的细节，如果能在结构化了的概念网中给予一定位置的话,就作为知识保留下来;第三,理解基本的科学概念,能恰当地"训练迁移",即迁移到理解其他概念和领域;第四,各级教材对它的基本观点不断地加深理解,能缩小高深知识和初步知识之间的差距;第五,像科学家进行探究那样进行学习,有利于培养学生解决将要面临的、未知问题的能力。这之后的综合理科(combined-science),重视物理同人和社会的关系;哈佛物理(HPP)等,都在很大程度上表现了科学人文主义课程的特点,强调了由于环境变化所带来的有关现代科学技术文明的人类危机的意识。

3. 科学课程设计的研究

围绕"科学课程设计"的研究,大致包括如下几个方面:

一是厘清了分科科学课程与综合科学课程的概念。有学者借助于综合程度指数给出综合科学课程较为精确的界定是:当课程所涉及的若干学科内容之间具有内在关联,其综合程度指数等于或高于1时,课程内容能充分体现出科学知识与自然界一致的统一性,关注科学知识的社会相关性与学习者的个人需求,这样的课程可称为综合科学课程。分科科学课程则不太关注或不关注不同学科知识间的内在联系,而是注重某一学科内知识体系的完整性与各学科间的差别,综合程度指数比较小。因而分科科学课程便可定义为:只要是过分注重各学科知识体系自身的逻辑性,过早或不恰当地强调不同学科间的区别,对概念与原理的阐述不能体现出自然科学在本质上内在的统一性,并且课程内容有小于1/2的综合程度指数,这时科学课程被认为是分科科学课程。综合科学课程与分科科学课程的差别不在于形式不同,而是所属各组成部分知识间关联的状况。还可以引入抽象水平(LOA)与抽象水平梯度(GLOA)的概念,以便用定量分析的手段确定课程的难度水平,以将学生的认知发展水平与教科书的难度水平进行定量比较,以确定课程难度与学生的认知发展水平是否相当及对学生使用的适切性,为课程内容的选择与组织提供科学依据。①

也有论者依托国际科学课程改革的发展,对综合科学课程进行了细致考察。如《从传统到现代——综合科学课程的发展》一书中,就不仅提出了传统综合科学课程和现代综合科学课程的概念,并且将国际科学课程改革分为三个阶段。认为:20世纪50~60年代将重点放在学科知识上的第一次课程改革,是以牺牲科学的个人、历史和应用的方面为代价的;第二次科学课程改革浪潮将改革重点放在培养公民的科学素养上(所鼓励的综合科学课程主要是在学科自身基础上,围绕基本概念、原理及其结构和过程进行的学科内知识整合称为传统综合科学课程),苏格兰20世纪60年代末作为第一个综合科学课程成功实施的范例,正展现了这种综合科学课程形态发展的理路和结构特色;第三次科学课程改革浪潮,尽管培养公民科学素养的根本目的没有变化,但改革突出科学课程中科学本质的体现,强调将科学作为一个整体来认识和把握,强调科学本质与教育本质的内在统一,从而使这时的综合科学课程与传统综合科学课程相比,已经有了根本性的变化,故而称为现代综合科学课程。② 英国国家综合科学课程改革就是这种形态科学课程改革的具体表现。

二是科学课程在文化价值取向上的定位。如《科学课程发展的文化学研究》一书,就对科学课程做出文化学的思考,即在科学课程的Ⅲ类理论中做出积极努力。该文基于对中学教师和学生科学课程观的实证研究和统计分析,对科学课程及其理论发展进行了历史考察与梳理,将科学课程的演进分为四个区别又联系的阶段,这就是将科学课程合法化即成为一门学校课程、科学课程活动化即注重学生在活动中的经验以及科学课程的结构化和科学课程的综合化等阶段,从而获得

---

① 潘苏东:《从分科走向综合——初中阶段科学课程设置问题的研究》,中国轻工业出版社,2004,第66~69页。
② 郭玉英:《从传统到现代——综合科学课程的发展》,北京师范大学出版社,2002,第4~9页。

了研究的出发点、视角、科学课程发展的内在逻辑和因果变量。① 该文揭示了科学课程的文化属性及其价值,并从科学文化这一独特视角发掘科学文化的课程资源,对科学文化的课程价值进行评估,从而为科学课程理论的建构和科学课程的发展,做出奠基性贡献。

三是对我国 20 世纪初以来理科课程的发展脉络进行了仔细的梳理。如《综合理科课程设计研究》及《我国综合科学课程的改革与发展》等就揭示了新中国成立后至 20 世纪末我国分科科学课程设计的特点及经验教训;探讨了我国东北师大附中自 1984 年开始至 1991 年停止进行的"初中综合教学与综合课程设置的实验研究"、上海地区 20 世纪 80 年代末开始的义务教育综合科学课程改革以及 1991 年在浙江省开始的综合科学课程改革,为揭示 20 世纪末以来我国新一轮基础教育课程改革中,综合理科课程设计的特点、优势、经验及存在的问题,提供了参考,积累了丰富的资料和经验。仅这些珍贵的资料,其价值就丝毫不比实验物理学家对物理学发展的贡献逊色,也表现出研究者走出书斋,超越单纯的文本,走入日常教学生活做"田野研究",讲叙"教学故事",探求教学真实,对纯粹思辨研究和简单量化研究叛逆的决心和直面教学现实的勇气。他们还从与苏格兰综合科学课程、英国国家科学课程、加拿大 STS 科学课程设计以及美国国家科学课程改革比较的角度,对国际综合理科课程设计的基本原理和发展趋势进行了梳理和分析,为我国今后科学课程设计研究提供了重要线索。

(二) 实践探索

1. 国际视野中的科学课程改革实践

面对人类生存所遭遇的巨大挑战,就国际视野来看,仅 20 世纪以

---

① 于海波:《科学课程发展的文化学研究》,第 17~42 页。

来，科学课程就经历了三次大的改革运动。伴随着三次大的改革浪潮，首先于20世纪50年代末，在美国和英国出现了综合科学课程，同时自20世纪50年代末60年代初开始，在美国掀起改革科学课程的第一次浪潮。这次科学课程的改革主要侧重适合能力较强学生的分科科学课程上，强调认识学科结构的基础比了解大量事实更重要；强调实验课中的探索研究。而英国这次科学课程改革的重点，在于使教师关注如何在课堂上引起学生的兴趣，如何运用多种媒体生动地展示科学教材，把实验作为教材的一个重要组成部分。第二次科学课程改革浪潮始于20世纪70年代，强调并呼吁科学课程应将重点放在培养学生的科学素养上。但由于这次改革课程材料的设计仍然基于传递科学知识和技能的观点，课程改革的大部分注意力放在编制课程材料而不是放在课程的实施方面，所以，尤其在课程实施方面，这次课程改革仍未达到预定的目标。第三次科学课程改革浪潮始于20世纪80年代，建立在建构主义理论基础上，表现出科学教育界对科学本质和教育本质最新认识基础上的现代综合科学课程的特点。

2. 我国科学课程设计在实践中的新探索

（1）新课程设计理念上的创新　新一轮课程改革基于科学史和科学哲学的研究成果，提出课程发展的三维目标，强调学生学习方式及教师角色的根本转变，都是对客观主义认识论与知识观的超越。因为科学史和科学哲学的研究表明，经验科学不可能给出对理论的最终否证或证实。科学命题的客观性是它们能够被主体间互相检验。科学理论绝不是在所谓获得证实的真命题与由它们构成的知识体系的静态的简单积累，而是动态的在已有知识基础上的不断生长，从而表现出新旧知识之间的连续性，即将以前已经完成的东西合并到不断生长的、也必然穿越时间并进步着的结构中，永远处在一个不确定的、动态的变化之中。"世界不是一成不变的事物的集合体，而是过程的集合体。"① 因而，决不能仅仅用科学陈述的逻辑的或形式的结构当作经验科学的特征，也应建立起将经验科学的方法构成其特征的思想，这就是处理理论体系的方式，将"经验解释为经验科学的方法"②。事实上"科学的精神并不存在于孤立的观察、实验或规律之中。这种精神倒是可以在科学家所采取的一般观点中以及他们所应用的研究方法中看到"③。

因而科学教育使学生获得知识，但又不止于让学生单纯地获取知识以及有关的技巧形式，也试图让学生把所获得的知识结合起来，使他们形成持久的态度和倾向。这种科学的倾向与态度就是不再是理所当然地接受事物，而是采取那种探究的或批判的或试验的态度。这意味着一种信仰与对它的相关陈述不再被相信本身是完备的与自足的，而被看做是一些结论。认为结论是"科学的"，旨在建立一个进行秩序判断的可能性，突出探究的内在逻辑，却不能仅仅关注探究结果所特有的具体形式。因而经验科学的真理绝不仅存在于已获取的真理的积累中，以及对已有理论进行实验的验证中，而是还存在于无尽探索的开放的特性中。这就是依据理论系统能否继续接受新的检验，它们或早或迟可能被经验证伪的特点，这是说开放的理性不只是方法，它也是一种构筑思想观念系统的能力，但这些观念系统不是一朝建立起来就能最终确定下来，而是能不断重组的。

因而科学教育实质上是对科学理论不断进行检验的精神、方法与态度。事实上，科学知识不仅包括关于世界的观念、规律和原理的体系，而且也内在地包含了了解世界的方法体系，以及关于世界的观点、

---

① 恩格斯：《马克思恩格斯选集》第四卷，人民出版社，1972，第240页。
② 〔英〕K. R. 波普尔：《科学发现的逻辑》，查汝强、邱仁宗译，科学出版社，1986，第26页。
③ 〔美〕W. H. 沃克迈斯特：《科学的哲学》，李德容等译，商务印书馆，1996，第10页。

看待世界的态度和情绪等方面。这样学习科学知识的过程必然经历一个探究的或批判的检验过程。新课程确立三维课程目标（知识、技能；方法、过程；态度、情感、价值观），以及对转变学生学习方式的主张，事实上都是以科学史与科学哲学的认识为基础的。

比如课程标准指出：学生学习的方式一般有接受与发现两种。在接受式学习中，课程内容多是以结论的形式直接呈现；而发现式学习，强调学习内容常以问题的方式间接呈现。这两种学习方式都有其存在的价值与作用，应相辅相成。然而，传统教育由于过分突出与强调知识的接受式学习，对学生发展产生不利影响。新课程改革要求转变学习方式是旨在将学习过程中的探究、发现等认识因素凸显出来，使知识的学习更多地成为他们发现、提出、分析与解决问题的过程，赞赏他们富有个性化的表达和理解，也鼓励他们对教师的超越。正如《科学（7～9年级）课程标准》强调的："探究式教学既是提高学生科学素养的方法和重要手段，也是科学教育的重要内容之一。"《普通高中物理课程标准》也明确指出："高中物理课程应促进学生自主学习，让学生积极参与、乐于探究、勇于实验、勤于思考。""高中阶段的物理课，应该更加关注学生在科学探究过程中的学习质量，进一步加深对科学探究的理解，提高科学探究的能力。"

（2）新课程设计在组织形态上的探索　基础教育课程改革对于课程组织形式的探索，不仅表现在课程设计的理念上，也充分体现在实践环节之中。如《基础教育课程改革纲要（试行）》就指出：小学阶段以综合课程为主，初中阶段设置分科与综合相结合的课程，积极倡导各地选择综合课程，高中阶段以分科课程为主。同时各地开展的综合课程改革的实践也如火如荼、蓬蓬勃勃，为课程设计研究积累了宝贵而丰富的成果。

比如浙江省在义务教育阶段实施的综合课程的探索实验中，就对综合课程形成大致相同的认识，认为课程走综合性设计的方向是对的。因为现在的课程对许多老百姓都需要知道和非懂不可的东西却没有列进去。像污染问题、资源问题、酗酒、吸毒等现象，在20世纪80年代时就已经十分突出。浙江省乡镇企业现在已经很发达了，但那是以环境受到污染、生态环境遭到严重破坏为代价的，是以这种社会的牺牲换来的经济发展。这些道理应该写进义务教育的课程里去，让老百姓知道获得的利益及带来的危害。但是这些应该让学生了解的事情却进不了课程，就因为这类知识是综合性的，不易编入分科课程。这也就是以往的分科课程没有把这类知识容纳进去的原因。[1]浙江的实验表明，学生们普遍认同综合课程，如第一批进行教材《自然科学》实验的学区，就有学校曾经调查过434名中学生，他们中不喜欢自然科学课程的仅有25人，占5.8%；无特别感受的有84人，占19.3%；喜欢的有222人，占51.2%；而很喜欢的有103人，占23.7%。[2]对比"2000年对在某校抽取的215名学生学习物理的状况（仍使用新课程标准颁布前的教材）进行问卷调查，数据统计结果显示：讨厌学习物理的学生为44%；不讨厌，也不喜欢的占35%；而喜欢学习物理的人数仅占21%"，足以表明综合课程实施的效果。

1984年，东北师大附中进行了"初中综合课程设置和综合教学的研究实验"。教学实验尽管在1991年后停止，但他们出版了新中国成立以来我国中学第一套综合理科教科书《自然科学基础》，分为12册，试用两轮，获得学生们好评："这套教材编得好，图多，实验也多了，学起来感兴趣。"并且参加实验的学生成绩……要比不实验的高。[3]表明综合性课程的优势——即便不能达到各科知识真正的融合，

---

[1] 王秀红：《我国综合科学课程的改革与发展》，东北师范大学出版社，2009，第133页。
[2] 王秀红：《我国综合科学课程的改革与发展》，第193页。
[3] 王秀红：《我国综合科学课程的改革与发展》，第133页。

但总比分科课程更能激发学生学习科学的兴趣、更有助于学生对知识的认知与把握，毕竟现实中存在的问题总要依靠各学科知识的共同解决。总之，这些综合课程实践探索的意义是充分认识到，各学科完全可以围绕某个起组织作用的共同的观念互相协调起来，以打通、超越、包容各不同的学科，以便联合成为一个新型的具有综合性的科学。当然这并不意味着专业化、区别与特殊技能就不重要，而只是表明这样一个组织和联合知识的原则应该引起重视。

此外，我国一线教师或教育者那种真挚追求、高风亮节、崇高的风范和境界令人感动。如东北师大附中的领导和老师们，针对调查所揭示出来的问题（一是某些学生考试分数高能力不高，常缺乏应有的创造与应变能力；二是某些学生考试分数高思想觉悟却不高，他们仅关心个人的前途，而不怎么关心国家的命运），认为，作为重点中学仅具有90%的高考升学率是不够的，必须从国家与未来的需要着眼，进行改革。他们强烈意识到进行中学教学改革的紧迫性，并付诸行动。而当年浙江省教委主任邵宗杰，更是以其独特的视角和高瞻远瞩，不仅支撑起自己坚持教育改革的决心和精神世界，也铸就了一支坚定、高效、优秀的课程改革队伍，从而使浙江省综合科学课程改革事业进行下去，开花结果。正是这样一批远见卓识的开拓者，凭着对中国教育事业的热爱和执著，引导了我国综合科学课程改革事业，在艰难中前行，在探索中超越。

同时理论研究者本身那种实事求是的科学态度和孜孜以求的科学精神，也同样激励着后来者继续探究的热情和勇于探索的精神，像王秀红博士为研究和剖析我国综合科学课程的设计与实施状况，寻找对我国综合科学课程今后发展的启示，走访了包括学生、教师、家长、教研员以及综合理科课程改革的决策与组织者、研制者等在内的大量相关人员，从访谈实录汇集资料达25万多字，并记录近5万字田野日记，其中辛苦跃然纸上。其清晰的研究思路、安排，扎实、朴素的研究作风透出一股清新感人的力量。

（三）基本共识

理论与实践两方面的研究表明，理论对实践的指导作用不容忽视。如布鲁纳著的《教育过程》在引领美国 20 世纪 60～70 年代科学课程的改革中产生的举足轻重的作用；琼·所罗门著的《科学-技术-社会教育》以及美国《面向全体美国人的科学》《科学素养的基准》《科学教育改革的蓝本》等，则对科学课程的进一步改革产生了深远影响；《走进新课程：与课程实施者对话》《新课程的理念与创新》《新课程与评价改革》等更是引导我国新世纪课程改革的纲领性文献，必将对今后的科学课程改革继续发挥至关重要的作用。

概括科学课程改革理论与实践两方面的经验，大致在如下三方面达成共识。

1. 明确科学课程改革的方向

（1）教育的最高目标是为了使人们能够过一个实现自我和负责任的生活做准备。科学教育——传授科学、数学和技术——是教育的一部分，这些知识有助于增进学生的理解，养成好的思维习惯，使他们变成富有同情心的人，使他们能够独立思考和面对人生。这些知识也应使他们做好准备同公众一道，全心全意地参与建设和保卫一个开放的、公正的和生机勃勃的社会。

（2）科学素养包括数学、技术、自然科学和社会科学等许多方面，这些方面包括：尊重自然并熟悉自然界所具有的统一性；懂得技术与科学、数学间相互依赖的某些重要方法；理解科学中一些重要的概念与原理；具有科学思维能力；意识到技术、数学与科学是人们共同的事业，了解它们的长处与局限性，并能够运用科学的知识和思维方式处理个人与社会问题。因为，目前人类面临最严重的全球性问题，人类、国家和世界究竟如何掌握未来命运，这在很大程度上依赖于人们利用科学和技术的智慧。而人的智慧又依赖于教育的性质、分布状况和效果。

（3）自从有人类存在，就有技术，制造工具的技巧一直被作为人类文明起点的主要证据，总的来看，技术是发展人类文明的强大动力。在当今世界，技术变成了一项复杂的社会事业，从最广泛的意义上讲，技术增强了我们改变世界的能力，我们也试图运用技术改变世界，使其更加美好。但是，改变世界的结果常常是复杂的、难以预料的，包括无法预见的利益、无法预见的代价和无法预见的风险。因此，估计技术产生的后果同提升其性能同样重要。于是具有科学素养的人应该了解那些技术特性，强调有益于明智地使用技术的思维方法。

2. 科学课程在义务教育阶段的作用

科学课程在义务教育阶段的主要作用在于：第一，理解科学概念。第二，训练科学研究方法。第三，建立科学与其他知识的联系。只凭科学并不能全面说明我们所处的世界，因此科学课程必须与其他课程相配合。第四，理解科学对社会的贡献。第五，认识科学对个人发展的贡献。成功的科学课程应把学生的兴趣和好奇心与对安全的负责态度和对环境的爱护联系起来，还应培养与人合作、诚实地报告工作结果、批判地思考等科学态度。第六，认识科学的本质。以通过辨析科学与技术，使学生了解技术的应用可能产生的多面影响，从而避免和预防技术带来的负面作用，同时理解科学技术发挥作用的限度；使学生知道科学是人类值得奋斗的事业；科学课程尽管直接指向人的发展，但又不仅仅在于人的发展，还在于人与自然的和谐相处。有科学素养的人应对人生事务和社会事务都能理智地加以思考与抉择，以实现人与自然的共存。

3. 科学课程设计的基本趋势

从科学课程的历史发展来看，尽管各国具体情况不同，但科学课程设计大都表现出如下的趋势：其一在课程宗旨上，崇尚"科学为大众"；其二在课程目标上，以科学素养为导向；其三在课程内容上，增设反映最新科技成果的内容，凸显技术教育；其四在课程组织上，倾向综合性。

在国内，2001年6月教育部颁布《基础教育课程改革纲要（试行）》（简称《纲要》），《纲要》提出进行课程改革的六个具体目标：（1）改变课程过于强调知识传授的倾向；（2）注重形成学生主动积极的学习态度；（3）改变课程实施中过于关注接受学习、机械训练与死记硬背的状况，倡导学生乐于探究、主动参与、勤于动手；（4）培养学生搜集与处理信息、分析与解决问题及获得新知识的能力；（5）培养学生合作与交流的能力；（6）建立与素质教育信念相一致的考试与评价制度。随着课程改革的不断深入，教育部在2003年4月还颁布了《普通高中物理课程标准（实验稿）》。确定高中物理课程的总目标是：学习终身发展必需的物理基础知识与技能，了解这些技能与知识在生产、生活中的应用；熟悉科学探究方法；关注科学技术发展的现状和趋势；增强自主学习能力，培养良好的思维习惯，激发科学研究兴趣，发展好奇心和求知欲，能运用所学物理知识与科学研究方法解决生活中一些问题；发展实事求是、坚持真理、勇于创新的科学态度和精神；培养服务人类、振兴中华的社会责任感；懂得科学与经济、技术和社会的相互作用，理解人与社会、自然的关系，培养"可持续发展意识与全球观念"。

（四）存在问题

1. 理论研究相对滞后

总的来看，我国在科学课程设计方面的理论研究还相对缺乏与滞

引　论

后，实际上是理论与实践的脱节，即所谓理论与实践的"两张皮现象"，致使理论对实践的指导力低下。

一方面以往科学课程改革实践常常建立在感性认识的基础上，即存在很大程度上的盲目性。比如，东北师大附中的"初中综合课程设置和综合教学的研究实验"，就是"受国外的课程设置的启发"，就是因为"他们很多用的都是综合教材"。这样开发的课程由于课程设计与编制者条件的限制，就难以避免综合化程度不高的状况，也难以保证课程设计的质量。即使比较成熟的浙江综合科学课程《自然科学》教材，也不得不在适应教师分科教学的压力下，不断地调整教材使各科内容相对集中，使本来综合化程度就不是很高的教材，综合化程度进一步降低，而好似一个"拼盘"。

另一方面新世纪基础教育课程改革也存在某种程度上的主观倾向。新世纪基础教育课程改革高中以分科课程为主，在课程标准研制与教材的开发方面都做出了前所未有的可贵探索，堪称课程设计研究史上的典范，并从而出现一纲多本的教材多样化的繁荣景象。但调查显示这种研究仍然"很少从课程设计自身的问题探查……"[1]，有学者认为，这次高中新课程改革，依旧采取了具有"短期行为"特征的、单靠行政控制、快速全面推进的模式。而推进工作又似乎是在首批实验的四个省、区完成首轮实验（共三年）时，未对课改实验进行总结性评价，因而是在没有发现需要修正的某些观点和做法的基础上完成的。[2] 显然，课程改革"一是要靠行政力量的支撑，二是要靠学术力量支撑，两者缺一不可"，"没有政府力量是不行的，但仅仅靠政府力

---

[1] 杨宝山：《我国基础教育教材的建设：历程与建议》，《课程·教材·教法》2010年第11期，第15页。

[2] 廖哲勋：《实事求是地评价普通高中新课程改革》，《课程·教材·教法》2010年第9期，第18页。

量来推动也是不现实的"①。理论研究的支撑同样重要、甚至更加重要，因为行政决策本身也需要以理论研究为基础的论证。

2. 理论研究存在的偏向

如前所述，科学课程可以不同的结构或组织形式展开设计，诸如分科形式的化学、物理或者综合形态的自然科学基础、理科综合等。但不管哪种形式的理科课程都受一定的认识论与知识观的影响。不同观念不仅影响科学课程目标的确定、课程内容的选择和组织，影响对资源、媒体、活动等各项策略的运用，也会影响评价等环节。实证主义对人们根深蒂固的影响，使客观主义认识论成为传统理科课程设计中重要的影响因素。

这种实证主义的影响恰如胡塞尔所说："在19世纪后半叶，现代人让自己的整个世界观受实证科学支配，并迷惑于实证科学所造就的'繁荣'。这种独特现象意味着，现代人漫不经心地抹去了那些对于真正的人来说至关重要的问题。只见事实的科学造就了只见事实的人。……实证科学正是在原则上排斥了一个在我们的不幸的时代中，人面对命运攸关的根本变革所必须立即回答的问题：探问整个人生有无意义。"② 于是，在实证主义的支配之下，科学的认识观念被"实证"性简化为纯粹的关于事实的科学，从而明确主张客观主义认识论与知识观。这种观点不仅相信世界客观存在，科学知识是对世界的绝对正确的表征，能够由实验加以验证；而且相信知识可由教师原封不动地传授给学生，使他们通过记忆掌握牢固的"客观"知识以认识世界。

---

① 褚清源、洪湖：《课堂变革与课程建设：课改的必然选择》，《中国教师报》2010年11月17日。

② 〔德〕埃德蒙德·胡塞尔：《欧洲科学危机和超验现象学》，张庆熊译，上海译文出版社，1988，第5~6页。

引 论

同时"教师们相信科学是由大量知识构成,而不懂得科学的本质是一种认识事物的方法"[1]。因而使科学教育更加成为纯粹的训练活动,以至于"科学已经改造了外在的生活,但却几乎没有触及人类活生生的思维和个性"[2]。但科学知识一旦成为信仰的对象,学校的科学教育就会成为儿童"才智的屠宰场"。

事实上,传统科学课程一直以来是在实证主义哲学思想的框架之内思考问题,表现为对客观主义认识论与知识观的突出与强调。这样国外以往几次课程改革,都基本上是以这种认识论与知识观为指导思想的。客观主义认识论与知识观助长了课程设计思想上的唯知识论倾向,使课程设计基本上变成知识的架构与增删。甚至科学课程领域的研究也更多地遵从了实证主义的研究范式,因而研究成果的局限性不可避免。

3. 新课程实施层面遭遇挑战

提高全体学生的科学素养是科学课程的重要目标,但科学素养的提高绝不是灌输、记忆或背诵所能达到的。为此,新世纪基础教育课程改革明确指出:"探究式教学既是提高学生科学素养的方法和重要手段,也是科学教育的重要内容之一。"

但调查数据显示,很多农村教师反映"现在探究的内容多,但探究是什么?我们对这个概念特别模糊,虽然参加了很多培训,但也没有真正讲清楚……再说,都是探究,没有教师的教授,学生根本没办法学习"[3]。意味着农村教师还不能深刻理解新课程所倡导的合作与探究式学习的理念。研究表明,即便那些尝试探究式教学的教师,也往

---

[1] Senta A. Raizen & Arie M. Michelsohn, *The Future of Science in Elementary Schools*, Jossey Publishers, 1994, p. 2.
[2] 孙有中译《杜威文选·新旧个人主义》,上海社会科学院出版社,1997,第169页。
[3] 中央教育科学研究所课程教学研究中心课题组:郝志军,陈晓东等:《深化农村基础教育课程改革面临的困难与对策》,《课程·教材·教法》2010年第10期,第3~8页。

往在面对学生提出的一些问题，要么不知所措；要么置之不理回到已设计好的教案上去；还有的教师疲于应对学生提出的一个又一个问题，结果被学生"牵着走"；也有教师急于告知学生在探究中生成问题的答案。致使仅注重了形式上的"自主课堂""探究学习""生活经验"与"动手能力"，教师、学生在讨论问题时，漫无边际，为新而新。"多余"的形式与"热闹"的氛围，使课堂教学由"满堂灌"变成"满堂问"，明显缺乏必要的秩序与规范，从而使新课程的教学活动呈现出表面热闹但内涵不足的现象与倾向。①

然而，也正是这些教师却承担着我国全部农村高中和整个义务教育阶段80%以上学生的教育任务（详见表0-10中数据）。如此庞大的受教育群体分布于广大的农村学校，但恰恰是这些教师在观念上还未能完全接受或理解探究式学习理念，不知实践中该如何操作、如何组织、如何把握，以至于"农村学校教师对实施探究教学不太适应"，使在农村基础教育推行课程改革举步维艰。

表0-10　2010年义务教育阶段农村在校生人数及其比例情况

学　段	在校生数/万	农村（包括县镇）学生数/万	农村学生比例/%
小　学	9940.7	8120.2	81.69
初　中	5279.3	4220.3	79.94
合　计	15220	12340.5	81.08

注：表中数据来自教育部发展规划司编《全国教育事业发展简明统计分析》（2011年4月）。

加强农村教师开展探究式教学的意识、提高驾驭探究式课堂教学的能力，是巩固基础教育改革成果的重要方面。因为教师在课堂教学

---

① 郝德永：《新课程改革应警惕的四种问题与倾向》，《教育科学》2006年第4期，第32页。

与学生学习中的作用是巨大的,如表0-11中所示。对于改变科学课程的影响,教师在学生学习中的作用最大,在课堂教学中课程设计者和教师的作用最大。表明帮助农村教师提高驾驭探究式课堂教学能力的重要性与紧迫性。

表0-11 改变科学课程的机构①

机 构	变化的位置			
	政策文件	建 议	课堂教学	学生的学习
政 府	最 大	有 些	没 有	没 有
研究者	很 小	最 大	很 小	没 有
课程设计者	没 有	很 小	最 大	有 些
教 师	没 有	没 有	最 大	最 大

资料来源:艾肯赫德,1989。

三 立场确立

上述分析可见,针对存在的种种现象,人们无论在理论还是在实践方面均付出积极努力、做了大量有价值的探索性工作,为进一步研究打下了坚实基础。但存在的问题不容忽视。已有研究存在的三方面问题,并不是孤立的,而是具有内在的关联,因为当理论本身出现偏差,必然不会对实践产生具有启发意义的有效指导,也会使课程实施者无所适从。因而理论层面研究的价值与意义毋庸赘言。本书既然是围绕科学课程设计进行探讨,于是不容回避的、也是人们早已经关注并深入讨论的一个问题就是科学技术带来的负面影响,以及围绕该问题展开的对人类"理性"的深刻反思。

---

① 〔英〕琼·所罗门:《科学-技术-社会教育》,郭玉英、王琦译,海南出版社,2000,第46页。

（一）基于"理性"的认识

对人类生存大环境的思考以及对科学技术负面影响的认识，成为该论题研究的外部动因机制，促使对"理性"全面而深刻的反思。

1. 有关"理性"的思考

人们曾经相信：第一，人是一种理性的动物，人的伟大、崇高，就在于人有理性，有知识，有逻辑思维的能力。第二，自然界有一个合乎逻辑的秩序，是一个合理的发展进程，是一个可以理解的世界。人们可以凭借理性去发现一个真实的世界，从而征服自然，支配自然，成为自然的主宰。第三，相信人们依靠理性，追求科学，便能建立一种合乎理性的道德并达到道德上的至善。因而，依靠理性便可以建立起一个理性的王国，一个理性的社会，人间的天堂。

然而，基于理性主义对人的这种理性的信仰，通过教育教学对人类理性的培养，人们所向往的美妙的理性原则和理性社会不仅没有给人类带来理性光辉的照耀，却事实上被残酷的现实重重摧毁。剥削和压迫代替了自由和平等，弱肉强食、尔虞我诈代替了"人人相爱"，卑鄙龌龊、道德沦丧的丑陋现象抹去了理性王国的光辉。根据理性而发展起来的科学技术和大工业体系，不仅没有保障人的个性自由而全面地发展，相反，使人越来越失去个性，成为技术和机器的工具。以至于环境污染、生态危机、资源枯竭、世界大战，严重威胁着人类的生存。而且最具讽刺意义的是，恰恰是最讲理性的德意志民族，在两次世界大战中都对人类造成了巨大的灾难。可见，面对人类的前途和命运，传统理性原则不仅无能为力，且常常显得荒诞无稽。似乎人类已经取得的文明成果只不过是"专家没有了灵魂，纵欲者失去了心肝；这个废物只是幻想着自己已经达到了一种

引　论

前所未有的文明程度"①。

难道说，尼采的"打倒理性"真的已成为最后的选择？知识果真已经"成为人类异己的力量"，着实要彻底剿灭，不需要理性了吗？

冷静地分析，尽管上述危险与混乱并不是技术或称为应用科学的必然结果，但科学与技术作为人们理解、控制和利用自然界某些方面的能力，毕竟使技术具有两面性：行善和威慑。这就提醒人们：只有合理运用技术，控制和指导技术的所作所为，我们才有希望使社会生活比我们自己所拥有的生活更如人意，或者说是一种实际的而不是难以想象的社会生活。因为技术上的解决办法一般是指，"仅仅需要自然科学技巧方面的变革，而无须考虑人类价值或道德观念方面的变革方式"②。于是，存在技术进步所不能解决的问题；而且没有一项技术是自发的或者是不需要付出代价的。因此，不会像持技术乐观主义态度的人所相信的那样，只要科学技术足够发展，就能解决人类所面临的一切问题，相信正如科学技术帮助人类在以往与自然的斗争中克服了种种困难一样，21世纪仍能帮助人类摆脱困境。是说人类所面临的一切困境不会随着科学技术的持续变革而迎刃而解。

但毕竟反对技术恶果的唯一武器，还是技术本身，因为我们无法退入一个根本不存在的没有技术的伊甸园。而且全面客观地分析，也应该看到工业革命并不比以前更糟，唯一的问题是如何使它更好一些。工业革命的成就是显然的，由于应用科学与医疗科学、医疗事业的齐头并进，人口大大增加；也是由于同样的原因，食物充足了；每个人都可以读书写字，否则一个工业社会就不能正常运转。所以，健

---

① 〔德〕马克斯·韦伯：《新教伦理与资本主义精神》，群言出版社，2007，第173页。
② 〔美〕米都斯等：《增长的极限：罗马俱乐部关于人类困境的报告》，李宝恒译，吉林人民出版社，1997，第113页。

康、食品、教育，只有工业革命才真正扩大到最低阶层。这些都是基本收获，尽管如上面所揭示的工业革命所带来的损害是巨大的，但这些基本的收获却是人类社会希望的根据。

况且，没有人会感到真的可能谈得上什么前工业的伊甸园，我们的祖先正是由于应用科学搞的阴谋诡计才被野蛮地从那里驱逐出来。统计学上的数据尽管枯燥无味，却有足够的说服力，数据显示在1650年，世界大多数人口的平均寿命在30岁左右，1972年估计世界平均寿命大约是53岁，而且还在上升。[①] 但"在18世纪的法国农村，平均结婚年龄高于平均死亡年龄"[②]。妇女因为生育造成的死亡，估计比男人寿命还要短一些，整个社会的绝大部分都是死于饥饿，几乎成为习以为常的事情。因此，J. H. Plumb 写道："凡是神智健全的人都不会自愿生在以前的时代，除非他能确保出生在一个有钱有势的家庭里，可以保持身体极其健康，也可以淡泊地忍受自己多数孩子的死亡。"[③] 于是狄更斯指出，"在这个世界上，能为别人减轻负担的人都是有用的"。也可以类似地评价科学与技术。因此人们还必须了解技术、应用科学以及科学本身究竟如何，它能做什么，不能做什么。只有从本体论意义上认识和把握科学的作为和实质，否则将难以看到科学行善或作恶的各种可能性。无知是最大的犯罪。

实践表明，像数学、物理科学等难度较大的学科，如果不是在较早的时候学习，比如10岁到21岁之间进行，那以后就很难再致力于这些方面的工作，并能在这些方面有所突破。但如果缺少这样一些科目的严格性，甚至缺少献身于这些科目的精神，人类的整个思想趋向

[①] 〔美〕米都斯等：《增长的极限：罗马俱乐部关于人类困境的报告》，第11页。
[②] 〔英〕C. P. 斯诺：《两种文化》，纪树立译，三联书店，1994，第79页。
[③] 转引自〔英〕C. P. 斯诺著《两种文化》，纪树立译，三联书店，1994，第79页。

就会变得过于松弛。尽管想象是有活力的，但却只能在自己的私人空气中呼吸到。每个人都会为自己找到适合于自己的东西，但是却找不到精神的严格性，除非人们受到超乎大多数可受的训练。而数学、物理科学等一些较难的学科，正可以在养成人们思维的严格性、严谨性程度方面有独特的作用。使人们了解严格性和严谨性的真正内涵，使人类的行为不再以直觉和想象为基准，也不仅仅停留在以个人的愿望为原则的层面。正如契诃夫所说："如果我必须只靠想象进行艺术追求，我就会要求暂停工作。"

这就需要保留像数学、物理学这样相对困难的学科，以充分鼓励那些聪明的学生保持对大自然的那份好奇，激励他们探求新知的热情，并造就足够多优秀的智力，以便在揭示自然奥秘的同时，也能提醒人们严格性究竟是什么。

2. 对"技术理性"的反动

或许把前述"混乱"在某种程度上归咎于"技术理性"恶性膨胀的结果是合适的。毕竟尽管人正是通过与自然的交互作用才产生了文化的种种成就，但人与自然之间不仅是一种认识关系，还应包含道德关系和审美关系，人对自然的开发与利用应是人凭借知、情、意三种能力所从事的技术实践、道德实践和艺术实践的统一体。是说真善美的境界应当在人与自然的关系中以及人对自然的态度中完整地反映出来。

但"技术理性"的表现却正如多尔所批评的那样："这种对科学的崇拜，对科学的神话，其影响或许在本世纪60年代初达到了高潮，当时苏联人造地球卫星刚刚上天，课程改革运动刚刚开始。《代达罗斯》(*Deadalus*) 1963年秋季号称科学及其方法论——以专业主义和专家知识的形式出现——为'现代社会的特征，如同古代社会以技艺为特点一样'。当时人们普遍相信专业、科学知识能够帮助我

科学课程设计的认识论考察

们在宇宙空间与苏联竞争,能够打败越南共产主义者,能够在国内消除贫穷,提高健康水平,扩展年青一代的知识基础。教学机器、程序学习以及不受教师影响的课程被认为是未来的潮流,是通向社会拯救的道路。舍恩称奠基这一'科学'观点的思维方式为'技术理性'。由此从科学技术的角度对理性予以界定。这种认识方式使科学真正成为最有价值的知识。科学在当代最大的成就之一是本世纪60年代末人类登上月球;最大的失败之一是20年后挑战者号宇宙飞船悲剧性的爆炸致使数人丧生。"但"在这段时间之内,美国开始不再迷信技术理性以及它所表现的科学观——技术专家没能赢得反对共产主义(它因自身的缺陷而瓦解)、饥饿或毒品的战争。技术理性也无法平衡联邦预算,降低通货膨胀,或维持我们在世界上的领先地位"[①]。

尽管多尔的观点局限于美国的利益,狭隘而又失之偏颇,但对"技术理性"的分析却也一语中的。"技术理性"的确在许多方面无能为力甚至归于失败,究其原因在于其排除价值或道德思考的固执的技术化或程式化的思维方式,与学生从小接受程式化思维训练有着直接关系。比如物理教学中的解题步骤、解题技巧等就是这种程式化思维训练的典型表现,即将思维做技术性处理,以至于活跃的思维过程遵循一个僵化的程序,甚至应最具创新意识、探究精神的"探究性学习"也被制定出清晰的程式化的步骤,使所谓的探究性学习好似照方抓药。而思维一旦被程序化又怎能有思维存在!如同发明若有能够被程序化的一天也就不会再有发明一样。因此,"技术理性"恰如埃德加·莫兰所谓的技术化蜕变:"人们在理论中只保留了

---

① 〔美〕小威廉姆 E. 多尔:《后现代课程观》,王红宇译,教育科学出版社,2000,第 2~3 页。

引 论

可操作的、起操纵作用的东西，也就是可加以应用的东西。理论不再是原则，而变成了技艺。"① 因此这种程式化、技术性的简化处理只能越来越使学生成为精确高效的解题机器、解题工具，使其在各种各样考试中取得高分，却不能在概念层面形成有价值的意义联系，从而不能称其为真正意义上的知识学习，也无法将知识运用于实践中去。因为技术化的思维方式倾向于将概念孤立起来，把本应该努力联系起来的事物孤立和分离。

"技术理性"的思维方式所造成的危害是明显的。学者吴国盛曾经描述了自己的这样一段经历："一位非常年轻的大学生，他高考的物理成绩几乎是满分，但是在兴高采烈地去大学报到的旅途中，他却一直在苦苦思考一个问题：为什么人从轮船和火车上跳起来时，仍能落回原处，而轮船或火车在他跳离的这段时间中居然并没有从他脚底下溜走一段距离。可怜的孩子，他在轮船上试了好几次，情况都差不多，轮船一点儿也没有溜走的意思。后来，他突然想起，地球时时刻刻都在转动，而且转速极大，也从来没有发生过跳起来落不回原地的事情，这是怎么回事呢？高分的大学新生还是不得其解。直到后来懂得了牛顿第一定律的真实含义，他才恍然大悟，痛骂自己愚昧无知。"②

这似乎让人不可思议，一个高考物理成绩接近满分的高材生，竟然没有理解初中就开始学习高中还要进一步学习的牛顿第一定律的含义？但仔细算来这又着实在情理之中。认真反思一下我们究竟都是怎样做的就不难明白这一点。正如调查数据（详见附录3、4）所显示的那样：采用理解记忆方式学习理科课程的八年级到高三年级学生比例

---

① 〔法〕埃德加·莫兰：《复杂性思想：自觉的科学》，陈一壮译，北京大学出版社，2001，第272页。
② 吴国盛：《科学的历程》，北京大学出版社，2002，第7页。

· 41 ·

分别是 27.60%、29.59%、28.30%、35.92%、40.74%；而用记忆方式学习理科课程的八年级到高三年级学生比例也分别有 9.38%、14.29%、13.21%、9.15%、3.70%。认为理科学习的主要学习方式是理解记忆的初中与高中教师分别占到被调查初中和高中教师的 31.25% 和 32.56%。

所以理解记忆的学习模式，尽管使师生们辛苦十几年，在应付考试方面得心应手、非常奏效，但在应用知识解决实际问题方面却寸步难行，反而使学生在憎恨知识的学习方面十分有效（如考生总动员的撕书"运动"）。杜威曾经讲到，"最大的教学谬误可能就是这种观念，即一个人在学校里学习的只是他眼前的具体内容。在持续的态度、好与恶的形成过程中，附带学习往往比拼写课、地理课或历史课更加重要"。杜威所谓的附带学习即现在所说的潜在课程，杜威显然是说在形成学生态度方面，潜在课程比知识学习的作用更大，可我们却常常忽视了潜在课程的影响。但就目前的情况来看，恐怕更严重的问题是我们从根本上忽视了态度的学习，而态度的学习恰恰是比知识本身的掌握更加基础和珍贵的东西。正如前苏联教学论专家斯卡特金所说："我们建立了很合理的、很有逻辑性的教学过程，但它给积极情感的食粮很少，因而引起了很多学生的苦恼、恐惧和别的消极感受，阻止他们全力以赴地去学习。"

但当关注能力注重态度的学习，而不是仅盯在知识的学习上时，反而在习得更多知识的同时获得更加重要的知识之外的能力。被誉为"平民教育家"的原北京 22 中教师孙维刚所取得的成绩，就充分说明这一点。孙老师在初一新生（实验班从初一到高三 6 年大循环）入学的第一天总会讲这段话："我觉得读书最高的境界是，你们毕业离校时把老师教的知识全部忘光，剩下的才是真正成果。""同学们记住，这句话不是我的专利，是大数学家劳厄说的。不过我理解这个成果就是知识之外的能力，是综合素质。""我郑重宣布，今后数学不留家庭作业！其他科我建议尽量少留或不留。""我看六年数学课的时间太长，纵使是智力平平的学生，一年半也足矣。""去，都给我到操场去，每天傍晚男生跑1500米，女生跑800米，必须坚持不断。"然而，就是这样看起来不合"常理"的做法，却使学生的表现出人意料的好。

已经不需要太多的事例来印证，技术化、程式化的思维方式对人类造成的危害远比不恰当地运用技术对人类造成的危害大得多，但人们往往仅仅注意到不恰当地使用技术的直接后果却常常忽视了这一点。"技术理性"的危害在于程式化的思维方式具有一种压倒一切的具体性，而创造出一种排斥差异、妨碍区别的气氛，并以其直接性和坦率性为手段，阻挠人们用概念进行思考，因而阻挠思考。具体说来就是技术操作仅仅关注于概念用于专门目的的专门用法，因此在很大程度上消解了概念。而概念却事实上否定事物与其功能相等同，把事物的存在状况与事物在已确立的现实中偶然发挥的功能区别开来，并因此超越事物的特殊存在状态而进入它的实在。因此，技术化、操作性、程式化的思维方式吞没了理性的超越性、否定性和对立的要素，使人们的思维路线固化于某种限定的格式。从而使自明而又沉闷的公式对发展造成限制成为可能，然而正如爱因斯坦与英费尔德所注意到的，即使像"物理书中充满了复杂的数学公式。但是所有的物理学理论都是起源于思维与观念，而不是公式"。

发展恰恰需要在"是"与"应当"、本质与现象、潜能与实现之间保持适度的张力；需要讨论渗入肯定性逻辑限定中的逻辑的否定要素，因而批判的、抽象的思考总是必要的。批判的思维倾向总试图把封闭领域理解成历史领域从而为打破和超越封闭领域的各种概念的发展提供可能。批判思想本质上是判断，因而决不推行一种不偏不倚的相对主义，而是要在真正的人的历史中寻求真与假、进步与倒退的标准。因此，与程式化的思维方式不同，批判性思维表现出高度指示性、概念性和"开放性"的特征，从而能把握"超出"操作概念、技术定义范围的那部分意义，使人们分清准许人们用以去经验事实的那种有限的形式，越过实证经验主义的虚妄的具体性，以揭示事物在多方面可能存在的多种形式。

3. 人类"理性"的本质

摒弃"技术理性"，意味着"两种文化"的融合。比照人类应有的思维品质与"技术理性"的现实表现，"两种文化"——科学文化与人文文化的分裂似乎已成事实。但这毕竟还是相当晚近的事情，不用说古代时期的哲学家，即使文艺复兴时期给欧洲文学、艺术、科学、哲学和教育带来的辉煌的发展，就涌现出了众多卓有成就的人类科学的巨匠。他们往往涉猎多个方面而又在多种领域登峰造极，如列奥纳多·达·芬奇只是其中之一人。正如恩格斯所说，"这是一次人类从来没有经历过的最伟大的、进步的变革，是一个需要巨人而且产生了巨人——在思维能力、热情和性格方面，在多才多艺和学识渊博方面的巨人的时代"①。意味着"两种文化"本属一体。

事实上科学的最基本态度之一就是疑问，科学的最基本精神之一就是批判，与之相似"文学艺术本质上是异化，因为它维系和保护着矛盾，即四分五裂的世界中的不幸意识，被击败的可能性，落空了的期望，被背弃的允诺。由于它揭示了人和自然在现实中受压抑和排斥的向度，因而曾是合理的认知力量"②。而且艺术也只有作

---

① 《马克思恩格斯选集》第3卷，人民出版社，1972，第445页。
② 〔美〕赫伯特·马尔库塞：《单向度的人》，刘继译，上海译文出版社，2008，第50页。

引　论

为否定力量，即拒绝和驳斥已确立秩序的活生生的力量时，才能发挥认知的作用。因此，艺术无论仪式化与否，都包含着否定的合理性，是对日常经验的中断与超越，并拒绝、破坏和重新创造现实存在的另一种向度。艺术正是通过超现实主义拯救了被放弃但却是人们所向往的东西，即是对幸福的要求使技术世界拒不予人的东西得到升华。

文化作为经验与理性、知识与对象、人与自然之间富有张力的统一，以真善美为其理想，因而艺术的真实价值在很大程度上取决于人和自然的未被掌握和征服的向度，依赖于人与自然未知领域探索的表达。可见艺术与科学在精神品质上具有内在的一致性，因此，把科学同化为我们整个心灵活动的重要组成部分不仅是必要的而且是可能的。事实上任何将两个方面人为割裂开来的企图，都不利于人才的培养。因而那种执著于对确定无疑事实的认可，执著于思维方式的程式化、技术化，就势必造成人才的畸形发展，并最终使人类陷入不能明智地思考问题的境地。

这样，当重新审视尼采的"打倒理性"，我们看到"理性"与"技术理性"是两回事，应该摒弃的是"技术理性"而不是"理性"。因为，实质上"人的理性并不表现在对原则问题不抱怀疑，而表现在永远持怀疑态度；并不表现在执著于据说的公理，而表现在对一切都不想当然"[①]。这就还人类"理性"以本来面目。本书也是在该意义上使用理性一词的。

"两种文化"融合旨在提升人类批判的思维能力。一方面两种文化的共同点都内含着批判的倾向，因此它们的结合必然意味着批判性

[①] 〔英〕波普尔：《波普尔自传：无尽的探索》，赵月瑟译，中央编译出版社，2009，第144页。

科学课程设计的认识论考察

思维能力的张扬。另一方面，尽管"知识就是力量"——以掌握自然发展规律为内容的知识本身就是一种巨大的力量，但显然仅仅这种力量还是不充分的，而且这种力量的积蓄、知识的获得本身也还是有条件的。

正如哈贝马斯（J. Habermas）在《知识与人类兴趣》一书中所论证的那样，人类的理性活动总是与人类创造的需求有关，即使科学也不过是一种知识类型，科学的产生也是为了满足人类兴趣的某一方面。而就人类整个的理性领域而言，又总可以分为三种基本的知识类型：一是经验——分析的知识，即各种旨在理解物质世界的本质与规律的知识；二是历史——理解的知识，即致力于理解意义的知识；三是批判——解放的知识，即揭示人类所遭受的压抑和统治的条件的知识。三类知识分别与人类对技术的控制、理解自身和自由发展这三种兴趣相对应，实质上反映了三种认识水平。在任何学科中，对技术控制的兴趣，会引导人们去认识与该学科相关的所有事实，在这方面经验——分析的知识是有用的；对理解隐藏在事实背后的意义感兴趣，会导致人们探索事物的内部结构，把各种因素联系起来，在这方面历史——解释的知识就是有用的；对自主性感兴趣，会引起人们对学科内容进行批判性反思，甚至对自己进行批判性反思。但只有当人们达到第三种认识水平时，才能保证获得真正的知识。因为，真正知识要求参与和投入，要求参与变革的行动，即所谓的"行动实践"。这是一种只有在对知识进行批判性反思的基础上才能完成的实践。没有批判性反思，任何学习都只是提供一些与学生不相干的、外在的信息，或许知道什么是真理，却决不会成为真理的一部分。从而使学科内容只可能成为奴役而不是解放学生的手段。因此伽达默尔说："融会贯通我们的知识、把任何知识应用到我们个人的生活情景中所具有的重要意义远比科学的普遍性更有普遍意义。"

引 论

因而真正的学习必然是以对自主性的认识与对知识的批判性反思为前提。知识的学习伴随着批判意识的建立和批判性思维能力的逐步增强，从而在知识的获得与批判性思维能力之间形成一种以"行动实践"——探究活动为载体的相互促进和良性互动关系。这样"两种文化"的融合意味着知识意义获得与批判性反思的相互促进和共同作用。

批判性思维是人类创造的基础。"儿童的创造性能力是教育的结果"[①]，取决于人的批判性思维能力的强与弱。但由于以往更多地强调创造性，忽视了批判性思维这一更根本的基础，使所谓的创造学或创造性理论本身也毫无创造性可言，从而失去了对人类创造性活动的指导作用。

从文化人类学的角度看，人作为文化的存在，是人类文化的创造者和传承者，人类文化的创造能力恰是人之所以为人的最根本特征。人的创造实质上又是文化的创造，人类的创造才能充分体现在人类日益丰富的文化之中。但使创造成为可能的恰是人类批判性思维的能力，没有批判性思维创造将成为不可能，人的存在也将面临威胁。毕竟对创造、创新的激励来源于问题情景，其本质是现状与主体追求的差距，而发现这种差距正是通过对现状的批判性分析，没有批判就不会有新问题的产生，也就不会有创造的过程。一句话，人的创造能力取决于人的批判性思维能力的高低，与批判性思维比起来，创造也还是个表象。正是批判性思维能力，提供了创造的基础，是比创造能力更基本的东西。

于是"思维的批判性品质，来自对思维活动各个环节、各个方面所进行的调整、校正的自我意识；这种批判性的思维品质，在创造性

---

① 〔苏〕德廖莫夫：《美育原理》，吴式颖译，人民教育出版社，1984，第396页。

活动和创造性思维的过程中,是不可缺少的因素"①。人的思考能力的最独特品质是人潜意识或显意识中对现实的否定性倾向,这种对现实的否定性倾向或批判性或"叛逆",才是人真正本质的积极向上发展的力量。因而黑格尔主张"把否定性转变为存在的魔力",表明"'创造性的'或'发明性的'思维所必不可少的,是对某一问题抱强烈兴趣(因而准备再三地尝试),加上运用高度批判的思维方式;此外甚至还要准备抨击不富于批判性的思维用于决定尝试(猜想)选择范围之界限的那些前提;以及一种想象的自由,它使我们得以找出至今尚未受到怀疑的错误根源;需加以批判审察的可能的偏见"②。因而,独创性和想象力也主要是在清除错误的批判过程中起作用。

总之,理性以批判地审查为根据,是人类社会发展的基本动力机制。正因为人类理性的思考内含着怀疑、批判的精神,才使人可以在欣赏并继承祖辈文化的同时,勇于质疑、勇于尝试新的道路,不仅不像动物那样只是本能地模仿,而且也并不盲从貌似千真万确的真理,从而使人类不断地超越自身、超越自身所处的时代背景,并以文化进化的形式持续不断地发展。而这是仅靠非理性的高涨情绪和良好愿望所不能达成的。同时也因为人类理性的固有特征是批判的,才更需要反思技术性、程式化的思维方式,将"两种文化"融合起来。事实上,诱发人进行技术性、程式化的思考是不人道的,是与人类的理性相违背的。

(二)"两种文化"的融合

由外部动因机制及对"理想"的反思事实上给科学课程提出了新

---

① 朱智贤、林崇德:《思维发展心理学》,北京师范大学出版社,1986,第593页。
② 〔英〕波普尔:《波普尔自传:无尽的探索》,赵月瑟译,中央编译出版社,2009,第51页。

的要求，为科学课程设计明确了努力的方向。但"两种文化"融合在科学课程中实现的根据，毕竟是科学课程本身对"两种文化"融合的需求与可能。

1. 科学课程的内在要求

"两种文化"的融合，事实上在100多年以前赫胥黎断言"我们时代的特点是，自然科学知识已经发挥了巨大作用，而且这种作用会越来越大"时，就曾明确强调过的。

赫胥黎认为，应当教什么科学？这是最重要的问题之一。除自然科学文化，还有其他的文化形式；但这一事实似乎已经被人们忘记了，甚至出现了为科学而抹杀或削弱文学与艺术的倾向。对此，赫胥黎感到极大遗憾，他说，人们对教育性质持有如此狭隘的观点，跟所应坚持的把那种完整与全面的科学文化融入学校教育的信念没有丝毫共同之处。他还说，认为应把一切科学的知识都教给儿童的想法，是非常荒唐的，这种企图是有害的。无论男孩还是女孩，接受学校教育，都应当熟悉科学的一般特点与规律，并且在应用的科学研究方法上受到一些训练。这样当他们离开学校进入社会，就能有准备地面对现实生活中的许多科学问题，即使不能马上透彻了解这所有问题的状况，或者不能立刻解决它，但凭借他们所熟悉的科学思想与精神以及他们所熟练掌握并能适当运用的那些科学方法，他们会积极尝试解决这些问题。这才是我们应建立的科学教育。努力为每一个学生提供这样的教育，绝不是要他们将整个学校生活用来学习自然科学，这样的极端做法令人痛惜。事实上，假如对这些科学课程适当地加以选择、组织和安排的话，并且在实施这些课程的时候采取恰当的教育、教学方法的话，学生就不会也没有必要将更多的时间花在这些课程上面。[①]

[①] 〔英〕托·亨·赫胥黎：《科学与教育》，单中惠等译，人民教育出版社，1990，第85~86页。

科学课程设计的认识论考察

现代社会所需要的人才更加需要从科学和人文两方面加以培养。一方面传统文化或人文文化并不意味着人类"文化"的全部，自然秩序确实存在着，并最终决定着人类的理想、愿望和想象能否实现；另一方面对受"技术理性"制约的专门化教育的盲目信任，也不会使科学给艺术等人文文化带来任何好处。教育的作用在于使学生更好地学会合作，学会在一般性问题、知识和价值中建立共同的联系。若把教育分为：通识性教育和专门化教育，通识性教育作为学校教育的核心部分，主要帮助学生获得理解和论述事物的一般能力；而专门化教育在课程中往往具有个性化的作用，用以为学生在某些方面探索的需要提供帮助，同样是不可或缺的。但"技术理性"影响下的专门化教育往往由于仅仅服务于对一种不可置疑的事实的认可，而丧失一切认知价值。这显然与科学自身批判的本质相违背，也与艺术等人文学科的气质相悖。因此"理性"重建及"两种文化"的融合是科学课程的内在要求。

而且，尽管人们经常认为：科学是人的精神的最高智力形式，但只有两种文化的融合才能使人才培养走向正确的道路，也才能从根本上抑制"单向度"发展（对科学知识的单纯记忆）所造成的人格扭曲（如普遍的厌学情绪）。其实，在这一方面已经有许多好的做法值得我们借鉴与学习，比如美国麻省理工学院和加州专科技术学院的理科学生都在接受一种严肃的人文教育。认为，社会历史、社会学、人口统计学、政治科学、经济学、行政管理、心理学、医学和建筑学之类的社会学科，尽管看起来似乎杂七杂八，却有着内在的一致性，都关系到人类怎样生活或曾经怎样生活过。

1967年美国哈佛大学设立的"零点项目"研究成果，就直接导致1993年美国国会颁布"2000年目标：美国教育法"，是美国历史上首次将艺术与历史、数学、自然科学、语言并列为基础教育的核心学科。

该教育法指出:"缺乏基本的艺术知识和技能的教育决不能称为真正的教育。"著名物理学家李政道曾论证说:艺术与科学是不可分割的,恰如一枚硬币的两面,其共同基础就是人类的创造力,因为它们追求的目标均为真理的普遍性。艺术与科学的不可分割性,表现在它们的关系就是和智慧与情感的二元性紧密关联。对伟大科学概念的理解与对精湛艺术的美学鉴赏均需要智慧,但随后的感受升华与情感则是分不开的。缺乏情感的因素,人们的智慧就不能开创新的道路;而没有智慧,人类情感也同样不能达到完美的程度。艺术与科学很可能确实是不可分的,假如是这样,艺术与科学就事实上是一枚硬币的两面,都源于人类活动中最高尚的部分,共同追求普遍性、深刻性、永恒与富有意义。

2. "两种文化"融合的可能性

学习具体事实、单纯知识以及技术都是相对简单的。有实用价值的事物之抽象原理,一般人可能不易接受,但是关于有实用价值的事物之具体运用,则一般人都可学习,因为单纯知识的学习以及技术都是相对简单的。想想我们这样一个即使仍为发展中国家的中国,都有多大比例的人会开汽车,而且在某种程度上他们都还称得上是机械师,就能理解这一点。

尽管学习事物之一般原理比学习具体驾驶技术、用牛顿方程解力学题以及用薛定谔方程解决氢原子的能级问题难一些,但与要成为一个既具有理解力、又富有同情心的更加富有人性的"完全之人物"比起来也还是容易得多。"完全之人物"是在身体之能力和由智力、情感和意志三部分组成的精神能力两方面全面、和谐发展的人才,他不会无视应用科学的贡献,不会无视大多数人类同胞可以拯救的苦难,也不会无视那种他们一旦意识到就不能再置之不顾的责任。G. H. 哈代曾经说:"对于一切值得做的事来说[哈代是指创造性的工作,他

科学课程设计的认识论考察

认为这当然是唯一值得做的事〕，才智只是一种微不足道的天赋。"①因为，为了施展这种才智，人们往往不得不年复一年地持续思考一个问题或一种设计，于是意志在这里起了至关重要的作用。或许毅力、信念与持之以恒的精神或者意志、诚实和坚韧，才真正是科学中不可或缺的东西。

毕竟"人是使自己的生命活动本身变成自己意志的和自己意识的对象的生命"②。正如伊壁鸠鲁所言，虽然我们要服从自然的威力（这是可以科学地加以研究的），然而我们仍然有自由意志，并且在某些限度之内我们乃是我们自己命运的主人。并且"相互调和、社区关系和普遍为善的艺术是可教的……它们代表和解释了教育是什么的大部分内容，这代表了人们在做一种慎重的、系统的、持续的努力，以发展和解释人类的理智力和敏感性"③。

因而，科学课程应使学生在理解科学知识体系、获得技术技能的同时，积累运用科学技术为人类造福的愿望、信心、勇气、自觉性和责任感。切实投入到"行动实践"——探究活动或学习之中，增强驾驭科学和技术行为的能力，使理性的批判的光芒驱逐片面的单纯记忆的黑暗，并成为一种习惯、成为个人生活的基本姿态，进而形成关心别人、关注人类整体前途和命运的胸怀。为此，科学课程必须有意识地培养学生批判性反思自身、反思知识的能力，以引导学生忽视由他们的生活环境所强加在他们身上的那些无意识的偏见。但事实上，学生仍然在耗费多少时间和精力以单纯地去积累知识和获得一些机械的技巧形式，以至于学校所输送出去的毕业生往往意识不到他们所学的

---

① 转引自〔英〕C. P. 斯诺著《两种文化》，纪树立译，三联书店，1994，第142页。
② 《马克思语》，引自张楚廷著《教育哲学》，教育科学出版社，2006，第25页。
③ 《古德莱德语》，引自〔美〕Peter S. Hlebowitsh 著《学校课程设计》，孙德芳、孙杰译，中国轻工业出版社，2006，第50页。

东西对目前人类生活的现实意义。因此，目前每个人所需要的是批判的思考能力，以及观察问题、把事实和问题联系起来、利用和享有观念的力量。如果学生走出校门时具备这种力量，一切其他的东西都可以在一定的时候、必要的时候增添进去。他将在理智上和道德上明白自己的职责。①

这样说来，或许科学课程具体教给学生一些什么内容，关系并不大，而重要的是保持学生创造的热情、生活的勇气和决心，一方面决心同天生的才智一样重要，另一方面"热情往往伴随着思想丰富的人一起深入到生活中去，热情日日夜夜照耀着他们，燃烧着他们的心灵，不使他们误入歧途，不使他们虚度年华，碌碌无为"②。所以，"我认为对于学生而言，最坏的事情是教师主要靠人为的权威、恐吓甚至暴力来进行工作。这些方法会摧残学生的感情与健康、诚实与自信；这种做法制造出来的只能是顺从的人"；因而"在学校与生活中，学生学习的最主要动机是学习中的乐趣，是学习中获得结果的乐趣，和对这些结果具有的社会价值的认识。教师启发并加强年轻人的这种心理力量，我认为应是学校中最重要的任务。只有这样健康的心理基础才能触发学生愉快的愿望，以追求人类最高财富——知识与艺术技能"③。

（三）论证及解决问题

首先，论证"理性"与"技术理性"的不同、明确人类"理性"的本质含义。摒弃"技术理性"意味着"两种文化"的融合，以及科学课程中实现"两种文化"融合的需求与可能，正是本书的基础和出

---

① 〔美〕约翰·杜威：《人的问题》，傅统先、邱椿译，江苏教育出版社，2006，第75页。
② 〔德〕第斯多惠：《德国教师培养指南》，袁一安译，人民教育出版社，1990，第16页。
③ 《爱因斯坦文集》第三卷，商务印书馆，1983，第144～145页。

发点。这一部分论证已在引论中完成。

其次，是对"科学与知识观"的重新审视，科学与知识观念是认识论的重要内容，也是本书的重点之一，是期待解决已有问题的关键。当然，科学与知识观念的正确建立对科学课程设计的意义非同一般，犹如"力与运动"之间关系的建立对整个经典力学的贡献。是说只有在认识到力是"物体运动状态改变"的原因，而不是像之前所认为的那样力是"物体运动"的原因，才真正使力学研究也从而使整个物理学研究步入正确的轨道。"证实抑或证伪？——经验科学证实的困难与证伪的局限"一文就是在对科学观及认识论思考的基础上写成的。文中指出：经验科学不可能给出对理论的最终否证或证实。科学命题的客观性是它们能够被主体间互相检验，其科学性在于命题的可检验性即经验的科学的系统必须有可能被经验反驳。证明一个理论是科学的，在于表明这个理论是可错的，它接受被否弃。科学的规则是不保护科学中任何的陈述不被证伪，因而使科学是并永远保持是一个探索。因此，决不能仅仅用科学陈述的逻辑的或形式的结构当作经验科学的特征，也应建立起将经验科学的方法构成其特征的思想，这就是处理理论体系的方式，将经验诠释为人们经验科学的方法。但这里的方法不在于说，是证实还是证伪，或者证实不行用证伪，而是将证实与证伪有机结合起来。放弃那种一劳永逸地证实或一劳永逸地证伪（证实之后接受，证伪之后抛弃）的可能性，即反对实证主义或证伪主义的极端做法。这就是要注意区别两对区别又相互联系的概念，即实证与实证主义、证伪与证伪主义。以实证主义和证伪主义为两极，实证与证伪都处在两者的连线之上，都是经验科学重要的研究方法，共同担负着实证研究的神圣使命。但发展到极端的实证主义或证伪主义则是荒谬的、有害的。

概括来讲，经验科学的研究方法体现了证伪思想的精神实质，是说试图寻找否定它的理由，只是在还没有足够的证据否定它时，才暂时接受它。但保留否定它的可能性，是说科学是一种批判的态度，它不寻求证实却寻求证伪的检验。因而，或许只在尝试过但又未能获得成功的反驳，才能算是证实或确证。因而，所谓的证实或确证是已经包含了证伪思想方法的"实证"，将证实与证伪融为一体，而与那种一次就证伪了、抛弃掉的证伪主义完全不同。然而，当某一命题面对有力的证据不能被接受时，就必须考虑放弃或修正该命题。是说证伪的思想方法，其本质在于试图告诉人们，理论的局限、不完善甚至错误的地方与根源究竟在哪里，从而尝试排除它们。

第三，是对科学课程设计基本观念的建构以及对科学课程设计的总体论证。本书以对科学课程设计认识论基础的考察为主线，贯穿整个论证过程，在充分吸收已有研究丰富成果的基础上，形成了科学课程设计的基本观念以及科学课程设计的结构体系。这一点正如经典力学的建立，比如伽利略的斜面实验就已经揭示出力与运动之间的关系，即物体运动并不需要力来维持，是说经典力学建立之前，各种研究所形成的思想已非常丰富，观点接近正确，建构经典力学大厦的元素已近齐备。因此，尽管把这些元素组合成大厦仍需要付出巨大的努力，但牛顿承认他是站在巨人的肩膀上。课程领域的丰富研究，或许也应是把已有思想、观点、方法，统整起来的时候了。

正是内心深处责任的驱使也或许是一种本真的良知使然，在对科学及课程的本质清醒认识的基础上，对随后一系列问题不进行深入的思考都已经是不可能的了。比如认识到科学观及认识论对科学课程设计的制约，以及课程观对课程设计的影响。这些基础观念直接制约课程目标的制定、课程内容的选取与组织、课程方法的运用以及课程评价策略的选择。对科学课程观的论述集中在"论科学课程作为'研究假设'"一文中，文中指出：科学课程实质上是有待于师生在课堂情景进行检验的研究假设，而不是有待于理解和记忆的教条与命令。因此（1）科学课程以培养学生的批判性思维能力为核心，与传统科学课程强调知识的狭隘、偏颇、封闭的课程观形成鲜明对照。（2）科学课程结构的动态生成性，与传统科学课程突出强调学科自身逻辑发展的线索有所不同。（3）科学课程方法的探究性特征，鼓励学生思想自己的思想，憧憬理想的实现以及对传统的"叛逆"和对现实的超越。（4）科学课程评价的重过程性，即通过把评价设计成让学生完成真实任务的形式，使指导和评估变得与建立课程目标相一致，使科学课程围绕以课程目标为指导的课程评价展开设计，从而能最大限度地确定课程需要改进的方面，实现评价的建设性功能。

四 基本概念界定和框架结构

考虑到基本概念必须不能相互取代，同时又要保证研究完整描述的需要，本书确定了以下五个基本概念。

（一）基本概念界定

1. 科学

人们对"科学"（science）的界定，源于对相应的拉丁语词 Scientia 的释义，即学问或知识；最切近的德语词 Wissenschaft 也意在包括一切有系统的诸如历史、语言学、自然科学及哲学在内的学问，是自然科学和社会科学的统称。丹皮尔把"科学"界定为"科学是关于自然现象的一切有条理的知识，是对于表达自然现象的各种概念之间的关系的理性研究"。本书认为：科学是人类文化发展的一种历程，永远保持是一个探索，即表现出以抽象性和可检验性为特征的知识体系，被共有这些特点但在简单性和预言能力上优越的其他体系所取代的动态性特征。科学重视文化的认知方面，尤其是与自然世界相关联的认知活动，在教育领域这种认知活动主要通过学科教学的形式来实现，如物理、化学、综合理科、自然科学等就是以完成这些认知活动为目的的。

2. 课程

本书中将课程界定为有待师生研究的假设，或曰"课程即研究假设"。"一切有系统的学问"都具有与自然或经验科学相类似的特性，是说包括社会科学在内的许多学科，其学习内容以问题的形式间接呈现出来，突出质疑、探究、讨论的学习方式都不仅是可行的，而且是有益的。因此，所有课程均可视为关于知识、教学和学习实质的"研究假设"。是说教育知识本身并不是能够事前明确界定与规划的课程目标，而概念本身也不是绝对单一的知识结构，于是教学目的不是让学生寻求一致的标准答案，只是引导学生在探究过程中进行毫无标准答案的学习与讨论，以进入多元文化社会的对话之中，并通过探究讨论的方式了解、学习各种不同观点，以提供学生增长能力发展心智的机会。

"课程即研究假设"意在指出，依学校教师的教育专业观点，课程应该是一套教学内容与教学方法的建议说明，教育的目的不应屈服于作为固定知识的权威。而过去的教师常常通过课程甚至于依赖教科书教授学科知识，并且将教师遵守教科书或课程中的学科知识，看做理所当然。因此，超越传统观念，学生与教师必须对课程内容提出质疑，并经过实际的检验来评估课程内容与理论的价值。从而养成学生质疑的思辨和批判的态度，进而促进师生技能、认知与情意的发展。"课程即研究假设"的课程观点能涵盖以往课程概念中所指的各个不同侧面，比如我国较有代表性的三种课程观（1）教学科目说，

（2）教学活动说，（3）学习经验说，就很好地统一在对课程内容进行假设检验的过程之中。因为这样的课程总是以某一科目为中心开展活动，在这一活动中建构知识、获取经验。但课程又不等同于科目或者活动，也不等同于经验。

3. 科学课程

本书将科学课程界定为：科学教育领域有待于师生检验的假设。由于科学理论既不能被完全证实也不能被彻底否证，决定了科学知识体系中不可能有最终的陈述，也无法成为一个提供"确实"信息的"肯定性"系统。从而使科学知识不仅包括关于世界的观念、规律和原理的体系，而且也内在地包含了了解世界的方法体系，以及关于世界的观点、看待世界的态度和情绪等方面。因此科学陈述的客观性只在于它们能被主体间相互检验，而且不可能有不能被检验的陈述，以至于对科学理论的检验会永远地持续下去。是说对科学理论并不再要求每一个科学陈述，在被接受以前必须在事实上已被证实或者检验，而是要求每个科学陈述必须是可能被检验的。这就意味着对科学知识的学习过程实质上是一个批判检验的过程，即把已有知识作为师生思考的材料，以发展学生理解、批判性反思和负责任判断的能力。

这种科学课程不仅包括初中或高中阶段像分科课程设计的《物理》《化学》《生物》等科目，也包括综合课程设计的像《综合理科》《自然科学基础》《社会中的科学与技术》《科学探索者》等课程，即人们通常所说的理科课程。分科科学课程与综合科学课程的区别不在于形式，而在于所属各组成部分内容间的关联状况。本书不特别针对初中或高中科学课程，也不特别针对综合科学课程或是分科科学课程。

4. 课程设计

一般说来，"设计"是一个分析、综合与深思熟虑后的精心规划历程，它以问题沟通作为研究的起点，以获得解决问题的计划为终点。

因而课程设计不同于课程实施，而旨在对包括目标、内容、策略（资源、媒体、活动）、评价等在内的课程各要素，依照理论基础作出安排，这里理论基础包括学生、学科和社会三个方面。总之，"课程设计"包括方法技术，而不仅限于针对已有的课程现象进行纯粹的理论分析和研究，同时还关心具体且实用的课程产品开发，以达成教育目标。"课程设计"受教育观与课程观的影响，其意义是强调"设计"观念，即要求课程规划和实施人员重视课程设计工作，以便确立适当的课程目标、选取与组织恰当的知识内容，采用合适的课程实施与评价策略，增进课程设计的有效性，促进儿童学习经验的顺序性、延续性和统整性。

有时也把课程设计叫做课程规划，是指课程的组织形式或结构，从广义或宏观上讲也称为课程设置，但从狭义或就某一门学科而言，则更多地称为课程设计。它是基于两个层面：一是理论基础，二是方法技术。理论基础系指学科、学生和社会；方法技术系指对包括目标、内容、策略（资源、媒体、活动）、评价等在内的课程各要素，依照理论基础作出安排。

5. 科学课程设计

在课程设计已有功能的基础上，本书将"科学课程设计"界定为：以人类对自然界的认识为素材而确立的、关于科学课程或微观或宏观的规划与安排。它旨在帮助学生建立人和自然之间认知的意义及其普遍联系，强调"设计"观念，注重创造性，但又不是创造一种新知识，而只是在人类已具有的知识体系中构建一个新的体系。这个体系既可以表达人们赋予教育的任务，也具有学科自身的特点与传承性，是人们教育观念和学科体系的一种相融合的创造。

6. 认识论

人们每天同自然界和社会中的各种事物与现象打交道，同它们发生实际的相互作用，通过自己的观念、思维反映它们，认识它们。科学课程是学校教育帮助学生建立并完成这些认识的重要手段，因而，科学课程设计不能不关注人们认识的基本规律，并接受认识论的指导。

认识是对客体的永恒的、没有止境的接近，以达到对客体愈益精确的反映。认识论的任务是要揭示认识发生、发展的过程及这一过程借以实现的结构、形式和规律，揭示主观和客观、主体和客体不断地达到一致的辩证的途径和逻辑。与这种辩证唯物主义认识论相对立，形而上学唯物主义把认识看成镜面式的、被动的、呆板的、一次完成的反映；不了解认识是在实践基础上不断由浅入深，由片面到全面，由低级到高级的辩证发展过程。

（二）框架结构

本书不在于提供科学课程设计的具体方法和步骤，而旨在探讨用以指导科学课程设计实践的方法论原则及其思想基础。本书共包括七个部分：

"引论"从对教育系统内部一些现象的观察以及对人类生存环境的思考出发，明确"技术理性"的危害以及从科学与人文两方面培养人才的需求，强调科学课程应着眼于两种文化的融合，注重批判性思维能力的培养。初步回答了"为什么要进行课程设计"？

"第一章 科学课程的性质"着眼于科学课程内部的属性，探讨实现科学课程设计理想的条件，包括三个方面：一是科学是一个文化过程；二是科学课程的文化属性；三是科学课程的价值诉求。

"第二章 科学课程设计的认识论基础"讨论了科学课程设计中不容忽视的认识论基础问题，为科学课程设计提供理论依据。

"第三章 科学课程设计的历史考察"和"第四章 科学课程设计的认识论偏差"主要是对历史上科学课程设计思路的梳理，明确传统科学课程现实与理想之间的差距及主要表现，以避免曾经遭遇的困境在今后科学课程设计中再次出现。

"第五章　科学课程设计的基本观念" 在新的认识论基础之上，讨论了科学课程设计不同理论取向的整合问题，提出科学课程是有待师生进行检验的研究假设，而不是需要记忆和理解的教条与命令。基于此课程观，本章提出了以培养学生批判性思维能力为核心的目的观以及以观念转变理论为指导的方法论。

"第六章　基于问题的科学课程及其设计" 在分析了基于问题设计科学课程的必要性与可能性的基础上，本章阐述了以问题为导向的科学课程结构、科学课程方法的探究性特征以及科学课程评价的重过程性。最后两章是本书的重点，从原则上并在操作层面回答了"怎样进行科学课程设计？"的问题。

第一章　科学课程的性质

对技术负面影响及"理性"反思的结果,凸显科学课程中"两种文化"融合的重要性与迫切性。"两种文化"融合的关键在于培养批判性思维能力,是科学课程培养科学素养的重要方面。科学课程突出培养学生批判性思维能力,意在强调使学生在把握科学知识体系的同时,人性得以升华——了解科学,意识到个人的职责,不仅具有运用科学为人类造福的愿望,而且具有驾驭科学行为的能力,从而能权衡科学对人类生活的利弊,以发挥科学技术进步对人类生活的积极影响并评估其可能的破坏力。科学作为一种文化发展的历程、科学课程具有文化的功能以及科学课程对培养学生科学素养目标的确立,正足以支持"两种文化"融合的需要。

一　科学是一种文化过程

包括科学教育在内的教育是人为的也是为人的,因此认识"人"本身、认识"我"自己,就成为与认识"科学"至少同等重要的事情。

（一）人是文化的存在

1. 人是理性与非理性的统一

自德国哲学家马克斯·舍勒（Max-Scheler，1874–1928）提出建立"完整的人"的口号之后，许多哲学家以此为目标，以具体科学为依托，试图将"两种文化"相统整，即把人本主义与科学主义，把具体科学有关人的知识和哲学的思辨联合起来，以考察完整的人。舍勒认为，人的本质既表现在人的内部结构中，更表现在人与环境的"开放性"关系上，表现在人所创造并存在于其中的文化世界之中。既不完全是理性的人，亦非情感意志的孤独个体，是理性与非理性的统一。正如卡西尔所言，"对于理解人类文化生活形式的丰富性和多样性来说，理性是个很不充分的名称"，但"尽管现代非理性主义作出了一切努力，人是理性的动物这个定义并没有失去它的力量。理性能力确实是一切人类活动的固有特征"。

舍勒赞成人的生命有其独特规律的思想，但也拒绝完全否定理性或精神的观点，而把人看作具有生命冲动和精神本质双重存在结构的完整的人。他认为唯一使人能成为人的东西并非生命的某个阶段，也不是生命表现形式之一的心理阶段，而是原则，一个与任何生命包括人的生命在内的相对立的原则，舍勒把这个人与动物相区别的本质特征称为精神。但舍勒认为，无论把人归为生命冲动还是精神，都不能描述完整的人。生命冲动和精神是人的不可分离并且相互补充的两个方面，生命的盲目的冲动需要其精神的限制与引导，而精神的软弱无力又需要生命冲动为它提供动力。他说："精神在纯形式中是无力的……我认为，虽然精神有自身的特性和规律，但它没有自身的原始动能。""生命和精神相互补充，而过去的一个主要误解是把它们看作原来就是对立、斗争的状况。"生命无约束的冲动会趋向困境与死亡，而精神对无限完善与永恒价值的向往则需要生命冲动来推动。生命借助精神摆脱困境，而精神则在生命的推动下实现完善与和谐。完整的人就是这两者的统一。既然人是生命冲动和精神的统一，精神成为人与动物区别的根本标志，人与环境的关系就根本不同于动物与环境的关系。动物不能把自身与环境区分开，往往束缚在特定的环境中，而人则明确把自己与环境区分开来，把环境作为自己的对象。因此人与周围环境的这种特殊关系构成了人向世界的开放性。正如舍勒所言："这种关系——表明人按其本性来说，本质上是能够无限地扩张到他自己作用范围的地方——扩张到现有的世界所能延伸到的地方。人是一个能够向世界无限开放的 X。"

2. 人是"符号的动物"

德国生物学家阿尔诺德·格伦（Arnold Gthlen，1904-1976）进一步从生物学角度认为，由于人的"未确定"或"未完成"性，"人的器官并不片面地指向某些行为"、指向某一特定的对象，人没有固定的栖息地。从形态学的角度看，人是"匮乏的"。人没有像动物一样的天然毛发与皮肤去应付恶劣的气候变化，缺乏锐利的攻击器官以获取食物，也没有能快速奔跑的肌肉以逃避意外的伤害。"这起初似乎仅仅是某种不利于生命发展的条件。与特别适应于环境的动物相比，这样一种创始物将发现自己更难以在世界上生存。"人是"易受损害的、易遭危险的"生物。但正是由于人的未确定的特征、人没有固定的生存环境、人缺乏天然存在的生存手段，就必须用自己的创造能力来补偿。包括创造了生活于其中的文化的能力。

因此，恩斯特·卡西尔把人定义为"符号的动物"。他认为，人的本质特征就在于人能利用符号进行创造文化的活动。而且"所有这些文化形式都是符号形式。因此，我们应当把人定义为符号的动物来取代把人定义为理性的动物。只有这样，我们才能指明人的独特之处，也才能理解对人开放的新路——通向文化之路"。因而"符号化的思维和符号化的行为是人类生活中最富代表性的特征"。信号是物理世界的一部分,符号则是人类意义世界的东西。人赋予符号一定的意义,使之具有特殊的功能。动物对重复多次的信号只产生相似的反应,而人会运用符号进行关系思维;获得了从抽象意义上考虑那些关系的能力,"关系的思想依赖于符号的思想"。人的记忆是一个符号化的过去,是一种"符号的记忆"。因此,"符号的记忆乃是一种过程,依靠这个过程人不仅能重复以往的经验并且能重建这些经验。这样想象就成为真实记忆的必要因素"。因而时间的第三维——未来,是一个"对人类生活的结构似乎是更为重要更足以表现其特征的方面"。

任何动物都不具备未来的观念、概念或意识。对人来说,未来不仅是一种联系,而且成为一个理想。人不仅能预见未来可能发生的事件为将来需要作准备,并且具备有关"未来的理论观念",是人类从事所有高级文化活动的先决条件,是人类"符号化的未来"。"它与其说是一种单纯的期望,不如说已变成了人类生活的一个绝对命令;并且这个绝对命令远远超出了人的直接实践需要的范围——在它的最高形式中它超出了人的经验生活的范围。"因而正是人类的理想激励着人们不断地对未知领域探索的欲望,激发着人们不断创造性地想象。理想是超越的,在理想的世界里自然摆脱了现实的束缚和桎梏,又同时保持了与历史、与现实的联系。因此理想不是镜花水月般的空想、幻想,理想的元素就在历史和现实之中,以理想和现实之间适度的张力为其背景,与理性、历史和现实之间具有连续性。[①] 理想属于人类,指导着人们行为、思考与探索的方向,但遗憾的是人们已经不屑于谈

---

① 刘庆昌:《关于教育理想的几个基本理论问题》,《中国教育学会教育哲学专业委员会第十五届学术年会论文集》,第60页。

理想，而是更乐于讲"今朝有酒今朝醉"、得过且过不计后果，甚至吃后辈饭，以至于能源危机、资源枯竭，生态环境严重恶化。

人的这种把事物的可能性与现实性相区别的符号能力，是人所特有的品质。首先，符号化正是人类知识的特征。正如卡西尔所说："人类知识按其本性而言就是符号化的知识，正是这种特性把人类知识的力量及其界限同时表现出来。而对符号思维来说，在现实与可能，实际事物与理想事物之间作出鲜明的区别，乃是必不可少的。一个符号并不是作为物理世界一部分的那种现实存在，而是具有一个'意义'。"其次，在事物的可能性与现实性之间作出区分也是人类的伦理观念和理想产生的根据。卡西尔借康德之口说，这种区分"不仅表达了理论理性的一般特征，而且同样也表达了实践理性的真理。一切伟大的伦理哲学家们的显著特点正是在于：他们并不是根据纯粹的现实性来思考。如果不扩大甚至超越现实世界的界限，他们的思想就不能前进哪怕一步。除了具有伟大的智慧和道德力量以外，人类的伦理导师们还极富于想象力。他们那富有想象力的见识渗透于他们的主张之中并使之生机勃勃"。于是，"正是符号思维克服了人的自然惰性，并赋予人一种新的能力，一种善于不断更新人类世界的能力"。

因此，卡西尔主张从人的文化创造活动中，从人所创造的文化体系中来把握人的本性。卡西尔说："如果有什么关于人的本性或'本质'的定义的话，那么这种定义只能被理解为一种功能性的定义，而不能是一种实体性的定义。我们不能以任何构成人的形而上学本质的内在原则来给人下定义，我们也不能用可以靠经验的观察来确定的天生能力或本能来给人下定义。人的突出特征，人与众不同的标志，既不是他的形而上学本性也不是他的物理本性，而是人的劳作（work）。正是这种劳作，正是这种人类活动的体系，规划和划定了'人性'的圆圈。语言、神话、宗教、艺术、科学、历史，都是这个圆的组成部分和各个扇面。因此,一种'人的哲学'一定是这样一种哲学:它能使我们洞见这些人类活动各自的基本结构,同时又能使我们把这些活动理解为一个有机整体。语言、艺术、神话、宗教决不是互不相干的任意创造。它们是被一个共同的纽带结合在一起的。但是这个纽带不是一种实体的纽带……而是一种功能的纽带。""创造性就是一切人类活动的核心所在。它是人的最高力量,同时也标示了我们人类世界与自然界的天然分界线。在语言、宗教、艺术、科学中,人所能做的不过是建造他自己的宇宙———个使人类经验能够被他所理解和解释、联结和组织、综合化和普遍化的符号的宇宙。"因而,事实上人又是文化的存在。

3. 人作为文化创造者与承续者的统一

卡西尔之后,兰德曼(Michael Landmann,1913-)吸收以往研究的积极成果(如人的未完成性、开放性和活动性,以及强调人的自由、创造性和个体性的方面),又同时强调人的受文化、历史和传统制约的一面,在一定意义上看到了人的社会性。他认为,完整的人是主观精神与客观精神的统一,是文化的创造者与文化的承续者的统一。因此构成人与动物的根本区别的是人的文化创造能力,创造性"作为一种必然性植根于人本身的存在结构之中"。人的创造性具有两方面基本含义:(1)人凭借创造性能确定自己类的存在方式,又不意味着生活在种的固定的形式之中。人与动物相区别的存在方式是文化。(2)人凭借创造性产生丰富多彩的个体存在样态。而动物的个体生活只是歌唱种内已有的曲调,同种内的动物是完全相似的。但人与人之间则表现出极大的差异。个人通过创造劳动产生某种新事物,在共有的文化背景下,各人创造的结果总是不同。

人除了具有创造力之外,还具有保存文化的能力,能将过去创造的文化成果转化为某种客观的形式。因此"人不必每时每刻都完全重新开始获得对世界事物的洞察，获得关于世界事物的知识，并重新开始决定他自己的行为。每一个个体都收集着'经验'，这样的'经验'也在每个群体中得到传递。因此始终有一个知识的储备供人之用。同样的情况对于技术的发明和存活下来的道德的和社会的制度也是真实的：前者补偿了人的适应自然能力的缺乏；后者在被发现之后不是很快消失，而是成了陪伴着那些民族的永久的财产。我们有创造它们的能力，我们也有把它们作为一种稳固的习惯和传统的价值保存下来的能力。可以说，眼前的真实的创造力同另一种处于聚合状态中的创造力结合了起来，后者即是过去的创造力，它已经结晶成客观的一种形式"。兰德曼曾把人的文化创造叫做主观精神，把保存下来的人类文化成果叫做客观精神。他认为，尽管客观精神也是人类世世代代创造的结果，是人类创造力的积淀，但它是在人之外的独立的存在。他说："文化之与我们相分离正像预先给定的自然界与我们相分离一样。我们循着常规无可逃遁地置身于我们自己所造成的文化世界中，其情景就如我们在自然界中一样。"事实上，人对自然的依赖要远少于对由文化所塑造的各种形式与习惯的依赖，对人而言，文化世界才是最根本的。"甚至最早的人也生活在某种文化中"。甚至他们的饮食和生育这种与动物共有的最基本的活动，也不是像动物那样为自然所调节，而是源于某种"非自然的和人为的"风俗和习惯。"这又一次说明了人不是这样一种动物，它具有特殊的人的特征，并仅仅把人的特征加到动物的基础之上。人类的一切都是人的，从其基础向上都是如此。""一旦人被赋予了创造文化的能力，他就超越（自然的）必然性而使用这种能力并创造完全不是由自然被预见的文化形式；而且，对于这种创造来说，不仅方式而且甚至事实都源于人自己的自由的行动。"

因此，从文化的客观存在与人的自由的文化创造能力的统一中，人就有四种属性或存在样态，即人是传统的存在、历史的存在、社会的存在和文化的存在。文化的存在是说人是文化的创造者，同时文化也创造了人。正如兰德曼所说："从文化的观点看，人主动的生产特征是基本的。这是文化的基础。但从个人的角度看，人是被动产品的事实也是基本的。人首先被文化所塑造，仅仅是后来，他或许还能成为这个文化的创造者。"因而没有人的继承和创造，文化就会变成僵死的，而人没有文化也无从把自己的创造性潜能变成现实。"我们不仅生而就具有我们自己的作为个体的天赋，而且同时也被投入已由我们的祖先积累起来并统治我们的某种文化的'外部装置'中。""完整的人"既包括遗传所产生的主观精神和文化创造力，也包括世代相传的文化形式和客观精神，是二者的统一。因而"每个人类的个体只有作为超个体的文化媒介（他超越个体并为整个群体所共有）中的一个参与者才能成为人类的个体。只是文化媒介的支撑才使个体直立；只有在文化媒介的气氛中他才能呼吸。文化媒介的指导作用交织于个体之中，就像一个构成人的肌体组织的血管系统。在这个系统中毫无疑问必须充满着人的主观性的血液，可以说，他必须使理想充满生活的实在。文化没有人去实现它就不会存在。但是人没有文化也将是虚无。每一方都对另一方有不可分离的作用。任何把两个互相交错的部分从整体中分离的尝试都必然是不自然的"。

文化通过具体社会形式表现出来，人只有生活在群体或社会中才能接受历史地形成的文化，也只有这样才能参与文化的创造。因为"人只有生长在他的同类的一个承受传统的群体中才能成为一个完全的人。人的文化方面只有以这样的方式才能发展"。"因此，为了成为彻底的文化的存在，人必须首先是社会的存在。是社会的存在与人同时是最高程度的个体的存在并不矛盾"。这意味着仅仅从社会的角度来理解人是不够的。因为尽管文化以社会的形式存在，但文化不是社会的产物，相反，社会从文化形式具有特殊性这一点上看却是文化的组成部分，社会在每一种文化中被不同地构成。社会只是人获取文化的先决条件，是人走向文化的桥梁。人不是通过社会，只能通过文化才可以达到人性的完善，才能成为完整的人。这是说："虽然我们属于一个社会结构，但仅仅这一点本身并不构成我们人性的完善。人性的完善只有通过参与文化产品（包括非社会产品）才能发生。确实，社会结构把文化传递给我们，参与文化之路要通过参与社会。但社会只是文化的前提。从人类学的观点来看，只是为了获得更有决定性意义的东西，是说只是为了成为具有文化修养的，人才不能不是社会的。"

人的文化本性也包含着历史性，"文化从根本上说可规定为在历史中变化着的东西"。人们创造文化的自由局限于历史中，人们不仅模仿历史情境中一切被称为文化的东西，而且所创造的一切文化也都带有历史的风格。但是那内在于人的、能被称为先验地属于我们的东西不是那个文化的先在规范，而是一种功能的活力，一种永不枯竭的创造文化的能力。尽管文化受着种族气质的感染，甚至受到地理气候的影响，不过文化不是人们对外在条件消极的被动的反映……正相反，人类文化是一种自由的创造。"正是这种自由的创造构成了我们高于历史的力量。"当然，"由于可变性是文化的规律，所以，它也是人的规律；实际上，仅仅因为它是人的规律，它才是一条文化的规律"。"作为由人所创造的人，作为一种具体现象的人，是历史的，但是，人作为自己的创造者，其创造的核心是永恒的。因而在这个意义上讲，人类'本性'的确存在，但不能依据内容而只能根据先于所有内容的人的构造规律来想象这个本性，人们不能把这个本性想象成一个结果，而只能把它想象成一个产生出结果的过程，一个试图放弃人的原始的不完善性的过程。"总之，人所创造的文化现象是历史的，但人的创造是永恒的。并且，人的这种创造本性是通过具体的文化创造活动和成果来表现的。

既然人是文化的存在，也就必然是传统的存在，人既受传统制约也能超越传统。这种传统不能通过种的遗传，只能通过社会与历史已沟通的文化途径来延续。传统是以纯粹精神的形式被保存在某一群体中并为后代所利用的文化形式。人生活于强大的传统之中受传统制约，是说"个体首先不得不汲取对他起作用的文化传统。他首先必须攀登他降生于其间的文化的高峰"。而保存与延续传统的基本形式是学习和接受教育，即依赖于教育、教学才得以完成。因此，教育、教学不只是理性的命令，更是人的生命的内在要求。因而，教育、教学也就不能仅仅被视为一个结果，而是一个不断产生结果的过程，一个不断使人放弃原始的不完善性、走向完善的过程。[①] 总之，作为培养人的事业，造就完整、和谐发展的人或现代的人与其说是教育、教学的一种理想，不如说是一种现实，是人类生存方式的一个部分。[②]

这就从对人类本性的认识中，揭示出教育、教学的基础。因为，"很少有人完善到这样的程度，以致他起码能在某个也许不重要或容易被忽略的方面，几乎不依靠任何别人而得到提高"[③]。而教育、教学的真谛，从教育者个人的角度来看，莫过于："首先是传递文化的意向，即用我们受到良好教育的方面来教育某个人的意向，尽可能使任何别人同我们自己、同我们之内更好的自我拉平的意向；其次是接受文化的意向，即从每个人身上用他受到良好教育、而我们却很欠缺修养的方面来教育我们自己的意向。"这样"每个个体间接地从社会手中得到完全的、充分的发展，而这种发展是不能直接从自然界获得的"[④]。担承着教育重任的核心正是课程系统，因而也必须从人的生存

[①] 徐继存：《教学论导论》，甘肃教育出版社，2001，第96页。
[②] 徐继存：《教学论导论》，第99页。
[③] 〔德〕费希特：《论学者的使命》，梁志学、沈真译，商务印书馆，1980，第21页。
[④] 〔德〕费希特：《论学者的使命》，梁志学、沈真译，第25、26页。

方式来解读课程设计的意义和价值。

(二) 科学的起源

丹皮尔在《科学史及其与哲学和宗教的关系》一书中，把"科学"界定为"科学是关于自然现象的一切有条理的知识，是对于表达自然现象的各种概念之间的关系的理性研究"[①]。科学的出现与人类的生活休戚相关，如物理科学的起源，就可以追溯到对于肉眼可见的天体运行一类自然现象的观察，可以追溯到人们用来增进自己生活的安全和舒适的粗笨器具的发明；而生物科学也一定是从动植物的观察以及原始医学和外科开始的。如最初靠石制工具猎取动物和采集可食的野生植物生活，并有意识地用火石敲石取火。后来出现家畜、栽培作物和烧制陶器，都比单单改制天然物，大大前进了一步。并随着人类第一次冶金试验，人们普遍使用金属，先是铜器，然后由更容易获得的铁器取代。但尽管拥有了原始农业和工艺的游牧人民逐步开始了定居生活，这时不论是文明还是科学，都还是不可能的。马林诺夫斯基认为，科学的出现是原始人把可以用经验科学的观察或传说加以处理的简单现象与他们所无法理解或控制的神秘、不可估计的变化区别开来的结果。前者引向科学，后者导致巫术、神话和祭祀。更进一步如 J.R. 拉维茨所指出的，"科学知识是由一种复杂的社会努力完成的，导源于处于同自然界十分特殊的相互作用中的许多工匠的工作"[②]。

无论如何科学的出现与人类的生活紧密联系，并取决于人与动物的巨大不同。因为人和动物相比较显然是相当糟糕的，自然没有赋予人任何逃遁和攻击的器官，没有保护自身的皮毛，没有脚爪，人的感

---

① 〔英〕W.C. 丹皮尔：《科学史及其与哲学和宗教的关系》上册，李珩译，商务印书馆，1989，第1页。
② 〔英〕J.R. 拉维茨：《科学知识及其社会问题》，牛津大学出版社，1971，第81页。

觉器官也没有动物那样敏锐。① 这意味着面临生存的挑战，高级动物显然具有更多的危险；并且从单纯被动的适应倾向中也不会获得任何发展。因此，人作为这样一个"有缺陷的存在"或"被剥夺了生存能力的存在物"（格伦），还"不是目的，而只是一条道路，一个插曲，一座桥梁，一个伟大的允诺"。意味着作为"未来人类的胚胎"，人的变化只是人自身的事情，不再是自然的事情。人必须是自己的养育者。②

但正如尼采所注意到的，人恰是"易变的和可塑的——人们可以做需要超出他之外的任何事情"。正如普罗太戈拉所言：人类使用技术和道德的力量，人拥有冶金、农业的技术，具有羞耻心和正义感，这是他体力匮乏的必需补偿。通过文化的力量，人弥补了动物凭完善的器官和本能超过人的那些东西。马克思则更加精辟地论述到，人是唯一必须劳动的动物。人自身创造了外在的生存条件，发明了工具，创造了产品。而且，人改变生存条件时，人也改变了自身，从而使人在每一新的环境中，都能发展与之适应的行为，并能于其中保持自己的存在。"人或者依靠打猎或依靠捕鱼而满足食用，人时而用树木，时而用石头，时而用雪块建造房子。……人的生存并不需要改变人的整个生物学本性，人只需要与外界环境一起，改变人的外在生存风格。因而……不管人怎样行动，人总是可以适应改变着的环境。人在家里、在赤道、在两极、在陆地、在水中、在森林、在沼泽、在平原、或在山峰，都同样的生存。"③

可见，正是人的未确定的特征使人具有无限发展的可能性。动物的专门化使它们与环境形成封闭的系统。对于动物来说，只有与其生命直接有关的东西才能引起它们的兴趣，成为它们的环境，动物囿于

---

① 〔德〕蓝德曼：《哲学人类学》，彭富春译，工人出版社，1988，第48页。
② 〔德〕蓝德曼：《哲学人类学》，彭富春译，第198页。
③ 〔德〕蓝德曼：《哲学人类学》，彭富春译，第216~217页。

科学课程设计的认识论考察

特定的环境，不能适应环境的变化。因而动物原先肯定意义上的专门化就变成了具有否定意义的封闭性。而与此相反，人没有固定的生存环境，人缺乏天然存在的生存手段，就必须用自己的创造能力来补偿。这样，人与世界的关系就是开放的，原来否定意义上的未确定性转变为肯定意义的开放性。

因此，虽然非专门化在开始时表现为否定的作用，但从长远来看，它却是某种非常宝贵的有利条件。人的器官不是为完成少数几种生命功能而被狭隘地制定的，所以它们能有多种用途：人不为本能所控制，人自己能够思考和发明。人所缺乏的专门化还远不止是被补偿了，人的多种能力和自己的首创精神使他能够适应变化着的外部条件，能够通过创造而使存在变得更舒适。而且人也必须通过实践活动形成与塑造自己，并对世界开放，发掘潜能，用文化的形式补偿自己。人的开放性或文化性正是以人的未确定性为前提的。从而使"人类可以放弃一切；在不触动人类的真正尊严的情况下，可以剥夺人类的一切，只是无法剥夺人类完善的可能性"①。

人在补偿生物性不足的同时也发展了自己的文化创造能力，形成了适合自己生存的新的环境——文化，包括社会、国家、部落、氏族、家庭、技术、法律、传统与制度等。可见，正是非专门化蕴含了巨大的可塑性，使人成为"可教育的动物"，成为"教育、教学赖以存在的前提"②。并且"人原则上是，并且始终是需要教育的，因为人在整个一生中始终在向更新的阶段发展，而在这些阶段中又始终在产生新的学习任务。人的整个一生都需要在不断地受教育……"。"实际上，人不受教育就不能成为一个人。"③ 这就是人的"非专门化"决定了人

---

① 〔德〕费希特：《论学者的使命》，梁志学、沈真译，商务印书馆，1980，第37页。
② 徐继存：《教学论导论》，甘肃教育出版社，2001，第94页。
③ 〔德〕博尔诺夫：《教育人类学》，李其龙等译，华东师范大学出版社，1999，第35页。

的可塑性，决定了人的成长对教育的需要甚至依赖，即人们需要将前人积累下来的技艺、经验、思考和认识传承给下一代。事实上，只有通过教育才能使人顺利地生存下来，并实现多方面可能的发展。所以，"我们应当从人的本质，即从人的存在方式来理解人，从而尽可能把教育、教学理解为对人的全部存在的必要之举"[①]。

可见，人的"未完成性"决定了人的生存权利取决于人创造和发明的能力，科学的产生也正是人类在努力生存下去的艰苦的生存斗争中创造、发明的结果，因而科学是一个过程，是人类文化发展过程的重要方面。

（三）科学发展的文化过程性

科学发展的文化过程性，是把科学看成一个过程，或一组相互关联的过程，强调人们正是通过这个或这组过程，才获得了现代的，甚至是正在变化之中的关于自然世界（包括无生命的自然界、生命、人类和社会在内）的知识。通过这个过程获得的知识可以被称为是"科学的"，而且在某个时期被认为是科学的知识很有可能在以后的日子里被认为是过时的。[②] 这样定义的"科学"这个术语，可以适用于能对现代的自然知识负责的任何过程。

这样定义科学是基于三方面的思考。第一，把科学当成用来追求一个目标的"方法"有失偏颇。原因有三：一是按通常的理解，一个"目标"是人们将要为之而努力的一个结果或者是一个系统的内在功能所指向的结果，从而一般不包含偶然出现的运动所指向的结果。而科学作为一个整体，是超越特定的科学家、研究小组和机

---

① 转引自徐继存著《教学论导论》，甘肃教育出版社，2001，第94~95页。
② 〔美〕李克特：《科学是一种文化过程》，顾昕、张小天译，生活·读书·新知三联书店，1989，第3页。

构的一个过程，科学的任何结果都未必必须被划归为作为一个整体的科学过程的目标。二是即使一个目标是属于科学的，科学也未必一定有指向这个目标的运动，即使有对应这个"目标"方向上的科学运动，也完全有可能在科学的大部分重要方面，并且在很长的时期里，存在没有被科学家们普遍预期到、认识到的方向上的运动，甚至存在偶然出现的方向上的运动。三是即使科学被定义为迈向一个目标的进程，也未必就可以由此断定科学等同于一种"方法"。这种目标和方法的概念只有应用到科学的相对微观的层次上才是适宜的。因为，观察科学家或研究小组解决一个特定问题的时候，会看到用于实现目标的方法；但在宏观上分析科学时，就不仅要考虑许多特定研究项目中的情况，还要考虑不同世纪不同学科中的许多这种项目之发现的综合问题。

第二，科学是一种社会建制的概念也只能不完整地应用到作为一个整体的科学上去。因为，建制这一概念通常被用于表示一种社会的模式或安排，这种模式与其他的这类模式相整合，对社会行使功能并反过来得到社会的支持，如家庭、教育等都可以被当成是"建制"。但科学的特定发展过程基本上是不可控制的和不可预测的，所以科学缺乏能得到公认的、明显和一致的对社会的功能，以换取它所得到的支持。尽管科学家们"控制"他们观察时所处的环境，也"预言"在这种环境中将能观察到什么，可是这并不涉及对科学本身发展方向的控制或预测。科学发展过程的"不可控制性"，意味着无论自然界对科学家们的问题给予什么回答，科学家们都要使自己接受这种回答，虽然人们必须解释自然给予的回答，但如果想要使结果被承认是科学的，那么这种解释上的自由程度就要受到很大的限制。科学发展过程的"不可预测性"，则表现在任何时候我们都不能断定对于科学家们在将来提出的问题，自然将怎样回答，甚至我们都不能知道将来会提出些什么问题。所以，科学不仅不是一种建制而更像是一种冒险。并且一个比较强调科学的社会一定是一个正在急剧变化的社会，而且无疑会对社会中所有的建制产生影响。并且科学常常表现为首先是一种破坏的力量而不是一种凝聚的力量，以急剧变革社会的方式发生作用，而不会包含有科学与社会之间的稳定联系。科学的这种破坏作用，在于科学作为对社会支持科学发展的回报，而提供给社会的知识，总是倾向于颠覆已经受到珍重的信仰。

因此，在某种程度上，科学与市场经济、知识与价格类似，在传统经济社会中，价格基本上是由习俗或官方的条例所控制，就像知识受到类似的控制一样；而在市场经济运作时期，价格基本上由自主的、非个人的"供求定律"机制来决定，正如同知识已经类似地摆脱了独裁主义的控制，在科学中获得了它自身自主发展的机制一样。并且与市场经济对于社会产生如此剧烈的影响，以至于需要相当的努力对市场经济进行控制一样，科学对社会的影响也是如此剧烈，同样需要对科学实行社会控制。总之，把科学看成是用来追求一个"目标"的方法，往往代表科学参与者的看法，具有微观和主观性，不适于作为对一个整体的科学进行社会学分析的基础；当把科学看成是一种建制，并意味着一个相对稳定的科学和社会的关系，意味着科学在一个相对一致的基础上履行一定的功能或服务时，也是不适合的。

第三，把科学看成是一个文化进程，则不必假定一个整体的科学具有特定的"目标"或"功能"，因为文化及文化变迁的概念就不需要目标——方向或功能性。如词汇的意义、发音和语法规则等的变化，一般不是某个人或某些人的刻意追求所致，并常常没有可以观察到的、对任何人或任何社会系统的用处或"功能"。把科学看成是一个文化进程，就允许科学有类似地缺乏明显的目标和功能的可能性。因为就文化的发展进程而言，事实上有与生物进化相类似的地方，如唐纳德·T. 坎贝尔（Donald T. Campbell）把进化描述为包括（1）变异；（2）"连贯的选择标准"；以及（3）"保存、复制或扩散经过选择的变异"。同样，在文化现象中，也需要类似的假设：（1）在一类特定的文化客体之中存在变异；（2）某些变异在选择下生存并扩散；以及（3）把经过选择的变异作为属于已建立的文化的一部分保持下来，成为以后的变异的一个起始点。[①]

但文化的发展进程不同于人类以及生物进化过程的方面也同样明显。表现在：（1）文化的发展是通过学习产生，并不依靠相对缓慢的生物的成熟和生育的机制，因而学习可能具有的速度有较少的限制，使文化的进化比生物进化在速度上有潜在的优越性。（2）与复杂的生物有机体进化要求它们功能的各不同方面必须高度地结合进行不同，文化的变化可以仅在某一方面出现，其他方面至少在短时期内相对不变，不会影响整个文化的存在。（3）生物进化在自然选择过程中，受显著的随机性影响；而在文化的发展中，尽管也有选择的偶然性，但预见和计划有助于产生比较大的连贯性，首先在变异的开始，创新者倾向于提出他们认为很可能被接受的新观念，从而使观念不能"随意地"产生。

科学重视文化的认知方面，尤其是与自然世界相关联的认知活动，其发展速度上的潜在优越性就得到最充分的印证，常表现为一种"加速"文化发展的形式，特别是从 17 世纪近代科学诞生以来，科学和技术的进步基本上处于领先地位并激励着文化的其他方面在发展中

[①]〔美〕李克特：《科学是一种文化过程》，顾昕、张小天译，生活·读书·新知三联书店，1989，第 81 页。

的变化。这是因为在科学中，具有抽象性和可检验性特点的相竞争的科学命题和体系给出了相应的变异，并以简单性和预言能力作为选择的标准，从而使保持那些经过选择的命题和体系成为可能，也使科学在选择上成为一个有效的体系。因而在科学的发展中，一个科学家常常会以巩固一个早已建立的体系的方式对科学做出一项真正的贡献。比如，证明一个体系适用于一组新的现象，但却开辟了将会暴露出这个体系之严重缺陷的进一步探索的可能性，并为这个体系之最终被取代做出贡献。从而科学作为文化发展的一种历程，是一种并非某些人刻意追求某个"目标"的过程，而事实上表现出以抽象性和可检验性为特征的知识体系被共有这些特点但在简单性和预言能力上优越的其他体系所取代的基本特征。

二 科学课程的文化属性

人类历史从哪里开始，教育就从哪里开始。然而，尽管人类自有教育活动以来就有了课程和教学的问题，几千年来人类文字的历史中也不乏"教什么"和"如何教"的记载，关于课程的主张及讨论也早已存在，但对于课程的系统研究却是20世纪初期以来的事情。而且就科学课程而言，由于过分依据学科自身的逻辑发展脉络组织课程内容，并片面强调科学知识的传授，所以并未能很好地发挥文化启迪人类的智慧，以提高应用已知的知识去明智地指导人生事务之能力的作用。

（一）科学课程作为文化的重要方面

科学课程作为文化的重要方面，是指：一方面科学课程的内容源于人类文化实践及科学研究所取得的成果，包含了科学知识、科学方法与科学精神等人类文化的重要内容。另一方面，科学课程作为科学教育事业的核心，自身也成为一个能自我发展的有生命力的系统，是文化系统的一个重要组成部分。尽管科学课程有着自身发展的逻辑和方向，但也具有开放性特征，积极接受文化中其他部分的影响，从而呈现在学生面前的是一个鲜活的科学课程的持续生成又不断展开的过程；同时对文化中其他部分产生反作用，即通过课程与文化之间的互动，对人类文化的进步做出贡献。

科学课程有使科学人文化的作用。科学课程已不是过去那种仅强调知识传授，依照学科的逻辑发展线索进行直线式科学课程设计的追求。因为，科学和技术毕竟不是非人格的宇宙的力量，它们只能在人类欲望、预见、目的和努力的媒介中起作用。因此，随着科学革命所引起的知识的增进和传播，将有一个教化和理性的普遍的发展，意味着科学教育在培养习惯和态度方面的基本重要性，而且由于这些习惯和态度使个人能够和热望达到和平、民主与经济安全的目标。

但科学教育的现状，却往往是在为就业或谋生做准备，尽管这样做在技术层面上尽善尽美，却不能使学生对将来要从事的那些行业在今日社会生活中所占的地位及其作用有所了解，以使人类生活的进步成为可能。所以，教育（如果真正是教育的话）必须有养成态度的一种倾向。这种养成在明智的社会行动中表现出来的种种态度的教育倾向，不同于灌输教条的教育倾向、不同于阐述科学概念、讲解实验规律的教育倾向，从而能实现科学的人文化。

（二）科学课程对文化的传承

科学课程对文化的传承，充分体现在引导人们忽视由他们的生活环境所强加在他们身上的那些无意识的偏见，培养学生有批判性的鉴别能力。但事实上，学生仍然在耗费多少时间和精力以单纯地去积累知识和获得一些机械的技巧形式，以至于学校所输送出去的毕业生往往意识不到他们所学的东西对目前人类生活的现实意义。因此，目前每个人所需要的是批判的思考能力，以及观察问题、把事实和问题联系起来、利用和享有观念的力量。如果学生走出校门时具备这种力量，一切其他的东西都可以在一定的时候、必要的时候增添进去。他将在理智上和道德上明白自己的职责。然而正如多尔所言："目前，人们对公立教育的主要兴趣在于，基础教育能否为劳动力市场服务。这种明显的功利取向是错误的。仅仅注重科技——例如计算机——只能培养出过时的毕业生。问题的关键在于，必须教会学生思考，给他们以思考的工具，使他们能够对将来生活中将会遇到的无数变化，包括对科技变化作出反应。"

尽管似乎"根据经验主义的哲学，科学为我们认识人类以及人所生活的世界提供了唯一的方法"[1]，但事实上人不仅是一个能知的动物，他也是一个能动的动物，具有欲念、希望、恐惧、目的和习惯。因此，知识本身之所以重要，是因为它对于人所需要做的事情和人所要创造的东西有影响。能帮助他使他的欲念明确化；帮助他构成他的目的；并帮助他去求得实现这些目的的手段。可见，既存在有所认识的事实与原理，也存在有价值、需要思考人类行动所要追求的目的。意味着人类即使具有了广泛而正确的知识体系，仍然面对着这样的问题：对于这种知识他将怎样办，以及他将利用他所掌握的知识去做些什么。

因而，科学教育的过程使学生获得知识，但科学教育过程又不仅仅是单纯地获取知识和有关的技巧形式，还企图把所获得的知识统一

---

[1] 〔美〕约翰·杜威：《人的问题》，傅统先、邱椿译，江苏教育出版社，2006，第154页。

起来，使学生形成持久的性向和态度。这种科学的思想态度就是不再去理所当然地承认事物，而去采取一种批判的或探究的和试验的态度。这意味着某种信仰以及对它的有关陈述不再被认为本身是自足的和完备的，而被当做是一些结论。结论是"科学的"，意指建立一个判断秩序的可能性，强调探究的内在逻辑，而不是强调探究结果所具有的特殊形式。

科学判断具有鲜明的伦理判断的特征。尽管科学为判断提供了条件，可以使判断变得最有效，但一个人在一定的时候将从事于判断而不做别的事情，科学系统不能做出决定，而依赖于个人道德上的兴趣，这种诚恳的目的去进行真实判断的兴趣不仅推动个人去判断，而且诱导他批判地去判断，利用一切必要的预防办法和一切手头的资源来保证在结论中达到最大可能性的真理。因此，移去这种兴趣，科学系统就变成了一个纯美感的对象，已不具有逻辑的重要性。如果在指导判断时，对科学资料、观察与实验的技术，归类的系统等的利用是依赖于情境的兴趣与性向，当把这种依赖的情况突出出来，就可见所谓科学判断不过也是一种道德判断了。这是科学课程文化属性的最基本表现，不是仅仅依靠提供标准知识和技巧形式所能达到的。

因此，从形式上看来，科学课程在学校教育中已经取得了应有的地位，但只要科学课程所涉及的题材或内容尚被分割成为一个关于事实与原理的特殊体系，而不在教授每一科目和每一课书时，都能把它与对创造和成长这种观察、探究、反省和检验的能力的意义联系起来，科学教育就没有取得最终的胜利。同时在科学课程中突出科学方法教育的中心地位，也才是与科学态度的精神相一致的。因为"科学的精神并不存在于孤立的观察、实验或规律之中。这种精神倒是可以在科学家所采取的一般观点中以及他们所应用的研究方法中看到"①。

总之,科学课程与整个文化的影响是一致的,就是使个人力量发展以求得他们成为真正的人,能超越任何现存的秩序和制度,把人们提升起来,掌握理性、普遍意志的精神法则,在理性意志的内在法则控制之下,激发和磨砺学生独立思考与判断的力量,而不是束缚在理解别人的观念上,以达到做人本身的目的。通过"提高人民整体的条件和性格",达到一个有修养的个人的社会。为此,科学课程应在较之有意识的和理性的观察与思想的更为根本的水平上,唤起人们获取更多知识的渴望,以及对求得丰富而有秩序的生活的渴望,并使他们情愿利用自己的学识唤起人们感觉到他们作为人类有权具有各种可能性,促进他们以本身的努力来实现这种可能性,并在更加真实的水平上实现与自然的互相沟通和联系。这种联系最后只能是属于两类:或者抑制个人,或者支持和激励个人成长。从道德上来讲,我们有权为了行动的目的采纳后一种态度,相信宇宙间定有某种东西滋润着我们理想的愿望,而且在积极地支持着这些愿望的实现,从而我们可以在这种信念的基础上勇敢地生活下去、行动下去。

牛顿曾经说:"自然哲学的任务,是从现象中求论证……从结果中求原因,直到我们求得其最初的原因为止。这个最初的原因肯定不是机械的。"② 而是人们最初的信仰。比如自然是有规律的、整一的,而且自然运行的这一普遍秩序是可以被认识的。近代科学的大厦恰是建立在这一信念的基础之上。科学课程理应具备这种文化的品格、包容这种信仰的力量。

---

① 〔美〕W. H. 沃克迈斯特:《科学的哲学》,李德容等译,商务印书馆,1996,第 10 页。
② 〔英〕W. C. 丹皮尔:《科学史及其与哲学和宗教的关系》下册,李珩译,商务印书馆,1989,第 643 页。

三　科学课程的价值诉求

（一）国际上科学课程的目标定位

就国际视野来看，现已将科学课程的目标定位在培养全体学生的科学素养上。一般而言，通识教育是使学生融会贯通知识，其课程旨在扩展学生的视野，培养抽象与综合的思考能力，使其在瞬息变化的现代社会中能内省外顾，高瞻远瞩。即培养学生"具有内省的能力，文化的品位，广阔的视野，开放的心灵，以及关心社会关心世界的胸襟"，不但将人从偏见、无知、狭隘、傲慢中解放出来，而且使学生成为一个有教养的真正自由的人。也就是使课程在启迪学生对知识的渴求，明了"生命何为？""工作何为？""如何求心之所安？"等方面发挥重要作用。

因而，帮助学生认识自我，扩宽知识和概念视野，强化他们对道德、公民与人道责任的了解和承诺，从而使他们更能面对科技、社会、政治与文化剧变的挑战，就成为教育的重要方面。在高等教育已经进入大众教育阶段的今天，基础教育的通识教育性质更加凸显，科学教育的主要任务也已经不再唯一地强调培养专家型的学术人才，而是力图提高全体公民普遍的科学素养。即"科学教育的目的是造就有见识的公民，能够利用科学的智力资源创造一种良好的环境，这种环境将促进人类的发展"。而且科学重视文化的认知方面，尤其是与自然世界相关联的认知活动，所以科学课程能通过提高学生认知能力，达到提高学生科学素养水平，进而为促进文化发展做出贡献的目的。因而科学课程对育人的功能充分体现在科学素养的培养方面。

如美国于1989年发布的报告《面向全体美国人的科学》中，就明确指出：教育的最高目标是为了使人们能够过一个实现自我和负责任的生活做准备。科学教育——传授科学、数学和技术——是教育的一部分，这些知识能帮助学生增进对生活的理解，培养好的思维习惯，使学生能独立思考与面对人生，使他们成为富有同情心的人。这样的知识还能帮助学生做好准备，以便同公众一道，投入到建设与保卫一个公正、开放与生机勃勃的社会。因而美国的未来，即在建立一个公正社会的能力、增强维持经济进步的能力甚至在保持国家安全的能力方面，都越来越取决于政府能否向所有美国儿童提供更高质量且具有国家特色的学校教育。而目前人类面临最严重的全球性问题，人类、国家和世界究竟如何掌握未来命运，这在很大程度上依赖于人们利用科学和技术的智慧。而人的智慧又依赖于教育的性质、分布状况和效果。因为，自从有人类存在就有技术，制造工具的技巧一直被作为人类文明起点的主要证据。总的来看，技术是发展人类文明的强大动力。但在当今世界，技术变成了一项复杂的社会事业，从最广泛的意义上讲，技术增强了我们改变世界的能力，我们也试图运用技术改变世界，使其更加美好。但是，改变世界的结果常常是复杂的、难以预料的，包括无法预见的利益、无法预见的代价和无法预见的风险。因此，估计技术产生的后果同提升其性能同样重要。

因此，美国"2061计划"主任尼尔森在《面向全体美国人的科学》（中文版）序言中说："在我们生活的地球上，人类的生存环境与生活质量更加依赖于科学技术的发展以及它的有效应用，这已成为人类的共识。在21世纪，无论社会还是个人想要成功地发展，全民及个人的科学素养至关重要。我们相信通过学校的教育，孩子们可以成为具有科学素养的人。"[1] 其中科学素养包括自然科学、数学、

---

[1] 美国科学促进协会：《面向全体美国人的科学》，中国科学技术协会译，科学普及出版社，2001，中文版序言。

技术与社会科学等多个方面，这就是（1）尊重自然并熟悉自然界所具有的统一性；（2）懂得技术与科学、数学间相互依赖的某些重要方法；（3）了解科学中一些重要的概念与原理；（4）具有科学思维能力；（5）认识到技术、数学与科学是人们共同的事业，了解它们的长处与局限性，并能够运用科学的知识和思维方式处理个人与社会问题。

然而"具有科学素养的人并不一定以科学、数学或工程技术作为职业，这就如同具有音乐素养的人不一定能谱曲和奏乐一样。然而，当面对日常生活中的观念、主张和事件时，他们可以运用科学、数学及技术的思维习惯和知识进行思考和处理。因而，科学素养可以增强人们敏锐地观察周围世界的能力、理解人们对事物进行判断以及作出各种解释的能力、并进行全面思考的能力。正是这种内在的思考与理解才能构筑起人们决策与采取行动的基础"[1]。具有科学素养的程度和形式也不是一成不变的，素养程度的由低到高、素养面的由窄趋宽是发生在人的一生之中，而不是只发生在学校教育的这段时间，即提高科学素养是一个终身学习的过程，"但是人在早期确立起的对科学的态度以及价值观念，对其成年时在科学素养方面所能达到的境界则会有决定性影响"[2]。

（二）我国科学课程的目标定位

我国新世纪基础教育课程改革，也已明确将科学课程的目标定位于培养全体学生的科学素养上。强调探究式教学既是提高学生科学素

---

[1] 美国科学促进协会：《科学素养的基准》，中国科学技术协会译，科学普及出版社，2001，第247页。
[2] 美国国家研究理事会：《国家科学教育标准》，戢守志等译，科学技术文献出版社，2002，第29页。

养的方法和重要手段,也是科学教育的重要内容之一。这一思想体现了我国多数学者的共同认识:"科学素养是以正规教育为基础,通过日常学习和媒体等各种渠道所提供的信息而逐步积累形成的。"[1] 也与美国学者多年的调查结果不谋而合:"决定公众科学素养的关键,是中学的科学教育。"[2]

科学(7~9年级)课程标准强调,"全面提高每一个学生的科学素养是科学课程的核心理念"[3]。因而科学课程应以提高全体学生的科学素养作为课程总目标。标准建构了关于科学素养的四维结构模型,即从科学知识和技能,科学探究(方法、过程与能力),科学情感、态度与价值观,技术、科学与社会关系四个维度阐释了科学素养的内涵。标准还主张学生在科学课程的学习中,应通过科学探究的方式学习科学技能,理解科学知识,体验科学过程和方法,了解科学的本质,形成科学情感、态度与价值观,培养实践创新的意识与能力。其中理解技术、科学与社会的关系是现代公民具有科学素养的重要标志,也是养成理论联系实际、构筑可持续发展观念与参与社会决策意识的基础。

提高全体学生的科学素养绝不是仅仅通过知识的传授,通过对科学知识的简单记忆和盲从所能达成的,而是有赖于思维能力的培养和提高。一方面思维能力比知识更基本,"小孩子刚步入人生,在懵懵懂懂的阶段,最爱发问。这就说明了人都具有思考的潜能,说明了一个人从无知到有知的过程是始于发问,也说明了思考是智慧的源泉,是创新的源泉。然而,我国教育在应试倾向束缚下存在的严重问题,

---

[1] 中国科学技术协会中国公众科学素养调查课题组编《2001年中国公众科学素养调查报告》,科学普及出版社,2002,第Ⅲ页。
[2] 孙可平、邓小丽编著《理科教育展望》,华东师范大学出版社,2002,第411页。
[3] 《中华人民共和国教育部制订 科学(7~9年级)课程标准》,北京师范大学出版社,2001,第3页。

科学课程设计的认识论考察

恰恰是重视知识的传授而不重视思考能力的培养"。另一方面思维能力也总是比知识更重要,因为"一个人几个人不会思考,不会影响全局,如果一代人一个民族缺乏思考能力,那就只好落后挨打了。对于青少年来说,知识当然重要,但最重要的还是思考能力。我们现在的教育模式最大的弊病就在于不是'学思',而是'学答'——学答问题。我们聘请了很多的老师去设计题库给出答案,然后把它拿给学生,让他们死记硬背。做学问就是要学会'问',问,思考就在其中。你如果不是学'问',只是学'答',把人家做好的答案再答一遍,有什么意义?只是学答,这等于是只活在别人思考的结果里。学答学得再好,也只能是'青出于蓝而止于蓝',要想'青出于蓝而胜于蓝',除'学思'、'学问'之外是没有别的办法的。必须加大深化教育体制改革的力度,加大高考改革的力度,来解决这个问题。我们不是要建设创新型国家吗?创新从哪里开始?创新从提问开始。学会思考,则前途光明"[1]。

总之,科学课程科学素养目标的实现,有赖于思维能力的提高和发展,并最终取决于对批判性思维倾向的鼓励以及批判性思维能力的提高。对此,笛卡儿讲道:"举例来说,即使我们能背记别人已经作出的证明,我们也不会成为数学家,除非我们的理智才能使我们能够解决这种困难。即便我们掌握了柏拉图和亚里士多德的全部论证,我们也不会成为哲学家,如果我们没有能力形成对这些问题的可靠判断的话。"[2] 因此,归根结底科学课程的价值追求是全体公民科学素养的提高,在于对批判性思维习惯以及独立判断能力的培养和鼓励。

---

[1] 柳斌:《求解"钱学森之问"》,《中国教育报》,2010 年 11 月 25 日。
[2] 转引自〔英〕亚·沃尔夫《十六、十七世纪科学、技术和哲学史》,周昌忠、苗以顺等译,商务印书馆,1997,第 161 页。

第二章 科学课程设计的认识论基础

亚里士多德说:"求知是人类的本性"①,从而把人类学习提高到人性的高度,也表明课程对完善人性的重要意义。但教育过程是复杂的,倘若不以哲学,尤其是哲学的主要部分的认识论为基础,那是绝对无法阐明的。波兰教育学家 W. 奥根曾经说,教师要想正确地引导学生了解现实,就必须要以科学的认识论基础作为其教学决策的依据。教师需要了解:用怎样的方法才能使儿童掌握知识,获得科学认识的条件是什么,等等。以前存在很多对教学活动的错误见解,究其根源正是缺乏科学认识的基础,即唯物论的认识论、生理学及心理学。于是有学者认为,教育中存在的种种困境越来越清楚地表明,中国教育改革的首要问题不在实践上,而在理论层面,在"教育知识观"上。②

一 认识论作为科学课程设计的思想基础

(一) 以认识论为基础设计科学课程的必要性

认识论之所以成为科学课程设计的思想基础,在于认识论是关于

---

① 〔古希腊〕亚里士多德:《形而上学》,吴寿彭译,商务印书馆,1983,第1页。
② 黄首晶:《教育改革的认识论基础反思》前言,华中师范大学出版社,2007。

认识及其发展规律的理论，它研究认识的来源、认识的能力、认识的形式和过程以及认识的真理性等问题。不同认识论与知识观对科学课程设计的制约和影响不同。

认识论一词来自希腊文 γνωσις 和 λδγος 二字的结合，意即关于知识的学说，其核心在于阐明思维与存在、主体与客体、认识与实践的相互关系。[①] 人们总是生活在现实世界中，生活在现实的自然界和社会中。为了个人的生存与发展，人们每天同自然界和社会中的各种事物与现象打交道，同它们发生实际的相互作用，通过自己的观念、思维反映它们，认识它们。在这个基础上，人们建立了认识自然界的事物与现象的自然科学，也建立了认识社会中的事物与现象的社会科学。课程设计正是为学校教育帮助学生建立并完成这些认识的基础，因而，课程设计不能不关注人们认识的基本规律，并接受认识论的指导。

（二）认识论对科学课程设计的指导作用

认识论从性质上讲，是一门反思的科学。它不是以认识的外在对象为研究对象，而是以如何认识外在对象为研究对象。是说认识论不是研究思想之外现实世界中某种事物、现象的发生发展过程及其规律，而是研究思想认识的发生发展过程及其规律本身，即这个有规律的认识过程本身是认识论研究的对象。认识论既然是对认识的反思，它就不只是研究现成的、既定的、发展到成熟阶段或高级阶段的认识结构，也不只是研究那些已经完成了的最后的认识结果。还应该研究认识的结构是怎样形成和发展起来的，认识的最后结果是怎样产生和建立起来的。因为人类的认识是一个持续不断的动态过程，是不断发生的。但在传统的认识论研究中，并没有真正把它当作一个发生问题

---

① 章士嵘等编《认识论辞典》，吉林人民出版社，1984，第8页。

予以重视，而是把认识及其结果当作一种现成的、给定的事实予以接受。① 正如皮亚杰所指出的，"传统的认识论只顾到高级水平的认识，换言之，即只顾到认识的某些最后结果"②。

总之"认识是思维对客体的永远的、没有止境的接近。自然界在人的思想中的反映，应当了解为不是'僵死的'，不是'抽象的'，不是没有运动的，不是没有矛盾的，而是处在运动的永恒过程中，处在矛盾的产生和解决的永恒过程中的"③。认识是对客体的永恒的、没有止境的接近，以达到对客体愈益精确的反映。认识论不能也不应当代替对某种特定的具体对象的认识。认识论作为对认识的哲学反思，所关心的主要是认识中具有普遍意义的一般性问题，即认识一般。从总体上来说，认识论的任务是要揭示认识发生、发展的过程及这一过程借以实现的结构、形式和规律，揭示主观和客观、主体和客体不断地达到一致的辩证的途径和逻辑。④ 与这种辩证唯物主义对认识的理解相对立，形而上学唯物主义把认识看成镜面式的、被动的、呆板的、一次完成的反映；不了解认识是在实践基础上不断由浅入深，由片面到全面，由低级到高级的辩证发展过程。这种观点是不科学的。⑤ 实证主义正是形而上学唯物主义认识论的典型代表。

二 实证主义对传统科学课程设计的制约

课程无论以哪种形式进行设计都会受到一定知识观与认识论的制

---

① 夏甄陶：《夏甄陶文集（第二卷）：认识论引论》，中国人民大学出版社，2011，第6页。
② 〔瑞士〕皮亚杰：《发生认识论原理》，商务印书馆，1981，第17页。
③ 列宁：《列宁全集》第38卷，人民出版社，1979，第208页。
④ 夏甄陶：《夏甄陶文集（第二卷）：认识论引论》，第9页。
⑤ 章士嵘、卢婉清、蒙登进、陈荷清编《认识论辞典》，吉林人民出版社，1984，第39页。

约，最典型的例子，就是实证主义及客观主义知识观与认识论对传统科学课程设计的影响。

（一）实证主义的基本思想

实证主义哲学的发展大致经历了第一代孔德的实证主义，第二代马赫的经验批判主义和第三代罗素的逻辑实证主义等发展阶段。其基本观点大致有以下几点。其一，哲学的任务是逻辑分析。真正哲学是分析的，而不是思辨的。其二，大多数的规范性判断无论是道德判断、宗教判断，还是审美判断，都是不能用经验证实的，因而是无意义的。其三，所有在认识上显示出具有重要意义的论述，都可以毫无例外地分为分析命题与综合命题。这两类命题包括逻辑和数学的形式命题、科学的论述以及可以通过经验证实的一切其他命题。其四，所有综合性命题都可以简化为能用逻辑—符号—语言来表达的基本经验的论述。只有使用逻辑—符号—语言来表达才能使之意义精确，概念前后一致，更经得起验证。

逻辑实证主义强调数理逻辑的巨大意义。该观点强调，任何经验科学的陈述都必须是能判定其真和伪的，是说它们必须是"能最后判定的"。这意味着，要么证实这些陈述要么证伪它们，两者在逻辑上均是可能的。正如莫里茨·石里克曾指出的，"……真实的陈述必须能得到最后的证实"[1]。魏斯曼也说："假如不可能确定一个陈述是否真的，那么这个陈述就没有任何意义。因为一个陈述的意义就是它的证实的方法。"[2] 因而实证主义者基于经验主义的观点，把经验科学看作满足诸如有意义或可证实性等一定逻辑标准的陈述系统，把科学知

---

[1] 转引自〔英〕K.R.波普尔《科学发现的逻辑》，查汝强、邱仁宗译，科学出版社，1986年，第14页。
[2] 转引自〔英〕K.R.波普尔《科学发现的逻辑》，查汝强、邱仁宗译，第14页。

第二章　科学课程设计的认识论基础

识及其增长归结为通过归纳法从经验确立起来的并得到证实的真命题以及由它们构成的理论的线性累积。从而科学观念被实证地简化为纯粹事实的科学。方法论分析则局限于对现成知识——概念、命题和理论，所做的静态分析之中。

实证主义对形而上学持全盘否定的态度，主张把形而上学和伦理学等逐出哲学领域。但不可否认的事实是，从泰勒斯到爱因斯坦，从古代原子论到笛卡儿关于物质的推测，从吉尔伯特、牛顿、莱布尼茨和波士科威克关于力的推测到法拉第、爱因斯坦关于力场的推测，形而上学观念都曾指示过方向。[1] 毕竟归纳科学的工作，在于形成大自然的概念上的模型，而科学靠它自己的方法不能接触到形而上学的实在问题。但是为各种现象建立一个一致的模型的可能性，就是一种强有力的形而上学的证据，说明同样一致的实在是各种现象的基础，虽此实在在本质上同我们心目中的模型非常不同，因为我们能力的限度及我们意识的性质，使我们的模型必为约定的，而非实在的。企图用语言的逻辑证明感觉的对象与科学的模型为虚幻的看法，事实证明错误；但以为科学甚至常识所见的事物就是事物的本来面目，也显然站不住脚。实证主义的真理性值得怀疑。

经验科学作为人们熟悉的一个理论体系，以实证主义的观点看，一直被认为是能提供确实性信息的一个肯定性系统。正如实证主义者始终所强调的，知识必须借助于理性的证据证明或靠理智的力量证明，以便去掉那些未经证实的东西，保证即使是在思考之中也能使思想更加确定，因为"科学知识是由已证明的命题所组成的"[2]。可见他们是把知识与已得到证明的知识视为同一。他们说，科学的诚实要求

---

[1] 〔英〕K. R. 波普尔：《科学发现的逻辑》，查汝强、邱仁宗译，第 xiv 页。
[2] 伊姆雷·拉卡托斯等：《批判与知识的增长》，周寄中译，华夏出版社，1987，第 120 页。

科学课程设计的认识论考察

为：凡是不能被证明的，人们对它也就无法断言，即一个陈述的意义在于它的证实的方法。按照一般的观点，这种方法就是被人们当作经验科学特征的所谓"归纳方法"。实证主义者认为，使科学区别于伪科学的正是这种能发现可靠的、真实的与可证明知识的"科学的方法"，也就是归纳法。

所谓归纳方法的含义，一般是指从某一单称陈述，如从实验观察结果的记述开始，过渡到全称陈述即假说或理论的一种推理方法。因而，归纳问题的实质是，单称陈述（对某个"可观察的"事实的描述）和普遍理论之间所具有的逻辑关系问题。而经验科学的假说或理论系统是一般地表述成全称陈述的形式，而且人们相信这种全称陈述的正确性是"根据经验获知的"。但显然，对实验观察结果的经验记述，只能是单称陈述而不是全称陈述。如电阻器件对线路中电流的阻碍作用与电阻的长度成正比、与电阻的横截面积成反比，就必然是一个全称陈述。是说这一陈述在任何时间任何地方对任何电阻器件都是真的。但在任何时候进行实验都永远用的是"这个"电阻或"那个"电阻。这样人们企图从经验得知某个全称陈述的正确性，实质上就是要用某种方法将这个全称陈述的正确性还原为某些单称陈述的真实性，这些单称陈述的真实性能够依据经验获知。这实际上是要求全称陈述应以归纳推理作为其基础。因而归纳逻辑的拥护者认为，归纳原理对于科学方法而言是极其重要的。正如赖辛巴赫所说："这个原理决定科学理论的真理性。从科学中排除这个原理就等于剥夺了科学决定其理论的真伪的能力。显然，没有这个原理，科学就不再有权利将它的理论和诗人的幻想的、任意的创作区别开来了。"[1]

---

[1] 转引自〔英〕K.R.波普尔著《科学发现的逻辑》，查汝强、邱仁宗译，第2页。

可是，不管已经观察过多少只白天鹅，都不能证实"所有天鹅都是白的"的真实性。这与证实某个自然律相类似。人们要证实某个自然律，是要用经验肯定这一定律能够应用到的所有个别事件，以确认每一个个别事件都确实与这定律相一致。但这显然是一件不能完成的工作，是说从逻辑的观点看，不能证明由单称陈述（不管有多少）推论出全称陈述的正确性。因为，若要设法确证归纳推理的正确性，势必要首先确立起归纳原理，这是人们借以能够将归纳推理纳入到逻辑上可以接受的一种形式中去的陈述。当然归纳原理不是诸如分析或重言式陈述那样的纯粹逻辑的真理，否则便和演绎逻辑的推理没有差别。这样归纳原理就必须表述为一个综合陈述，而且这种陈述的否定陈述也应是逻辑上可能的，即不存在自相矛盾。于是问题发生了：人们为什么必须接受这个原理？因为不存在任何理性的理由能够据以证实接受这种陈述却不接受其否定形式更正确些。

休谟早已注意到归纳原理在逻辑推理中的这一矛盾，正如他在著作中所说，即便有可能避免这一矛盾，也必然是很困难的，原因是归纳原理本身就必须表述为一个全称陈述。如果人们企图相信它的真理性是由经验获知的，那么导致引入这一原理的相同的问题就会再一次发生。是说为了证实这个原理，人们需用归纳推理；并且为了证实这些归纳推理，人们又必须假定一个在更高层次上的归纳原理；这样一来将不会完结。如此，想要把归纳原理建基在经验之上的企图就会破产。因为这样做必定会导致无穷的后退。事实上，归纳提供演绎的前提，而演绎科学运用逻辑推理，从归纳法所得出的前提演绎出它的推论，才是真正的科学，是说归纳与演绎是相互补充的。

（二）实证主义的影响

实证主义强调：教育工作者们必须清楚地思考和传授知识；必须区别有意义的话和无意义的话；避免含糊、不明确。必须前后一致地进行推理，遵守形式逻辑的规则；所传授的知识必须是客观的，必须没有个人的和文化的偏见；所传授的知识必须是可靠的，当证据不足时，就必须不下判断；归纳的或然性原则必须应用于证实假设、概括和理论。

事实上，即使哲学，面对科学，从17世纪以来也开始以过去从未有过的方式，为自己的合法性寻找证明，尤其在进入孔德以来所谓实证的年代，人们企图用一种对哲学的科学特性的纯学术的严肃态度，把其挽救到坚实的土地上。正如胡塞尔所说："在19世纪后半叶，现代人让自己的整个世界观受实证科学支配，并迷惑于实证科学所造就的'繁荣'。这种独特现象意味着，现代人漫不经心地抹去了那些对于真正的人来说至关重要的问题。只见事实的科学造就了只见事实的人。……实证科学正是在原则上排斥了一个在我们的不幸的时代中，人面对命运攸关的根本变革所必须立即回答的问题：探问整个人生有无意义。"[①] 在实证主义科学观的支配之下，科学观念被实证地简化为纯粹事实的科学；科学教育也被实证地简化为对科学知识的强调和传递，以及对实验事实、概念与定律的理解和记忆。从而科学课程也以强调学科知识的基本体系和严整结构即所谓的科学性为其追求，主张客观主义知识观和认识论，即确信世界客观存在，知识是对世界绝对正确的表征，可由实验加以验证；知识可由教育者

---

① 〔德〕埃德蒙德·胡塞尔：《欧洲科学危机和超验现象学》，张庆熊译，上海译文出版社，1988，第5~6页。

原封不动地灌输给受教育者，使受教育者通过记忆掌握稳定的"客观"知识来认识世界。

这种所谓的实证主义思想就使得"教师们相信科学是由大量知识构成，而不懂得科学的本质是一种认识事物的方法"[①]。就更加使科学教育变成了纯粹的训练活动，从而使"科学已经改造了外在的生活，但却几乎没有触及人类活生生的思维和个性"[②]。然而，科学知识一旦变成信仰的对象，自然科学教育就会变成"才智的屠宰场"。

其实传统科学课程一直以来也的确是在实证主义哲学思想的框架之内思考问题，表现为对客观主义知识观与认识论的突出与强调。国外过去几次课程改革，也基本上是以客观主义知识观为指导思想，这种客观主义知识观形成了以唯知识论为特征的课程设计思想，使课程设计更多地成为知识的架构和增删。

如日本新定初中理科课程标准，就充分体现了实证主义思想的影响。从该课程标准对课程内容配置的规定可以看到，日本初中理科课程内容编制的科学认识论基础依然主要是传统的归纳主义认识论。具体地说，日本理科课程内容被分成三个学习类型：其一以动物与植物、大地的变化、光与声音等直接观察、体验为中心的学习；其二以发现和考察原子、分子、电流、天体运行规律等为中心的学习；其三以考察自然、人类与科学技术之间关系为核心的综合性学习。如第一领域学习内容随着年级的递升，其编排顺序为：通过光与声音等直接感受、体验这类自然现象—发现并考察运动现象、电流及化学变化等进行规律性学习—养成学生对能源、科学技术与人之间关系的正确信念；第二领域学习内容及其编排则是：对植物、动物等直接观察的学习—发

---

① Senta A. Raizen & Arie M. Michelsohn, *The Future of Science in Elementary Schools*, Jossey Publishers, 1994, p. 2.
② 孙有中译《杜威文选·新旧个人主义》，上海社会科学院出版社，1997，第169页。

现并考察各种生物的生殖方式、天体等规律性的学习—培养对环境、自然灾害等事物综合性看法的学习。显而易见，从初中理科课程内容的宏观编排顺序来看，日本理科课程内容是以从个别的、直观的感性认识到一般的、抽象的理性认识，然后再回归综合的、丰富的实践这一归纳主义科学认识论与方法论为基础而组织与编排的。

这种编制顺序充分体现了初中理科课程改订的基本要求，即"随学年的递进，课程内容的构成遵循从基于直接的体验与观察的学习，发展到培养对事物与现象的综合性看法与想法的学习"，同时这也指明了理科课程的总体认识顺序与学习顺序。总之，在日本初中理科课程标准及其解说中，我们看到的作为理科课程编制的科学认识论与科学观基础，是基于传统经验主义和实证主义的归纳主义认识论与科学观。[1]

三　可检验性作为新的认识论基础

（一）可检验性思想的确立

随着认识的逐步深化，人们已从实证主义或证伪主义的束缚中获得根本解放。不仅认识到：科学理论不能被完全证实也不会被彻底否证，因而无论是严格的证实还是严格的否证，都不会使人们从经验中获得好处。而且相信经验科学应持一种批判的态度，决不能仅用科学陈述的逻辑的或形式的结构当作经验科学的特征，也应建立起将经验科学的方法构成其特征的思想，这就是处理理论体系的方式，将经验诠释为经验科学的方法。判断科学陈述是否具有客观性是看它们能否

---

[1]　刘继和：《日本理科教科书研究》，东北大学出版社，2008，第221页。

第二章 科学课程设计的认识论基础

被主体间互相检验,即将某一命题是否具有潜在的可证伪者,当作划分科学和非科学的标准,这就是它的可检验性、可反驳性或可证伪性,即经验的科学的系统必须有可能被经验反驳。证明一个理论是科学的,在于表明这个理论是可错的,它接受被否弃。

因而面对某个假设正确的命题,不是企图证明它是正确的,并在证实后才吸收它为知识体系中的新内容,只是看它是否存在被证伪的可能性。是说一个理论有可能与某个可观察事实的记述相冲突,从而被证伪或反驳。于是,理性倾向总是随时准备承认可能存在的错误,人们凭借自己这种努力的态度,会更接近真理。这意味着批判才是科学进步的本质,科学及其理论都只是尚未被证伪的、暂时的假设。"科学理论要么被证伪要么永远是假说或猜想。"[1] 是说科学的本质特点是批判的检验。

但检验无论是由实际的观察或是纯科学实验所引起,都不能无限地进行下去。不过"检验不能永远进行下去这个事实和我对每个科学陈述必须是可检验的要求并不矛盾。因为我并不要求每一个科学陈述,在被接受以前必须在事实上已被检验。我只要求每一个这样的陈述必须可能被检验;或者换句话说,我拒绝接受这样的观点:在科学中存在着我们必须顺从地当作真的陈述来接受的陈述,只是因为由于逻辑上的理由似乎不可能检验它们"[2]。总之,科学的知识体系正是在这种检验的过程中建构起来的,或者说是一个猜想或假说的过程。科学正是借助于某些事实去不断地完善一些理论而发展。

这样科学性的特征是不确定性,而不是确定性,意味着科学理论

---

[1] 〔英〕K. R. 波普尔:《科学发现的逻辑》,查汝强、邱仁宗译,科学出版社,1986,第28页。

[2] 〔英〕K. R. 波普尔:《科学发现的逻辑》,查汝强、邱仁宗译,第22页。

不可能是完满的。科学是一种批判的态度，它不寻求证实却寻求证伪的检验，或许只在尝试过但又未能获得成功的反驳，才能算是证实或确证。正如拉卡托斯所说：这里所说的批判不是毁灭性的、纯粹否定性的批判，论证或反驳一种不一致但并不淘汰这个纲领。科学中批判一个纲领其本质是一个长期经常挫折的过程，因而人们必须宽厚地看待萌芽态的纲领。这是说批判应具有建设性，并借助于某些竞争的纲领，使批判获得确实成功。而所谓研究纲领，按拉卡托斯自己所讲，就是"在库恩视为'范式'之处，我就视之为合理的'研究纲领'"。显然拉卡托斯是在强调，不应把看起来已被证伪的知识简单抛弃。

的确，人们若过于爽快地接受失败，就可能发觉不了自己已非常接近正确。像相对论力学提出之后，似乎牛顿力学已经失败，但牛顿力学恰是相对论力学在宏观低速状态下极好的一级近似。正是这一点，被爱因斯坦认为是支持他理论的重要论据之一。并且爱因斯坦承认，尽管相对论力学是比牛顿理论好一些，但仍然仅仅是朝更加一般的理论迈进的一步。若他的理论也会在一些检验中失败，也同样不会站住脚的。其实"任何物理理论的最好命运莫过于它能指出一条通往一个更广泛理论的道路，而在这个理论中，它作为一种极限继续存在下去。"[①] 事实上，牛顿理论在对古代日食与月食进行计算所得结果同历史上的记载几乎完全一致，在某些情况下，被用来校准公认的年表的，也依然纯粹是以万有引力定律为唯一依据。

于是，物理学的进步很可能是一个没有止境的修正和更好逼近的过程，认为科学只由唯一"正确"的世界观或理论统辖的想法事实上是一个严重的错误。科学的规则是不保护科学中任一陈述不被证伪。因而科学更像一个持久开放的战场，保持科学处于永远的探索之中，

---

① 爱因斯坦：《狭义和广义相对论浅说》，伦敦，1920，第77、132页。

也使知识成为动态的在已有知识基础上的不断生长，即将以前已经完成的东西合并到不断生长的、也必然穿越时间并进步着的结构中。这就是依据理论系统能否继续接受新的检验，它们或早或迟可能被经验证伪的特点，是说开放的理性不只是方法，它也是一种构筑思想观念系统的能力，但这些观念系统不是一朝建立起来就能最终确定下来，而是能不断重组的。

（二）可检验性给予科学课程设计的启示

经验科学的可检验性，意味着与教条主义面对一个成功的科学系统，如经典力学，所采取的捍卫态度——在它没有被最终否证以前，保卫它免遭批判——不同，我们应采取一种批判的态度，以便可以用更好的陈述来代替它们，并从经验科学中排除那种流行的形而上学，即将一个过时的科学理论抬高为不可辩驳的真理的结果。是说当某一命题面对有力的证据不能被接受时，就必须考虑放弃或修正该命题。

比如在解释黑体辐射的规律时，就不得不放弃根据经典的能量均分定理，"每一自由度的能量都可以在 0 到 ∞ 之间连续取值"的观点。因为若这一假设果真成立，则基于这一观点所建立的瑞利—金斯公式的理论预期就不应该与黑体辐射现象差距如此之大，以至于被称为"紫外灾难"。而随后普朗克提出的经验公式尽管其理论值与当时测得的最精确的实验结果以惊人的精确度相符合，但普朗克提出的经验公式，却只有在接受"能量量子化"的假设时才得以解释。这意味着能量具有最小单位，称为基本单元能量子 $\varepsilon_0 = h\nu$，是说能量的辐射与吸收只能取基本单元能量子的整数倍。因而围绕着黑体辐射规律的解释，已经关涉到"每一自由度能量连续取值"是否为真，这样一个更加基本的命题的讨论。而反思对黑体辐射规律的整个解释过程，人们认识到，若"每一自由度能量连续取值"为真，则不会出现所谓的

科学课程设计的认识论考察

"紫外灾难"。而既然建立在"能量量子化"基础上的普朗克公式与实验结果高度符合,应该不是偶然的,"能量连续取值的假设"有极大的可能不成立,能量是"量子化"的。因此,黑体辐射现象作为拒绝"能量连续取值"这一命题的有力证据,促使人们不得不用"量子跃迁"来代替"能量的连续转移"。科学正是沿着这样一条证伪的思想路线向前发展着。

科学的发展绝非一帆风顺。如能量量子化假设尽管在解释黑体辐射规律方面十分成功,却无法融入经典物理的概念框架,以至于普朗克公式以及"能量量子化"假设提出后5年多都没什么人理会它,直到爱因斯坦提出光量子说支持它,才使人们认真对待"量子化"观念,并逐步接受它。并且之后建立在"量子化"观念上的新理论,的确能在更大的范围内、更高的精确度上解释能观察到的更多的实验现象。也由此表明,新理论的建立必然以观念的转变为基本前提。一方面问题只能借助于新的观念来解决,另一方面在建构新理论的过程中,"范式"的转换不可避免,从而表现出科学发展中的不连续性。标志着科学进步中的跳跃式发展或"科学革命"。这并不意味着科学发展中没有积累,比如一个18岁物理系大一新生都将比牛顿懂得更多的物理学,正是科学持续积累的结果。但这并不成为学习科学中记忆的理由。

总之,无论是有充分证据表明一个命题不成立而放弃该观点,还是否认的证据不足接受该观点时,都会有一定犯错误的风险,因此无论是放弃一个观点还是接受一个观点,都需要十分谨慎。事实上,科学家无论是在接受一个新观点还是放弃一个旧观点时也的确如此,否则就不会出现,像一个起初看起来能证伪某个新观点的实验,却最终转化为不能否认该观点而不得不接受该观点的实验证据的情况。而且也正是在原命题被证伪的地方,发现旧理论不再起作用,即在还未发

第二章 科学课程设计的认识论基础

现问题的地方发现新问题,从而寻求新的解决问题的策略与办法,并建构新的更加有效的理论。

同时只有看起来"被证伪"了的知识才具有更大的确定性,是说证伪不过是给"被证伪"的命题确定了它成立的条件、及运用范围而已,从而成为一定范围内确实成立的命题。以牛顿力学为例,正因为它的许多预测与事实观察不一致,才使人们在提出新理论的同时,明确了牛顿力学应用的范围与条件,而成为一个具有高度"确定性"的知识体系。包括能量连续转移的观点,也仍然在宏观低速的情况下"严格"成立。因此,一个理论或观点被证伪或反驳,绝不意味着被简单地、彻底地抛弃。

经验科学的可检验性给予学习科学及科学课程设计的启示就是:"只有在检验真理中才能得到真理,所以真理是存在于检验之中……树立坚定的信念,追求生活和思想独立,我们必须付出艰苦的努力和劳动。没有人会替别人动脑筋,别人辛勤研究的成果只能为我借鉴,起到'他山之石,可以攻玉'的作用。……人的精神生活就其认识活动来讲是在于研究和探索。"这就是靠"积极唤起学生的主动性,因势利导,启发学生主动发现问题,让学生在学习中产生新思想,获得新知识"[①]。但显然记忆知识远比掌握方法或会做事情容易得多,致使对方法的重视还远未在现实中得到很好落实。下一章对科学课程设计的历史考察更明确表明,传统科学课程与理想的差距以及在认识论方面的巨大偏差。

---

① 〔德〕第斯多惠:《德国教师培养指南》,袁一安译,人民教育出版社,1990,第33、122页。

第三章　科学课程设计的历史考察

劳动创造了人本身；有了人，有了人的历史，就开始有了人类所特有的教育现象。没有上辈人对下辈人的言传身教，生产经验就不能积累，劳动技术也就不能习传；反之，没有下辈人对上辈人的模仿学习，一切从头开始，重复前人做过的发明创造，就谈不上进步与发展。所以，原始人的文化活动最初就包含了教育的两个基本要素，即教和学。这样，文字作为表情达意的工具，即使在文字刚刚开始的时候，也需要学习，并且仅仅由于学习，发展才不至中断，进一步的提高和完善才有可能。因此，教育与人类生活的进步息息相关，而课程则是教育活动的主要工具与方法之一，其价值实属重要。比较中西方科学课程发展与演变的历史，有利于揭示中西方思维方式的差异和互补性，从而为我国科学课程设计提供支持和说明。毕竟"对过去我们看得愈清楚，未来发展的可能性就愈多"[①]。

一　西方科学课程设计简要回顾

不仅教育与人类的历史同样久远，即使学校教育也已有几千年的

[①] 雅斯贝尔斯：《什么是教育》，王德峰译，上海译文出版社，1997，第58页。

第三章 科学课程设计的历史考察

历史。在较早的宫廷学校一般教授学生学习：社会道德、政治和法律方面的知识，宫廷社交礼仪、社会习俗，以及军事课程，如练习射箭、骑马、掷标枪和狩猎等；重视辞令的运用，认为"辞令比武器还有力""巧妙的辞令胜过贵重的绿宝石"[1]；而且还教授天文、数学、建筑和医学等自然科学方面的知识。人们重视教育，如希伯来经典著作《塔木德》中就指出"学习是最高的善"，印度谚语中也有："教育即知识，是人的第三只眼睛。"[2] 但无论如何自然科学成为学校教育中一门正式的课程，还是相当晚近的事情。

有论者将科学课程的演进分为四个区别又联系的阶段，即科学课程的合法化阶段、科学课程的活动化阶段、科学课程的结构化阶段和科学课程的综合化阶段。合法化阶段系指 19 世纪后半叶，科学课程获得"合法地位"，正式进入学校课程体系之前，从弗朗西斯·培根（Francis Bacon，1561-1626）开始直到斯宾塞、赫胥黎（Thomas Henry Huxley，1825-1895）等积极阐述科学知识的教育价值，为科学知识争取"合法地位"的一段较长的时期；科学课程的活动化以杜威科学课程理论为基础，表现在科学课程的主要目标在于儿童获得反省思维的能力，对科学知识的课程价值进行了重新评价，推崇科学课程的探究式学习方式，科学课程的形态主要采取主动作业；科学课程的结构化以布鲁纳和施瓦布为主要代表，但两者所倡导的结构课程观又有所不同，布鲁纳主张通过发现式学习让学生掌握学科结构，而施瓦布将学科结构视为科学研究内容、研究方法、研究观念的集合；科学课程的综合化起因于对科学技术、科学教育的全面反思，科学技术是一把双刃剑，科学并不能为人类的发展确定目标，而只能是提供达到

---

[1] 司徒卢威：《古代的东方》，叶文雄等译，人民教育出版社，1955，第 99 页。
[2] Seema Sharma. History of education, New Delhi: Anmol Publication PVT. Ltd. 2004: 4.

科学课程设计的认识论考察

目标的手段与方法,因此,科学课程的综合化是在揭示科学本质和局限的基础上,提高学生的科学素养。[①] 科学课程发展的这一结果是由西方科学发展的特点决定的。

(一) 西方科学课程形成的思想基础

西方科学的发展为科学课程的形成提供了现实的依据和思想基础。西方科学的演进历史又是一部对科学方法探索的历史。如果说德谟克利特(Democritus,前460~约前370)提出的原子论还更多地表现为思辨的哲学,而不是科学,那是因为他的原子论,尽管比他以前或以后的其他学说在科学上都更接近于现代的观点,但由于既没有确实的基于观察所获得的事实,能够据以建立一个有限却精确的理论,并且在理论建立之后,也没有能力通过实验来检验他的理论及其推论。

那么亚里士多德(Aristotle,前384~前322)作为古代知识的集大成者,在生物学方面的贡献标志着真正的重大进步。他将生命定义为"能够自我营养并独立地生长和衰败的力量";他描述过五百多种不同的动物,对一些叙述得详细而精确,另有五十余种是依据从解剖获得的知识加以描述的,还附有插图;他指出鲸的胎生性;他把软骨鱼与有骨鱼区别开来;还描述了鸡胎的发展,观察到心脏的跳动及其形成。就普通胚胎学而言,他把胚胎看做是一个自动的机制,一经推动,就自动进行。在哲学方面,他是形式上确凿无疑的形式逻辑及其三段论法的创立人。他说,归纳推理只不过是演绎推理必要的准备步骤,演绎运用逻辑推理,依据归纳得到的结论演绎出它的推论,这样才是真正的科学。亚里士多德尽管依然坚持地球中心说,相信地球是宇宙的中心,并坚持"力是物体运动的原因"等一些错误观念,但在

[①] 于海波:《科学课程发展的文化学研究》,东北师范大学出版社,2007,第43~45页。

当时,的确还是比以前的见解前进了一大步。事实上一个错误的假设若能成为人们进一步探索的向导,在当时或许会比一个至今尚无法检验的较为正确的假说,更有好处些。

毋庸置疑的是,阿基米德(Archimedes of Syracuse,前287~前212)不仅为力学和流体静力学的建立奠定了基础,而且更加具有把数学与实验研究联系起来的现代科学精神。他在将两者结合起来时,只解决某些有限的问题,基于实验观察的假说是为了求得逻辑推论,尽管这种推论是用演绎方法获得,但又要用观察或实验的方法进行检验。他明确阐明密度概念,不仅发现了阿基米德原理,也凭希腊人对抽象推理的喜爱,从所谓不证自明的公理体系或是用简单实验能给予检验的命题中,获得杠杆定律。尽管阿基米德的主要兴趣是在纯几何学方面,并求出圆的周长与直径之比大于 $3\frac{10}{71}$,而小于 $3\frac{1}{7}$,但他是古代世界的第一位也是最伟大的近代型物理学家。

巴黎大学于1225年正式将亚里士多德著作列进必读书目里。亚里士多德的知识体系尽管解释宗教问题困难重重,但对外部世界却能作出很好的解释,因此被圣托马斯·阿奎那(St Thomas Aquinas,1225?-1274)接受下来。比如亚里士多德就人和认识的问题指出,肉体或者灵魂单独都不能成为完整的实体,人是两者的复合体。人的观念同样不是天赋的,而是依照不证自明的原则(比如因果原则),从感官资料建立起来的。阿奎那还将当时知识的宝藏,别管是神圣或是世俗的,都加以理性阐释,不仅维持了经院哲学理性的崇高地位,引起人们对知识的兴趣,还使人们感受到宇宙似乎是能理解的——上帝和宇宙是人的心灵所能把握,甚至部分理解的。正是经院哲学中保存了关于自然界可以理解的信仰,才为科学铺平了道路。

科学课程设计的认识论考察

然而，新的实验方法的实质，是离开理性的体系并诉诸事实。科学毕竟主要是经验性的，它归根到底不得不诉诸观察和实验。尽管自然科学研究的中间阶段，总会使用演绎推理，但归纳推理才是这种方法的主要部分，以形成唯一可能的有限的综合和学说。于是观察或实验既是研究的起点，也是最后的裁判。不过，无论如何经院哲学这一学说的彻底唯理论由于以自然是统一的、有规律的这一假设作基础，从而造成了产生近代科学的学术气氛。正如怀特海博士所指出的：经院哲学的唯理论，产生于一个普遍且有秩序的观念体系，也适合于这一体系，并为科学的产生预备了这样一个信念："每一细节事件，都可以和以前的事件有着极其确定的互相关联，成为普遍原则的例证。如果没有这个信念，科学家的难以置信的勤劳将没有什么希望。"①

于是与阿奎那几乎同时代的罗吉尔·培根（Roger Bacon，约1214~约1292），对观察与实验方法的认识已更加明确，并成为中世纪欧洲在精神上接近以前伟大的阿拉伯人及以后文艺复兴时代科学家的唯一人物。他指出：只有实验方法才能给科学以确实性。并从神父、圣经、亚里士多德或阿拉伯人那里把观察自然的事实和推论接受下来的同时，告诫世人：证明前人说法的唯一方法只有观察与实验。他叙述了光的反射定律和一般的折射定律。认为凡物都向提高方面努力。他曾说，实验科学比其他任何科学都完善，证明其他科学都需要它；这种科学胜过各种依据论证的科学，因为推理再有力量，也不能提供确实性，除非用实验证实它们的推论。罗吉尔·培根以后，在哲学界，尤其是威廉·奥卡姆（William of Occam，约1285~约1349）进一步使人们对感官获得的直接材料重视起来，打破了当时人们对抽

---

① A. N. Whitehead, *Science and the Modern World*, Cambridge, 1927, pp. 11–15.

象概念的信仰，促进了基于直接观察与实验的归纳研究。之后，哲学也明确准许学术上自由的讨论，不一定非要达到由神学预设的结论不可。这意味着一旦从经院哲学权威的束缚中解脱出来，吸取这种经院哲学方法所给予的教训，并本着自然是可以理解的信念，人们通过观察、用归纳方法形成假设、用逻辑推理演绎出推论，然后用实验加以检验。

列奥纳多·达·芬奇（Leonardo da Vinci, 1452–1519）是又一位代表着人类科学真精神的巨人，他是雕塑家、画家、建筑师、工程师、生物学家、物理学家与哲学家。他对多种知识抱有浓厚兴趣，擅长多种艺术，甚至在每一学科达到登峰造极的程度。然而他的成就与他对新领域的开拓、对基本的原理把握，对每一学科中所应用研究方法的洞察相比较起来，也还是微不足道的。他相信，对自然界的观察与实验，是科学研究的真方法。尽管把古代著作中的知识，当作研究的起点有益无害，但绝不能把它们作为最后的定论。这种精神充分体现在他自己的研究之中，如制造出眼睛视觉部分的模型，演示像在视网膜上形成的原理。从而使人们抛弃：眼睛发出光线落在它要看到的东西上面的错误观点。

当然，列奥纳多虽然伟大，但他所表现出来的科学精神却得益于那些志同道合的人，"他们对事物比对书本的兴趣大，对实验的研究比对亚里士多德的意见看得更重"[1]。这意味着，"近代物理学大师们的真正希腊始祖并不是百科全书式哲学家的亚里士多德，而是几何学家和实验家的阿基米德。在有著作流传到今天的古典时代的著作家中，只有阿基米德最明显地具有真正的科学精神"[2]。在列奥纳多眼

---

[1] 〔英〕W. C. 丹皮尔：《科学史及其与哲学和宗教的关系》上册，李珩译，商务印书馆，1989，第164页。
[2] 〔英〕W. C. 丹皮尔：《科学史及其与哲学和宗教的关系》上册，李珩译，第165页。

里，自然界是有规律的，而非魔术的，自然界受支配于某种必然性。他认为，数学、算术和几何学在它们各自的范围内给人类以确实性，它们是与普遍有效的心理学概念发生关系。不过真正的科学开始于观察，这时若能运用数学推理，是可以达到较高的确实性，但"科学如果不是从实验中产生并以一种清晰实验结束，便是毫无用处的，充满谬误的，因为实验乃是确实性之母"[①]。科学能真正给人以确实性，也能给人以力量。因此，只凭借实践却不依靠科学的人，正像行船人不用舵和罗盘一样。

这样到伽利略（Galileo Galilei, 1564-1642）时期，科学研究方法就基本上已经形成，这就是：（1）发现问题；（2）建立猜测性理论模型；（3）由猜测性理论形成进一步的推论；（4）进行实验检验这些理论的推论；（5）用公式精确表达理论以建立模型、推论和实验观察结果之间的联系。伽利略并由此被誉为"科学方法之父"。

科学方法的获得是人类科学史上的一个重要事件。但这种方法的实质是分析的，分析是说一项科学研究在正式启动之前，必须对题材进行限定，对错综复杂的事件进行部分的筛选，即出于研究的目的，必须从整体中抽出一部分作为独立的研究对象。它的思想基础是**还原性原则**，即认为事物的本质由其构成成分决定。这就是表现在对事物的探究上不是关注其性质，而是关注它们的组成部分，并试图在构成的成分中寻求科学的解释。正如赫姆霍尔兹所指出，"因此，物理科学的任务，在我们看来，归根结底在于把物理现象都归结为不变的引力和斥力，而这些力的强度只与距离有关。……一旦把一切自然现象都化为简单的力，而且证明自然现象只能这样加以简化，那么科学的

[①] 〔英〕W. C. 丹皮尔：《科学史及其与哲学和宗教的关系》上册，李珩译，商务印书馆，1989，第 165~166 页。

任务就终结了。以前我们曾经证明过，这种归结是自然理论必要的概念形式，因此，将它归因于客观真理是合理的"①。

然而，尽管抽出的这一部分与整体事物之间有着紧密和决定性的联系，但由于拿出的这部分毕竟与事物本身相脱离，从而由于缺乏完整性而变得失真。正是因为题材被改造成适合研究的主题，才使科学中既定的结论具有主观建构性。这样尽管抽象为分析所必需，但从自然界及经验构成抽象时，由于把抽象以外的部分略而不谈，因此，抽象所提供的科学的图像必然是不完备的。而且尽管在自然科学领域用这种方式得出的判断很容易得到承认，但基于各构成要素能被整合的事实，即新现象，显然不在原有要素之内，而是在它们联合形成的整体上。就像人的有机体由氢、氧、碳和氮等各种原子构成，但在它们之中却不可能拥有生活一样。但19世纪科学的胜利，在一般人看来，一个接着一个，显然进展纵然缓慢却是所向无敌。并且当人们发现物理学作为一切自然科学中最基本和最抽象的科学，可以用其术语来表述愈来愈多的东西时，人们也就更加相信这种基于分析的新的观察和实验方法。

因此，包括生理学与实验生理学在内的物理科学的分析态度和方法，事实上是对问题从各个不同角度——机械的、化学的或生理的——陆续加以考察，并且在每一角度都要把研究的题材分析为简单的概念，如细胞、原子、电子与其相互间的关系。然而生物学说明每一个生物都是一个有机的整体，每一个人都对自身存在的统一性有深切的意识。分析方法却无法对这种统一性的意识给予充分的说明。统一的整体其特性不仅依赖于部分的性质，而且依赖于各部分之间的相

---

① 转引自〔美〕Ian Westbury, Neil J. Wilkof 主编《科学、课程与通识教育——施瓦布选集》，郭元祥等主译，中国轻工业出版社，2008，第151页。

互关系，同时对各组成部分产生影响。这样对事物的观念中，尽管不能置分析的结果于不顾，但除非是在研究整体，视内部事件和功能是不可分割的，否则就不会对任何一个事物有完整的认识和描述。

其实力求接近实在的综合方法，也如同分析方法一样有效。而且科学上最重要的进步都显然不是一个特定的方法所致。尽管在19世纪的人们看来，排除情感的科学分析方法，把观察、逻辑推理与实验有效地结合起来的科学方法，在许多学科中都极合用，也不失为寻求真理的诚实尝试，但哥白尼的胜利、伽利略划时代的工作，以及随后牛顿解释天体现象的惊人成功，毕竟使人们夸大了他们的方法的力量。

（二）西方科学课程的形成

人们对科学及其方法的信赖，充分体现在弗朗西斯·培根在《沉思录》中指出的"知识就是力量"这一名言之中。培根针对当时学校教育，极端蔑视自然、脱离实际和经验、迷信权威、空谈玄理、崇尚书本的状况，在《新大西岛》一书中，设想了一种进行科学研究与教育的乌托邦式方案。书中指出"所罗门之宫"是一种宇宙实验室，是一所规模宏大的包括各种科学实验馆、动植物园等机构和设施的科学教育城。在这个科学主宰一切的社会里，所有的政府官员都是科学家，社会生活完全由专业科技人员控制和管理，人们通过合理的分工与合作，自由地进行各种类型的化学、光学、机械发明、动植物和天文学的研究，"探讨事物的本原和它们运行的秘密，并扩大人类的知识领域"。青年们不断接受教育和训练的同时，成为科学研究的新生力量。而且他们接受科学教育的目的是为了解决人类生活中遇到的各种问题。培根的这一思想显然为科学知识的普及与发展奠定了思想基础。他也由此被誉为"科学教育之父"。

之后夸美纽斯（1592~1670）主张"把一切事物教给一切人类"，

即使所有的人通过接受教育获得广泛而全面的知识,并能够在智慧上得到全面充分发展。狄德罗强调国家应当推行强迫的义务教育,指出"每个人都应该会阅读、书写和计算"。孔多塞(J. A. Condorcet,1743-1794)也在具体的课程设置上,主张取消宗教学科,把古典学科的开设减少到最低程度,而把数学、物理等自然科学以及本国的历史、地理、语言等学科放在突出的位置。这些努力都无疑将科学教育向前推进了一步。英国亚当·斯密(Adam Smith,1723-1790)则从另外一个角度,论证了国家对全体人民进行教育的必要性,他认为,人接受教育后所学到的才能是国民财富的一部分,是发展生产的因素。熟练的劳动是花费时间和学费接受教育和训练的结果。他把经过学习获得的才能看作是资本,受教育所花费的钱转变为人的才能是资本的转移,亦是一种投资。并进而指出,"在一个文明和商业化的社会里,要求公众更为注意的是一般老百姓的教育,而不是有钱有地位的人的教育"。"实质上国家从人民的教育中得到的绝不是微不足道的好处。人民越是受教育,就越不容易受狂热与迷信的蛊惑。而在愚昧的国度里,这些常常导致最可怕的骚乱。一个有修养的民族总是远比一个愚昧无知的民族更正派更讲秩序……"[①]

在这些思想的影响下,实科中学不断出现,并面向普通劳动者开办,也更加重视自然科学课程的教学。1769年,第一台能广泛使用的蒸汽机由瓦特研制成功,解决了大工业发展所必需的动力问题,推动工业革命快速发展,并促进工业开始与科学密切结合,逐步形成科学与技术相互加速的循环机制。科学从此为整个人类社会所了解和掌握,成为推动社会前进的重要力量。1872年,德国政府颁布了《普通

[①] 亚当·斯密:《国家财富的性质和原因的研究》(下卷),郭大力、王亚南译,商务印书馆,1974,第340、344~345页。

科学课程设计的认识论考察

学校法》,规定 6~14 岁的 8 年初等教育为强迫义务教育阶段,设基础学校(4 年)和高等国民学校(4 年)两级。到 19 世纪末,德国初等教育的入学率已达到 100%,实现了初等义务教育的全面普及(而我国义务教育的基本普及却是新中国成立之后的事情)。科学研究也成为大学继教学之后的另一项重要职能。同时加强师资培训,如 1872 年德国还制定了《普鲁士普通初等学校和师资培训学院管理规章》,要求师资培训学院恢复教育学、心理学、逻辑学等教育专业科目,扩大语文、数学、自然科学等学科的教学内容,设立物理馆和化学实验室,以改善自然科学教学。

这时斯宾塞、赫胥黎力倡科学教育,正顺应了时代潮流并为人们广泛接受。斯宾塞在 1859 年发表的《什么知识最有价值?》的文章中,就系统阐述了关于科学教育的思想。他 1861 年出版的《教育论》更是在英国引起强烈反响,书中指出:"商品的生产、加工和分配的效率又靠什么?就靠运用适合这些商品各种性质的方法,靠在不同情况下相当熟悉它们的物理学的、化学的或生命的特性;那就是依靠科学。"[①] 赫胥黎也在《科学与教育》一书中断言:"我们时代的特点是,自然科学知识已经发挥了巨大作用,而且这种作用会越来越大。"斯宾塞还在《教育论》中,根据人类完满生活的需要,按照知识价值的顺序,为每一种教育设计了课程,并形成了以科学知识为核心的课程体系。

英国于 1870 年颁布实施《初等教育法》,从 1872 年开始,为鼓励学校重视对自然学科的教学,英国政府又规定只要学校能开设三年自然学科课程,政府便给予特别补助。德国甚至在 1894 年普鲁士颁布的《普鲁士女子高等学校章程》中,将女子高等学校(中等教育水平)

[①] 〔英〕斯宾塞:《教育论》,胡毅译,人民教育出版社,1962,第 15 页。

的修业年限改为9年；在课程设置上，除了以家事和社会服务为目标的普通教育外，还增设了科学教育和数学、自然科学等专业训练需要的基础学科，以便妇女走向学术专业活动领域。科学教育的思想逐渐引起各国政府的重视，科学进入到学校课程之中，成为中学教育内容的重要组成部分，科学课程实现了合法化，进入较快发展时期，并渐次经历了活动化、结构化和综合化阶段。

二 我国科学课程设计简要回顾

（一）我国科学课程形成的思想基础

《大学》中说："大学之道，在明明德，在亲民，在止于至善。知止而后有定，定而后能静，静而后能安，安而后能虑，虑而后能得。物有本末，事有终始。知所先后，则近道矣。""古之欲明明德于天下者，先治其国；欲治其国者，先齐其家；欲齐其家者，先修其身；欲修其身者，先正其心；欲正其心者，先诚其意；欲诚其意者，先致其知；致知在格物。"反之，"物格而后知至，知至而后意诚，意诚而后心正，心正而后身修，身修而后家齐，家齐而后国治，国治而后天下平。"[①]

指明在物每样东西都有根本有枝末，每件事情都有开始有终结。对人而言，知道了这本末始终的程序，也就接近事物发展的规律了。其中"致其知"是使自己获得知识，"格物"就是指认识、研究万事万物的道理。而获得知识的途径就在于认识、研究万事万物的道理。表明我国自古重视对自然世界万事万物的研究和教育，比如有墨家学

---

① 王国轩译注《大学·中庸》，中华书局，2006，第三~五页。

科学课程设计的认识论考察

派（墨翟，约前468～前376）进行私学教育的教材《墨经》，它在力学方面：区分了时间和时刻的概念；指出运动乃是物体空间位置的变动；力是使物体开始运动或加速运动的原因；并认为物体的重量也是一种力；总结了杠杆的工作原理等。在光学方面：如具体解释了小孔成像的原因；介绍了平面镜成像；叙述了凹面镜、凸面镜成像的规律；并在研究和传授几何光学方面知识的过程中，运用了观察、分析和科学实验的方法。此外，墨翟还利用共鸣现象，探查敌方行动。这些都是非常接近近代科学的思想，远比同时代西方的科学思想超前得多。

春秋战国时期齐国人的科技著作《考工记》，还包含了在力学和热学方面的物理知识。力学方面，如将浮力原理应用于制造轮子的实践中；指出马拉车时，马已停止用力，但车还能前进一段距离，指出了物体的一种基本属性——惯性。在热学方面，认识到冶炼金属时，不同物质有不同的汽化点，可以根据汽化物质的颜色作为判断火候或温度高低的标准。

而东汉王充（27～约97）所著的《论衡》，其内容在物理知识方面，较之《墨经》又有十分明显的充实和发展。在力学方面，王充在对物体的运动进行仔细观察的基础上，已具有现代物理学中"速率"概念之萌芽；对力与运动的关系，已认识到若外力大小一定，则物体越重，要它开始运动或使之运动状态发生变化就越难；以及内力不能改变物体运动状态这一事实。声学方面，王充已认识到人发声是使空气振动而产生的，这实际上已指出振动的传播要通过媒介物。热学方面，如王充对自然界中雨、露、霜、雪的成因进行了研究，指出它们都是地面上的水蒸发所致，"云雾，雨之征也，夏则为露，冬则为霜，温则为雨，寒则为雪，雨露冰凝者，皆由地发，不从天降也。"电磁方面，对摩擦起电的现象也有研究与解释。

第三章　科学课程设计的历史考察

北宋中期沈括（1031~1095）所著的《梦溪笔谈》是中国科学史上又一部重要著作，被英国科学史家李约瑟称为"中国科学史上的坐标"。它在物理知识方面，主要阐述了磁学、光学和声学方面的知识。磁学方面，沈括对指南针的使用进行多种实验，是世界上最早关于指南针的实验记录。他在实验中也已发现磁偏角，《梦溪笔谈》中指出："方家以磁石磨针锋，则能指南，然常微偏东，不全南也。"西方一般认为是哥伦布在1492年远渡大西洋时，首先观察到磁偏角，但实际上，我国沈括的发现要早于哥伦布400多年。光学方面，《梦溪笔谈》对日食、月食的成因作了理论总结，并第一次用类比演示实验验证月亮圆缺的科学道理；进一步对凹面镜成像进行实验研究；也对光的直线传播、光的折射现象和虹的形成进行了研究和解释；还对透光镜的制造工艺和原理作了探讨。声学方面，如书中记录了作者精心设计的共振实验："……先调弦令和声，乃剪纸人加弦上，鼓其应弦，则纸人跃……"比英国人诺布尔和皮戈特使用类似方法来演示共振现象早约6个世纪；以及声学知识在军事上的应用："古法以牛皮为矢服（即箭袋），卧则为枕，取其中虚，附地振之，数里内有人马声，则皆闻之，盖虚能纳声也。"而这时西方仍处于黑暗的中世纪。我国古代突出的实验物理学家赵友钦（1279~1368）所著的《革象新书》，用实验对小孔成像进行了周密的研究，指出小孔成像的规律。另外，《正蒙》和《正蒙注》中，也分别记录了宋代张载（1020~1077）以及明代王夫之（1619~1692）关于物质组成的"元气学说"。

尽管直到明末清初时，我国在物理知识方面的传授，还保持着丰富的内容及广泛的知识面，但由于我国封建的政治、经济与教育制度对科技发展的遏制，使许多对物理学的形成极有价值的思想与观念，不是因为得不到重视而湮没无闻，就是时断时续，甚至隔几代后又再次重复前人的工作。尤其是清朝以来的闭关锁国、"重农抑商"、视先进的科技发明为"奇技淫巧",都不仅严重阻碍了我国社会的发展,而且抑制了新的物理思想的萌生及发展。同时我们思维方式上的偏向也对进一步产生科学思想造成不利影响。

(二) 科学课程形成及新课程改革前的发展

我国科学课程的出现是西学东渐的结果。在我国近代学校中,出现最早讲授自然科学知识的学科,被设置为格致学科;相应教授自然科学知识的大学,称为格致科大学,如1874年创立的上海格致书院,其学习科目中就设热学、电学等学科。

格致学科所用教材最早是翻译的各种书籍。如美国传教士合信编写,在广州出版后由上海墨海书馆1855年再版的《博物新论》;京师同文馆于1866年出版由美国传教士丁韪良编的《格物入门》七卷及1883年出版的《格物测算》;江南制造局也在1883年出版英国人傅兰雅编撰,徐寿、徐建寅翻译成中文的《格物须知》,并在1885年出版了美国人赫斯赉著、英国人罗亨利和瞿昂来同译的《格物小引》等。不过直到1900年,才由王季烈依照日本饭盛挺造编撰的《物理学》,进行加工重编及文字润色后,翻译成中文。这是"物理学"一词首次出现于中文之中,使该教材成为中国第一部兼具现代物理学内容及系统的能称为"物理学"的,并具有大学物理水准的教科书。

这一时期,除翻译一般格致书籍之外,也翻译了各种教科书,如1901年虞祖辉译的(日本和田猪三郎著)《中学校初年级理化教科书》;1904年〔美〕何德赉著、谢洪赉译、商务印书馆出版的《物理学·最近中学教科书》。也有一些编著的书籍出版,如1905年陈文哲编的上海昌明公司出版的《物理教科书》;1908年陈文哲编,上海昌明公司出版的《普通应用物理教科书》。但就物理教科书来看,1904~1911年共有13种(本)出版,其中直接翻译的有4本,编译的有3本，自己编纂的有6本，占47%，说明更多地还是使用国外的教材。这样就为我国了解国外教材的体系和内容，从而使自己编写的教材更加完善，发挥了有益的作用。

总的来看，到1912年壬子癸丑学制时期，中学还仅有四年，并没有划分初中或高中，这时的理化教科书，仅有程度较低的简易读本，也主要是依据日本教材翻译的，有些读本中西杂糅，或者措辞不当或者过于日本化，以至于"书名费解，文图不符，内容异想天开"，甚至不能作为课本用。这样编纂自己较高质量的自然学科教科书就势在必行。因此，教育部公布了《审定教科用图书规程》，准许个人自行编撰教科书，但需要经过教育部的审定，才能发行使用。这样我国自己编纂出版的教科书就逐渐增多起来，其中影响较大、使用学校较多的有，1913年商务印书馆出版由王兼善编的《民国新教科书·物理学》，同年10月，即再版，至1922年，该书就再版17次之多。这一时期由于总体对理解和把握完整的科学知识体系的需要，科学课程更多地强调对科学概念、规律的把握，追求较完整的科学知识体系，而对科学方法与科学精神明显关注不够。当然，掌握学科的知识体系本身也并不是一件轻松的事情，而对于教师提高自身的教学素养来讲，教是最好不过的学习方式，正如一位出色的大学物理学教师向一个高级班讲述量子理论的情况："我讲过了一次，看看他们，只发现班上充满着发呆的面孔——他们显然没有理解。我第二次讲过，他们仍然不懂。于是我再讲第三遍，那时候，我才懂得了它。"

不过，王兼善编的《物理学》却对科学方法与科学精神给予较多的关注，比如他在"编辑大意"的第1、3、4条目中就明确指出：

1. 是书系依照教育新法令编辑。……其要旨在授以重要现象及定律。器械构造之要理。并兼课实验。使学者习得自然现象之知识。领悟其中法则及对于人生之关系。

3. 是书次序务求明晰。……由浅入深循序渐进,以启读者之心思而引起其进取之兴味。

4. 书中试验与理论常相辅而行。理论常由试验引出或以试验讲之。俾学者知识试验之要用而养成其崇尚试验之心。又此等试验均为人所屡经试验而知其却是可恃者。①

这样该书由于联系生活实际较多,定性的阐述多,定量的计算少,而且叙述方法"理论常由试验引出或以试验讲之",因而对实验相当重视。据统计,全书有117个实验(包括教师演示和学生实验),这些实验大都简单易行,容易操作,而且目的明确,不仅使学生清楚物理学规律是由实验得出,也不把物理定律逐条死记,增加了物理知识的趣味性。教材中像"关于流体浮力之研究"② 一类的实验,就不仅仪器简易,容易操作,而且效果明显,不仅使学生理解并掌握知识,更重要的是使学生了解知识的来龙去脉,所以当时许多学校都乐于采用。

1922年《壬戌学制》颁布后,我国初中采用混合制,将自然科学合为一门课,采用两种教学形式。(1)三门理科教材——化学、物理、生物仍分别编写,其中物理教科书有:贾丰臻等编写的《初中实用物理学》;钟衡臧编写的《物理学》;周昌寿编写的《物理学现代初中教科书》及《新撰初级中学物理教科书》;还有陈文编写的《物理》等。(2)三门科目合编为一本教材,如:郑贞文编写的《实用自然科学》;钟衡臧编写的《新中学初级混合理科教科书》;徐镜江编写的

---

① 陈学恂主编《中国近代教育史教育参考资料》上册,人民教育出版社,1987,第235页。
② 骆炳贤、何汝鑫编著《中国物理教育简史》,湖南教育出版社,1991,第38页。

《初级中学混合理科教科书》；高锟编写的《实用自然科学教科书》以及杜亚泉等编写的《自然科学教科书》等。

就自然科学混合教科书而言，主要是物理、化学、生物约各占1/3，也还有矿物、气象、地质等内容。这时编写的教材不仅数量逐渐增多，而且质量也日渐提高，并开始向难度与深度方面发展，同时基础有所提高，运用数学的部分也增多了。可见，混合制教材确实发挥了联系生活实际的特点与作用，毕竟生活实际本来就是关涉各门学科知识，不是单独哪一门学科知识能应付了的。因此，这种教材容易使知识面拓宽，便于学生将各种知识融会贯通、全面理解；而且也更加重视科学方法的教学。如高锟编写的《实用自然科学教科书》，全书共四册，分为24章，内容主要包括植物、矿物、动物、物理、化学、天文、气象、地质等项，供四学期教授之用。该书选择内容的标准是：（1）自然界中常见的事物与现象；（2）日常生活中必备的知识与技能；（3）人们观察与研究自然的方法与手段；（4）自然学科中的重要原理及定律。其编写方法，改变以往偏重系统的弊端，以知识的实用性为主、理论为辅。教科书先从自然界中普遍的事物入手，渐次论及应用方法与基本原理，不仅增进了学生的生活常识，而且激起学生研究自然学科的兴趣。该书有两个突出特点，一是各科知识融合得较好，比如第二章"水"共有四部分内容，（1）日常生活中的"自然水"；（2）生物、化学中的"水之净制"；（3）物理世界中的"水之压力"；（4）化学家眼中的"水之成分"。二是该书最后一章的"自然科学的研究方法"尤为重要，这一章主要是通过整本教材中许多知识的学习，归纳得出科学研究方法。该章内容是把自然学科分为各分支学科后所不能企及的。因为把自然学科分散以后就必然缺少了各门知识间的横向联系，不利于对科学研究方法的整体把握。这一章包括五节内容：

科学课程设计的认识论考察

  第一节 科学的分类
  第二节 观察与实验
  第三节 分类和概括
  第四节 科学的推理
  第五节 定律和假设

  这种总结性较强的内容显然是在分学科设计的各门单科教材或课程中难以实现的。

  高中教材以王季烈在1924年编写并由商务印书馆出版的《共和国物理教科书》以及王兼善在1925年编写由商务印书馆出版的《民国新教科书·物理学》的使用比较普遍。而夏佩白在1931年编写由大东书局出版的《高中普通物理学》也有其独特的风格，全书共676页，其特点有四个方面：一是内容充实，加强了电磁学与力学知识，比如补充了楞次定律及电磁感应等电学内容，这是王兼善书中没有讲到的；二是教材深度有所提高，比如反映在对数学的运用上以及习题的数量与难度方面都有所增加；三是教材内容的编排初步形成一定体系，比如绪论之后，各部分依次按物性、力、声、热、电、光的顺序排列，之后编写的物理教材，大都采纳了这一体例；四是物理知识的叙述方法，教材已不完全是从定理、定律出发，然后再加以证明、应用的思想方法，而开始采用观察现象或举实例、进行分析、总结得出规律的归纳式方法了。

  科学课程实施的基本状况。教育部于1929年对1924年颁布的《中小学课程暂行标准纲要》进行修订，并于1932年正式颁布，称为《正式标准》。其中关于物理学方面的内容，与各校已经实施的无太大差别，初中在第三学年开设，上、下学期每周分别为3课时和4课时，高中也在第三学年开设，每周均为6课时。《中学物理课程标准》分初中和高中两部分，分别规定了初中和高中物理的教学目标和要求以及具体的教学内容和实验要求等项目，是一份比较完整的中学物理教学大纲。从形式和内容来看，都比过去有了明显进步。为了保证教科书能达到《标准》要求，保证教科书的质量，教育部除了提出教科书送审制度之外，还进一步提出中小学教科书应由教育部组织专家编辑。这样到 30 年代后期，新编的教科书也就不多了。[①]

总的来看，在 1912、1922 年两次调整学制的推动下，我国编辑出版了一定质量与数量的教材。20 世纪二三十年代，各国教材的进展、变化都不大，尤其是普通物理学与中学物理均属于经典物理范畴，而我国的中学物理教材，本来就是以国外教材为蓝本，因而教材内容的深度与广度，都与国外相差不大。不过由于我国遭受传统教育思想的严重束缚，还不太适应对问题进行分析性思考，在灵活运用知识及动手能力方面也还相当落后。这反映了我国教学方法与教学实验的严重不足。这是长期以来我国中学教育中最薄弱的两个环节。我国自清末开始办新式学校不久便开设物理课，但那时既无教学经验，教育经费也严重匮乏，没有合格的师资，需要的仪器设备更是极度短缺。清末民初时，赫尔巴特的"五段教学法"也由日本传入我国，但在 20 世纪 20 年代，学校教育经历新文化运动，深受杜威思想的影响，并从美国传入"设计教学法"；到 30 年代时，有些学校采用过道尔顿制，比如上海吴淞中国公学初中部、北方艺文中学、南京东南大学附中等均做过这类试验，但效果都不理想没有推广。事实上，我国教学传统中严重轻视实践，甚至将能工巧匠的精湛制作视为雕虫小技，"君子不器"是其高度概括与总结。因而我国物理教育，起初只是停留在讲授

[①] 骆炳贤、何汝鑫编著《中国物理教育简史》，湖南教育出版社，1991，第 107 页。

科学课程设计的认识论考察

书本知识方面,一般不做实验,即采用传统的"灌输式"方法,"先生讲,学生听",以至于死记硬背,甚至囫囵吞枣。这样即使有了好教材,也有了"教授法",但教师依然习惯于把物理课本当作语文课本来教授,而且一般是只管教不管学。

陶行知先生于1919年提出"教、学、做合一"的思想以后,不久将"教授法"改为"教学法"。南京国民政府成立教育部之后,注意到改进教学方法是提高学校教学质量的重要方面,因而提倡集体备课,并决定每年举办一次中学各学科暑期讲习讨论会。不过这些活动并不普遍,有时也流于形式,所以没能从根本上解决中学教学中存在的问题,效果不太明显。[①] 可见,瞿菊农先生针对20世纪初科学教育状况,所做的批评:"学校中的科学教育只是贩卖知识,教员对于学生只负转运知识的责任,科学家做学问的精神丝毫不曾得着。而所贩卖的知识只是科学的结论,所以得此结论的方法学生并不曾了解,学生在年纪轻的时候听惯了这些结论,都以为是推诸万世而皆准的话,结果只是养成了独断的精神。这真是科学教育所得的最'不科学的'结果,决不合乎科学精神。"确实反映了当时中学理科教学中课程实施的基本状况。

新中国成立之后,教育部依据"普通中等学校数、理、化三科的教材编排不合理,以致学生负担过重,学习不能获益,而且有害健康"的反映,决定精简普通中学数、理、化三科教材。同意精简的目的在于教学要切实有效,而不能降低学生程度;删减重复或不必要的内容,但仍要保持各学科知识的完整性、系统性;六·三·三制学制暂不变更,并做到教材应尽可能与中国生产建设实际相结合,充实有关科技新成就的内容。按照文件精神,首先由方嗣樑和汪世清起草中

---

① 骆炳贤、何汝鑫编著《中国物理教育简史》,湖南教育出版社,1991,第108页。

学物理初稿，经过几次修正之后，由严济慈校订定稿。教育部于1950年7月印发这套教材，秋季开始供各地中学物理教师作为教学的基本参考。这是新中国成立后对中学教材编写进行的最初探索与改革。并在1961年以后，真正进入一个从模仿苏联彻底转向自力更生地探索我国中学教材编写的新阶段。

改革开放之后，人民教育出版社依据教育部1978年1月颁发的《全日制十年制学校中学物理教学大纲（试行草案）》，开始新教材的编写工作。新教材不仅反映出大纲的特点和要求，而且博采众家之长，积极吸收国外一些新教材的改革思想，如当时影响较大的HPC和PSSC物理课程的改革思想。因而，就这套教材而言，是一套较高质量的中学物理教材。但也存在一些问题，如在制定大纲与编写相配套的教材时，（1）对学生必须系统学习进一步掌握现代科学技术所应具备的基础知识关注较多，而对缩短我国物理教学与发达国家之间的差距有些急躁；（2）对我国中小学的教学条件估计过高，而且也没能深入调查研究国外中学物理课程改革和使用的具体情况。致使1978年秋物理试用教材在中学开始实施后，一方面充分肯定了教科书在强化物理基础知识、加强基本技能训练、强调能力培养以及突出符合现代化改革需要的方向上是完全正确的；另一方面，尽管这套教材在师资、设备及学生条件都比较好的多数重点中学都基本上合适，但在更多的条件不那么好的一般中学，特别是高中，就显得要求偏高、分量偏重、程度偏深，尤其是理论要求有些过于严谨，再加上高中学制缩短为两年，以至于多数教师感到难教，学生觉着难学。

有鉴于此，教育部于1983年发布《高中物理教学纲要（草案）》，重点调整教学内容，实施两种教学要求（较高和基本要求），这就是自1984年在学校开始试用的物理（高中）甲种本和乙种本。其中物理甲种本是属于较高要求的教材，它在知识深度和广度方面与原试用本水平保持一致；乙种本在深度上要低一些，是属于基本要求的教材。这是我们国家从中学物理教学的实际出发而采取的一项改革措施，是改变教材"一刀切"局面的重要尝试。初中物理教材曾于 1982 年将试用本改为新编本，新编本经两年多的实践，一般中学仍反映教学要求偏高，所以 1985 年国家教委又印发了《调整初中物理教学要求的意见》，供秋季开学使用。这次调整，要求"教材不动，只是在教学内容、习题深度、广度上加以控制"，是为适应多数教师能教和多数学生可学而提出的、大面积提高初中物理教学质量的积极措施。同时根据九年制义务教育中"五·四"学制的物理教学的要求，由阎金铎主持编写的"五·四"制物理课本，也在全国十一省市的部分实验学校试用，积极总结经验，为进一步推广做了各种准备。

总的来看，片面强调集体主义与无差别教育，统得太死，对天智优异儿童的培养排斥在教育范畴之外；过分强调传授知识和发展智力的一致性，忽视了两者之间的剪刀差，使课程教学总以传授知识为主，使学生个性的充分发展受到压抑，缺乏主动学习和创造精神。为此，1980 年在中国教育学会物理教学研究会成立大会暨第一次全国中学物理教学研讨会上，就中学物理教学的发展职能和能力培养作了热烈的讨论和研究，《物理教师》《物理教学》等专业杂志都辟专栏进行了讨论，促进了在全国范围内形成重视学生能力培养的良好风气，也为之后物理教学研究顺利开展学术讨论搭建了平台。

三 中西方不同设计思想的历史透视

（一）对待研究方法的态度不同

如上所述，我国古代尽管取得辉煌的学术与技术成就，但对比西方的科学发展,仍存在很大不同。西方科学研究中,注重对研究思路和方法的梳理和总结,使得对方法的研究成为科学研究或自然哲学研究的重要组成部分,如《形式逻辑》就是这方面成果的典型代表。科学方法的形成的确是比科学知识的积累更加有意义也更为重要的方面。

我国的科学技术发展史,似乎更加突出资料的累积,停留在对现象的定性描述和观察资料的记录层面,局限于经验的总结和猜测性的思辨阶段,主要是以直觉的和零散的形式出现,对研究方法极少关注,从而没有形成如《形式逻辑》以及近代科学所赖以产生的清晰有效的方法论体系。这一结果或许与思维传统有关,是思维方式的不同、思维风格的迥异造成了中西方科学文化发展的不同特点,还不仅仅像林毅夫教授所指出的那样,是科举考试的课程设置和其激励结构阻碍了中国的天才们发起一场科学革命。[①] 是说除科举考试的课程设置和其激励结构的影响之外,思维方式的差异或许同样是不容忽视的重要因素。

科学的方法是分析的,但事实上西方的思维要素中绝非仅仅包含分析的成分,比如帕斯卡就曾说:"所有的事物都既是结果又是原因,既是受到作用者又是施加作用者,既是通过中介而存在的又是直接存在的。我认为不认识整体就不可能认识部分,同样的,不特别地认识各个部分也不可能认识整体。"因而主张分析与综合的结合,以便寻求一种不是以孤立和封闭的方式来把握事物,而是通过联系背景和综观全体来把握对象的认识方法。只不过西方的思维特征更青睐笛卡儿分离与区别的原则远胜过帕斯卡连接与相互作用的原则。而且近代科学的产生也的确是以抽象的分析为基础,是把理性的思辨与经验观察

---

① 林毅夫:《制度、技术与中国农业发展》,上海人民出版社,1994,第270页。

作为科学研究方法的两极，恰是两者之间的纷争保持了它们间适度的张力，从而使科学研究获得实质性的快速发展。

（二）思维方式上的差异

分析思维品质恰是我们精神气质中所缺乏的。我们崇尚"天人合一"，强调思辨，是一条整体主义的思维路线。但这并不意味着我们没有分析论证，比如我国古代名医孙思邈，发现山区老百姓很容易得一种怪病，俗称"雀盲眼"（学名夜盲症），就是病人的视力在白天很正常，到了晚上，光线不足，就像麻雀一样什么也看不见了。他分析，为什么有钱人不得这种病？分明是穷人身上缺少什么东西引起的，并且可能与穷人很少吃荤有关系。于是，他用动物的肝脏来治夜盲症，果然取得良好疗效。这显然是一个"分析归纳—建立假设—实验进行验证—总结得出结论（或上升为理论）"的分析性思维的成功案例。并且这种实例也决非少见，但是我们毕竟没有关注对方法的整理，更谈不上对研究方法的系统总结。而一种成熟的思想方法却又完全可以成为帮助人们思考的工具，远比了解一些事实、接受一些建议重要得多。我们关注结论性的内容远远胜过思想的方法，更不用说让这种分析性思维方法从问题解决的过程中凸显出来，成为一种有成效的思维工具。但毕竟"科学的手段是分析，目的是构造"[1]，知识实质上是一种产物，一种构造，而不是一种揭示。其手段就在于分析。而基于"天人合一"的思维方式，力图从整体上寻求对事物意义的解释，因而具有鲜明的整体主义特征，与在基础元素的层面寻求解释的分析思维范式或还原主义范式迥然不同。

事实上整体主义也有与还原主义类似的简化思想的倾向，不过是

---

[1]〔日〕永井成男：《分析哲学》，李树琦译，中国社会科学出版社，1992，第2页。

把一切都化归为整体而已。因为尽管整体是一个宏观的统一体,但构成的组成部分并不会在它里面被消融或混同。部分具有双重身份,一个是在它们各自身上保持着的特有的身份,因此它们不能被化归为整体;另一个是它们共有的作为系统的成员的身份。意味着整体是一个多样性的统一系统,因此,帕斯卡说:"我认为不认识整体就不可能认识各个部分,同样的不特别地认识各个部分也不可能认识整体。"[①] 这种表述尽管似乎陷入进退两难的那种困境:两个指令(通过整体认识部分,通过部分认识整体)好像不得不在一个人们看不出怎样进入和怎样退出的恶性循环中互相抵消。但建立在从部分解释整体和从整体解释部分的建设性的循环的基础上来理解,是说这两种解释既不消除它们彼此之间竞争的对立性,又通过把它们连接起来的运动本身变成互补的。在这里,维持从简化逻辑来看相互排斥的两个解释过程之间的某种对立性和竞争性,绝不是缺陷,而是具有积极的作用。由此,我们看到,试图对事物进行整体性把握的整体性原则,恰恰也是不完备的,分析的环节不可避免。事实上,无论是仅仅采取分析的原则还是整体性原则,都不可能达到对事物真正统一性的认识,现实的资源枯竭、环境污染问题更足以表明这一点。因此,中西方不同传统形成各自不同的思维方式和方法特色,还不足以成为厚此薄彼的理由,尽管近代科学的确没有在中国产生,"天人合一"的整体论思想也决非一无是处,只是将科学的分析方法与整体论的方法论结合起来的重要性必须强调。

(三) 课程目的期望上的差别

我国以顺从为美德,鼓励养成的是学生服从的习惯。我们传统观

---

① 〔法〕埃德加·莫兰:《复杂思想:自觉的科学》,陈一壮译,北京大学出版社,2001,第208页。

念中对权威的依附或服从的态度,从根本上阻止思考,或许是真正需要关注与反思的。无可否认我们一直珍爱"顺从"教育,以至于无条件地服从甚至盲从——服从长辈、服从教师、服从书本,服从上级指令,实际上是没完没了的服从。而且根深蒂固的"顺从"观念似乎已经使人们养成了乐于服从又善于服从的品格,并且我们的确视顺从为美德。结果是我们在完成任何事情时,已经养成不要问为什么、不敢问为什么也不能问为什么的习惯,只要关注、照料好权威怎样说、要求怎样做就好。这势必会造成仅仅满足于任务的完成,至于为什么要完成这个任务、用何种方法尤其是为什么用这种方法才能完成,采取漠不关心的态度。似乎这些或许更重要的东西都与自己无关,只是满足于完成"指令"而万事大吉。长此以往必然会失去人天生就有的那种对任何事物刨根问底、探其究竟的好奇心,却仅剩下"顺从"这一种我们倍加赞赏的技能。忘记了自己还有一个能够也可以进行思维的大脑,而事实上如果仅仅是呆板地按照权威的意志行动,其实即使"顺从"这件事情也做不好。因为呆板地执行就不会有变通的勇气与变通的欲望,然而在这样一个"永远不可能踏入同一条河流"的流变的世界里,我们绝不可能遇到完全相同的两件事情,也就决不可以用完全相同的方法来处理。所以,或许正是要把"顺从"这件事情做好,也需要有变通的勇气和能力。那就是允许一定程度上的"不顺从"或"叛逆"。

人类的天性也正是"叛逆"的倾向性,而不是"顺从"。常常见到一个襁褓中的婴儿,吃奶的时候,或许无意识把妈妈的肚皮掐得好痛,当妈妈把他的手拿开,他会再放回去。如果说这还是一种本能的反应,但当大一些的时候,妈妈表现出痛苦状、会"生气"地打他的手,他却"毫不畏惧",甚至会用"挑衅"的目光调皮地看着妈妈,然后再有意识地掐妈妈肚皮一把,还会看着妈妈"痛苦""生气"的样子发笑。这样的反叛毫无恶意，整个场景又是如此温馨，但却表明叛逆才是人的天性，而不是柔顺或听话。孩童的天性恰恰是越不让干什么越是想方设法干什么，他不会老老实实让做什么就做什么，而是天生就善于对着干，甚至跟自己对着干。就像一个专心搭积木的孩子，面对每一次将要完成时总是塌架，他会急得哭、急得跺脚，却毫无放弃之意，他会一遍又一遍地坚持，直到让自己满意为止。这种带有反抗性质的韧劲是一种可贵的品质，以至于我们之所以在相当普通的环境下，接受、判断或相信真的东西，无疑是因为在很大程度上我们身上具有某种批判地检验事物的倾向。对此杜威早在1916年就从另一角度论述道："青年的天性就是反叛其出生群体的生活习俗，因此必须对他们加以引导。"

然而，若妈妈真的生气、将孩子的小手打疼，长此以往他会再也不敢"挑衅"、不敢"反叛"，他那宝贵的、脆弱的反叛意识的萌芽或许真的会被他的妈妈亲手扼杀在摇篮里，并最终成为一个听话的温顺的、让干什么就干什么、不争不辩的"乖孩子"，成为一个不敢自己自作主张也不肯自己拿主意的父母的"乖儿子"或"乖乖女"。等到需要他敢于挑战自己、直面困难的时候，再抱怨他没有主见、没有勇气而懦弱不前的时候，就已经毫无意义。于是，对那个搭积木的孩子，也完全可以"由着他的性子来"，只是"不经意"地提醒他问题出在哪里，策略地疏导他的情绪。坚持、执著要鼓励，但不能急躁，要愉快地坚持，这样才会想出更多的好主意，把事情做好。所以，与其说培养学生的批判性思维能力，还不如说保护、鼓励他的叛逆的天性更为合理，批判的思维能力正是在这种叛逆的基础上发展起来的，没有叛逆的天性批判性思维能力绝不可能"无故"生长。是说没有人类叛逆或反抗的天性，批判性思维能力不可能从无到有地"培养"起来。这一点与具体事实的认知不同，对具体事实的认识完全可以从无到有

科学课程设计的认识论考察

地发生,如小孩子从一无所知到逐步认识什么是暖瓶,苹果在哪里……到后来知道浩瀚的苍穹中还有几颗中国制造的人造地球卫星,他事实上学习到了许多东西,这些都是后天接受教育的结果,尽管实现这一结果需要人批判的思维能力的支持。

因而,叛逆的意识需要呵护与鼓励。呵护这种叛逆的倾向,犹如保护一粒种子,种子如果不慎被烤焦或煮熟了,那就永远再无发芽的可能。批判性思维能力也是这样,一旦把脆弱的那一丁点叛逆的天性泯灭掉,就难以养成批判性思维的习惯。考虑到人们成年之后还通常表现出遵循传统与习俗的惰性的一面,人的叛逆精神就更需要呵护、鼓励和培育。否则软弱无力的批判性思维就会被强大的传统与习俗所压倒、所掩盖。正如 James V. McConnell 医生所讲述的那样:一个世纪以前,Semmelweiss 的研究表明,只要接生员在接生之前洗干净手,就能使由于产褥热引起的死亡率从 26% 降低到 2%。但这样一个即使在当时看来也既简单又"极可能富有成效"的建议,医生们却拒绝接受,他们宁愿固执地坚持"我按照标准的医学程序操作",也不愿冒险尝试新的方式,以便"我用必须采用的方式对待病人"而不是仅仅遵循传统和惯例。足可见传统的影响与习惯的力量,似乎只有传统的才不仅是现成的,而且是安全的。因此,"探索未知,固然勇敢;质疑已知,更需勇气"[①]。

总之,赞赏"顺从"教育,似乎年青一代不需要思考。因为别人已经替他们思考过了、思考好了,所以他们自己就不必思考、也不被期望思考,也就忘记如何思考,不会思考了。确实有太多的人帮着思考,圣人贤者仅仅是一小部分,更有老师家长乐此不疲。好

[①] 〔美〕保罗·瓦茨拉维克等:《改变——问题形成和解决的原则》前言,夏林清等译,教育科学出版社,2007。

像我们的大脑是专为别人思考的,尤其是为下一代。似乎做了父母再学习思考不迟,而且似乎做了父母自然就会思考!尽管孟子之言"耳目之官不思,而蔽于物"及"心之官则思,思则得之,不思则不得也"我们许多时候耳熟能详,但崇尚"顺从"的美德事实上鼓励了乖巧听话、而不是鼓励思考和思想独立。正如保罗·弗莱雷所批评的那样,"死板的压迫社会结构一定会影响着此结构中抚育与教育孩子的习俗。……家庭与学校(从托儿所到大学)不是存在于抽象意义之中,而是存在于特定的时空中。……如果渗透到家庭的状况是独断的、僵硬的、专制的,家庭也会不断增强其压制的气氛。随着父母与孩子之间这些独断专横的关系的加剧,孩子们在幼年时代就会不断地把这种家长式的专横作风内化为自我意识的一部分"。"家庭的这种气氛被延伸到学校。在学校内,学生们很快就会发觉,(像家里一样)为了获得某些满足,他们必须适从那些由上级制订的规章制度。其中有一条就是不能独立思考。"这是说"如果孩子是在一个没有爱心、只有压迫的氛围中成长,其潜力被破坏了的孩子在年轻时就不会想办法走真正反抗的道路,他们要么变得漠不关心,被政府当局及用来'塑造'他们的神话弄得疏离了现实,要么会采用各种各样的破坏行为"[①]。

  这种态度造成的后果是严重的。缺乏独立思考以至于对知识缺乏深刻理解的简单记忆必然不利于科学知识的创新,调查结果显示也正是如此。以1999年世界上高收入国家的平均值为对照,我国的知识创新指数是14,知识传播指数是30,而生活质量指数是48,经济质量指数则是27。如表3-1所示(以1999年高收入国家平均值

---

① 保罗·弗莱雷:《被压迫者教育学》,顾建新等译,华东师范大学出版社,2001,第92页。

科学课程设计的认识论考察

为基准)。①

表 3-1　中国与世界平均水平的比较

	第二次现代化指数	知识创新指数	知识传播指数	生活质量指数	经济质量指数
中国指数	30	14	30	48	27
中国排名	56	31	48	53	68
高收入国家	100	99	100	100	100
中等收入国家	36	21	36	52	32
低收入国家	21	11	19	34	22
世界平均	46	54	37	48	45

可见，知识创新指数与世界平均水平的差距最大，唯有生活质量指数已达到世界的平均水平。表中"第二次现代化"②，是指由工业经济（工业社会）向知识经济（知识社会）转化的过程，对于那些尚未实现工业化的国家来说，则指加快发展，努力超越工业化阶段的过程。

另据瑞士国际管理发展学院《世界竞争力报告2001》(2000) 指出：在47个国家中，中国处于优势的人力资源与教育指标均是数量指标，如中国人口和劳动力总量排名为第一、排名第二的是就业百分比、人口负担系数排名是第六。而很多反映教育与人力资源质量的指标基本上是弱项，如文盲率排名第44位、排名第44位的还有熟练劳动力的易获得性、而大学教育满足竞争性经济的需求程度仅排在第42位、排在第47位的则是合格工程师从劳动力资源市场的易获得性。详见表3-2。

---

① 孙宏安：《中国近现代科学教育史》，辽宁教育出版社，2006，第706、707页。
② 中国科学院可持续发展战略研究组：《中国现代化进程战略构想》，科学出版社，2002，第8页。

表 3-2　中国国际竞争力指标

强项	排名	弱项	排名
国内生产总值	4	人均 GDP	45
国内总投资	4	文盲率	44
外国直接投资流入量	3	大学教育对竞争性经济的满足程度	42
劳动力总量	1	国民有效专利持有率	38
就业百分比	2	熟练劳动力易获得性	44
人口负担系数	6	合格工程师在劳动力市场易获得性	47
		公共教育经费支出占 GNP 比例	44

资料来源：《中国近现代科学教育史》，辽宁教育出版社，2006，第 706、707 页。

2010 年 11 月 25 日中国科协在京发布第八次中国公民科学素养调查报告，结果显示尽管"十一五"期间我国公民的科学素养水平稳步提升：2010 年具备基本科学素养的公民比例达到了 3.27%，比 2005 年的 1.60% 提高了 1.67 个百分点，比 2007 年的 2.25% 提高了 1.02 个百分点。但显然与发达国家公民的科学素养水平还有许多差距，目前我国公民科学素养水平仅相当于日本（1991 年 3%）、加拿大（1989 年 4%）和欧盟（1992 年 5%）等主要发达国家和地区 20 世纪 80 年代末、90 年代初的水平。

总之，"一个人几个人不会思考，不会影响全局，如果一代人一个民族缺乏思考能力，那就只好落后挨打了"。其实"小孩子刚步入人生，在懵懵懂懂的阶段，最爱发问。这就说明了人都具有思考的潜能，说明了一个人从无知到有知的过程是始于发问，也说明了思考是智慧的源泉，是创新的源泉。然而，我国教育在应试倾向束缚下存在的严重问题，恰恰是重视知识的传授而不重视思考能力的培养"。"对于青少年来说，知识当然重要，但最重要的还是思考能力。我们现在的教育模式最大的弊病就在于不是'学思'，而是'学答'——学答问题。我们聘请了很多的老师去设计题库给出答案，然后把它拿给学生，让他们死记硬背。做学问就是要学会'问'，问，思考就在其中。你如果不是学'问'，只是学'答'，把人家做好的答案再答一遍，有什么意义？只是学答，这等于是只活在别人思考的结果里。学答学得再好，也只能是'青出于蓝而止于蓝'，要想'青出于蓝而胜于蓝'，除'学思'、'学问'之外是没有别的办法的。必须加大深化教育体制改革的力度，加大高考改革的力度，来解决这个问题。我们不是要建设创新型国家吗？创新从哪里开始？创新从提问开始。学会思考，则前途光明。"① 正如王夫之所言："信者以坚其志，疑者亦足以研其微。"而且"学非有碍于思，而学愈博则思愈远；思正有功于学，而思之困则学必勤"。

康德也曾在《论教育学》中指出："人的教育不能只是简单地、机械地接受训练，最重要的是要使儿童学会思考。""没有批判性思维和独立思考的能力，公民就很容易成为教条主义者和欺诈骗子的牺牲品，成为用简单方式处理复杂问题做法的传播者。"② 但培养批判性思维能力与知识的学习不能分离，一方面知识是思维的基础，是思维加工的原材料，没有知识思维片刻都无法进行，就像建设高楼大厦没有砖瓦一样。但另一方面拥有一堆堆的砖瓦却并不等于已经建成高楼大厦，思维能力正是把这些"砖瓦"转变为"高楼大厦"的现实力量。正是思维的作用，知识才成为有益于人们生产和生活实践的东西。而离开思维能力，一堆堆知识的"砖瓦"不过是些原始的材料，难以发挥应有的价值与意义。总之，尽管智力的发展必须在传授知识的基础上完成，但恰恰是理性，通过人的思考的作用，将感性认识上升为理

---

① 柳斌：《求解"钱学森之问"》，《中国教育报》2010年11月25日。
② 〔美〕美国科学促进协会：《面向全体美国人的科学》导言，中国科学技术协会译，科学普及出版社，2001。

性认识，以反映事物的本质及其内在规律性，并能"为吾人构造概念及定概念间之关系"。因此，"理性之作用，为吾人智力作用中之最高者"。其中"智力"，就是"思索之能力及语言之能力"。智力发展之"最高者"，即是"理性之作用"，理性是一种"特别之智力"，它有着"自直观之观念中造抽象之概念，及分合概念之作用"。所以，理性就是一种思维的能力，正是国学大师王国维所说的"思索之能力"。但王国维也同样重视教学过程中对学生知识的培养，要求给学生以"完全之知识"，因为他认为发展智力不仅"有心理上之意义"，而且"物之可以析"，知识是可供人们进行思维活动的现实力量。"偿我以知识"，而"慰我以怀疑"。疑，就是思考活动，知识是怀疑的基础，同时学习知识又是释疑的过程，也就是发展智力、发展"思索之能力"的过程。凯特林（Charles F. Kettering）指出，"发明是智力和材料的结合。你用的智力越多，你需要的材料越少"。也是在说智力、思考的重要意义。

无论是分析探究还是整体把握，都必须以思考为先导。科学研究的重大发现绝不是单一的、特别的方法起作用。不过有科学方法的引导至少不会盲目，这就是科学的分析方法与整体论的方法论相互协调与统一。一方面建立在知识基础上的刨根问底、探寻事物究竟的怀疑精神是可贵的，不这样就不可能深入事物内部进行细致分析，因而应鼓励那种敢于离经叛道、敢于冒犯权威的精神，鼓励思想自己的思想，鼓励做自己思想的主人；另一方面在分析基础上的综合方法也同样重要，没有分析后的综合就不能把握事物的全貌。

第四章 科学课程设计的认识论偏差

以上对科学课程设计的历史考察反映出,传统科学课程囿于技术性处理的痕迹明显,整体上缺乏科学课程的文化思考,表明客观主义知识观与认识论对传统科学课程设计的深远影响。这种影响具体表现在四个方面:一是科学课程观的褊狭,二是科学课程结构的逻辑发展单一化,三是科学课程方法的局限,四是科学课程评价的重结果化倾向。

一 科学课程观的褊狭

在实证主义哲学观的支配之下,科学观念被实证地简化为纯粹事实的科学;科学课程也自然地追求科学知识的严整体系,正是科学课程观褊狭的基本表现。是说对实验事实和经验知识积累的偏见,使人们对知识的认识具有封闭、孤立和片面的倾向,似乎知识是确定、确实的已经存在于那里的东西,只等待人们去发现、只等待人们去认识。对科学的盲从和对知识理解记忆的追求,正是科学主义或"技术理性"在课程领域的反映。

（一）科学主义的局限性

科学主义意味着"根据经验主义的哲学，科学为我们认识人类以及人所生活的世界提供了唯一的方法"①，而且人类一切问题都会随着科学的发展而迎刃而解。但人们对科学的崇尚，却无法掩盖科学日益彰显的局限。因为"科学的手段是分析，目的是构造"②，知识实质上是一种产物，一种构造，而不是一种揭示。因此，有人认为，我们正在利用分析法摧毁我们试图理解的每一件事物，却很少能找到答案。对此，马斯洛也在《动机与人格》一书中指出，"还原性原则……仅仅是原子科学的一种反应或说明。对于这种机械的世界观，我们有足够的理由表示怀疑"。

追根溯源，从伽利略开始，科学的分析方法就试图使人们相信，实在的世界只不过是运动中的物质微粒，同阿奎那认为世界的组成——真、善、美似乎毫无关系。但一个非物质的、无展延的心灵何以能了解运动着的物体？当然，19世纪科学的胜利，在一般人看来，一个接着一个，显然进展纵然缓慢却是所向无敌，似乎人类控制自然的能力的扩展没有止境；使人们毫无理由地认为扩大控制自然的能力所用的机械原理，足可以解释整个宇宙的奥秘。也使多数科学家以为科学所揭示的物质、它的性质及其间的关系，就是终极的实在，人的身体或许偶尔为心灵所控制或影响，但也不过是机械结构而已。尽管许多物理学家在考虑科学的基本概念时，也认识到这些意见经不起严格的考验，只是便利工作的假设，但在实验室与实际生活里，却很少有机会从哲学的角度表示怀疑。

---

① 〔美〕约翰·杜威：《人的问题》，傅统先、邱椿译，江苏教育出版社，2006，第154页。
② 〔日〕永井成男：《分析哲学》，李树琦译，中国社会科学出版社，1992，第2页。

科学课程设计的认识论考察

正如马赫所言：科学只能把人们通过感官了解的自然界构成模型，力学绝不像某些人所信赖的那样当然是关于自然界的最后真理，它只是形成上述模型的一个特定角度。因为物理科学的方法是分析的，即对事物从各个不同侧面——化学的、机械的或生理的——逐一进行考察，而且在每一角度都需要把探究的题材分析成简单的概念，诸如细胞、原子、电子以及它们相互间的关系。但生物学表明生物都是以一个有机的整体而存在，人对自身这种存在的统一性有切实的认识。科学方法却不能对这种统一的意识进行充分研究。因而在生理和心理学实验室，一方面似乎科学研究的任何进展依赖于假设——人不过是一架机器，动物受制于物理学和化学的定律；另一方面，也有人满足于在实验室中把人看做机器，而在日常事务上则把人当作具有自由意志和责任的个人。或许这不合逻辑，但也许是真正科学态度的表现。这样看来，排除情感的自然科学的研究方法，即把观察、实验与逻辑推理有效结合起来的方法，尽管在19世纪的人们看来，对许多学科研究都极合用，也不失为寻求真理的诚实尝试，但哥白尼的胜利，以及牛顿解释天体运行现象的惊人成功，终究使他们夸大了这种方法的力量。比如，作为人——这一心灵和意识具有高度统一的整体，不能完全用科学的分析方法来研究，而是还需要哲学上的综观全局的观点，这样才能"凝视生命，看到生命的整体"，并了解真、善、美的内在意义。

总之，牛顿时代，由物体间的相互吸引力解释了太阳系一切庄严的运动，尤其是18世纪法国哲学家把牛顿的科学变成机械论哲学。机械论哲学认定，整个过去和未来，在理论上都可以计算出来，从而人也变成一架机器，意味着有生命的机体的功能可以用物理和化学的原理来解释。并且当人们发现物理学作为一切自然科学中最基本和最抽象的科学，可以用其术语来表述愈来愈多的东西时，人们就更加相信

第四章 科学课程设计的认识论偏差

这种基于分析的新的观察和实验方法，认为对于一切存在都可以完全从物理和机械的角度加以解释。但日常生活中的人毕竟是一个自由的、负责任的主动者。尽管科学概念，与科学的抽象推理及学说有关，也有其逻辑推理的必然，但科学上的决定论却是谬误之表现。不用说生物机体无法用纯机械论来解释，单是宇宙，尽管从力学的抽象观点来看，可能完全是机械性的，但从人们的心灵方面来看，由遥远星空射来的光线，让人意识领悟到它的明亮、它的色彩，这种美好的视觉感受，就不是机械的，也不是物理的。物理科学作为一个抽象的体系，不论有多么伟大和不断增长的力量，永远不可能反映存在的整体。科学可以介入甚至批评许多领域，但要想观照生命，看到生命的整体，或许仅有科学是不足够的。

因此，"科学被分为若干部门，是一种牵强的办法。各不同学科，仿佛是我们对于自然界的概念上的模型的截面——或更确切地说，是我们用以求得一个立体模型观念的平面图。一个现象，可从各个不同的观点来观察。……神经冲动，可以从物理的、生理的或心理的观点来研究，而不能说某一观点更为真实"。[1] 不仅物理学并非唯一的科学，而科学自身，也非唯一的经验方式。力求接近实在的综合方法，也如分析方法同样有效。或许"还需要一个临时的实在论阶段，来把科学体系重新改造，建立在机体这一最终概念的基础上"[2]，以避免完全的机械论把科学所本来需要的抽象，误认为具体的实在。尽管抽象是分析所必需，但由于从自然界及经验观察构成抽象时，必须把抽象以外的次要部分略而不谈。因而，抽象之后的科学图像是不完备的，而整个存在图像的不完备性就更加明显。但自然界具体存在的实体是

---

[1] 〔英〕W. C. 丹皮尔：《科学史及其与哲学和宗教的关系》，李珩译，广西师范大学出版社，2009，第449页。
[2] A. N. Whitehead, *Science and the Modern World*, Cambridge, 1927: p. 80.

科学课程设计的认识论考察

完整的有机体,它整体的构造影响其各部分的特性。如一个原子当成为人类机体的一部分时,它的行为由人的作为机体的性质所决定。此外心灵的状态参与整个机体的构造,因而可以改变机体各部分——直至电子为止——的计划。是说一个电子在人的机体内,其行动受到身体的整个计划,包括心灵状态的制约,其特性由它在组织中所处的位置来决定。

因此,整体特性不仅依赖于部分的性质,而且依赖于各部分之间的相互关系,同时对各组成部分产生影响。这样对事物的观念中,尽管不能置分析的结果于不顾,但除非是在研究整体,视内部事件和功能是不可分割的,否则就不会对任何一个事物有完整的认识和描述。毕竟"我们精神的力量永远要超过我们的理解力,否则我们不久就会停止成长。一个不能向上进取并在精神上竭尽全力的人,绝不会攀登到很高的地方"[1]。

知识源于我们的感觉以及我们的感觉所引起的意识变化。意识是一个整体,如果人们愿意的话,可以将其分析为各组成部分,但这一整体总表现为一个结构或一幅图像。而且许多证据表明,这一相似结构同样出现在别人的意识里,表明有一个本原的结构存在于个人意识之外的领域,等待物理学理论去发现。然而,即便我们把基于经验的观察作为物理知识的唯一基础,人们也还是因此主观地选择了那些他们认为是物理的知识,因而这样发现的宇宙不可能完全是客观的。科学认识论研究的是知识的意义,而不是假设的实体。况且"科学并不单纯是认识,它是与宇宙相协调的愿望……与它要探索其规律的宇宙相协调的愿望"[2]。

---

[1] 〔美〕乔治·萨顿:《科学史和新人文主义》,陈恒六等译,华夏出版社,1989,第124页。

[2] 转引自鲁洁著《超越与创新》,人民教育出版社,2001,第316页。

（二）科学课程的科学主义倾向

科学教育作为"一种以活动形式表现出来的社会现象或事实"[①]，从教育学的观点出发被认为"是以传授科学知识为主的教育，以发展学生认识与改造物质的能力为目的，教人辨别客观事实，发现客观规律并运用之以满足人的物质需求"[②]。但受科学主义或科学至上思想的影响，科学课程基本上表现为对单纯知识的记忆和理解，甚至"教育的科学化"运动也志在借鉴科学方法来研究教育活动，企图用科学的方法来观察、分析和处理教育活动中的问题。正如教育科学化的典型代表、德国的拉伊所指出的，教育学应该从思辨中解放出来，运用新的研究方法，这就是：假设、实验和在实践中运用的方法。并认为，教育学只有运用了这种新方法，才能成为一门真正独立的学科。梅伊曼也认为只有用实验的方法来研究教育学，才能使教育学步入科学的殿堂，真正有效地解决教育实践中存在的问题。

科学课程的科学主义倾向在18～19世纪的"科学主义的课程"阶段有最典型的表现。这时的科学课程以获取知识和技能的数量为目标，以自然科学体系本身为课程内容，却由于缺乏对学生心理以及在教育方面的考虑，致使学生对内容消化不了。而且科学进步造成的知识膨胀也容易形成教材分量过重，同时教材由于重视逻辑的系统性，进行学习时，易偏重记忆而忽视理解；易偏重于知识方面的教学，而轻视学生社会性发展和身心健康发展的需求。这样尽管学习了各种学科的教材，却难以发展起解决现实社会上各种问题的必要能力；还由于教育方法划一，不能兼顾学生潜能与个性的差异进行教学；以及由

[①] 吴俊明等编著《科学教育基础（第一卷）》，科学出版社，2008，第31页。
[②] 吴黛舒、宋广文：《教育发展中人文精神与科学精神关系的历史演变》，《华东师范大学学报》（教育科学版）1997年第1期，第75页。

于学科的类别较多，都致使学生很难将学习的成果进行综合与统一。

其实以"科学的人文主义的课程"标榜的美国 PSSC（物理）课程，其科学主义意味也依然浓厚，致使对于那些将来不能成为科学家的，即普通儿童来说，只能使他敬而远之，选修人数显著减少。在美国的中学阶段，第七和第八学年开设的理科，通常称为普通理科，从第九学年开始，大多设分科理科。调查数据显示，20 世纪 70 年代，在初中阶段（7~9 学年）学习普通理科的学生能占到 30%，但在 10~12 学年期间，学习物理学的学生减少到 15%。[①] 西尔伯曼（Silberman, C. E.）很早就觉察到这种气氛和学校的现状，于是在他的著作《教育危机》（1970, Silberman, C. E., Crisis in the Classroom, Randam House.）中批评说，这类课程无视教育思想史，是科学主义的，并主张恢复儿童的权利。

被称为教育现代化的研究成果的 PSSC 物理，以科学的基本概念为核心，由于特别强调要理解物理学概念之间的相互关系、经验与实验之间的关系以及某些物理概念与一般原理的关系等，因而去掉了日常生活经验和实验性内容，主要重视科学结构和科学方法。所以，即使该课程是主张让学生通过自己动手进行的实验活动来学习诸多物理"定律"和概念，但最终还是让绝大多数学生望而生畏、望而却步。

PSSC 物理的内容及其安排（《PSSC 物理的内容》详见附录 5）还表明，PSSC 物理与其他学科如化学毫无联系。人们普遍认为正是这一点使 PSSC 物理陷于困境，正如西尔伯曼所言："学术上的狭隘，致使这次改革比一部分改革者的期望要狭隘得多。"

科学主义倾向同样表现在其他学科中，比如"出于对科学化的片

[①] 〔日〕木村仁泰：《发达国家中小学理科教育》，曲程等译，春秋出版社，1989，第 6 页。

面理解,简单地把自然科学的规律(准确地说,可能是经典力学的概念、规则和原理)当作与语文学科共同的规律来贯彻运用,一味追求客观性、确定性、抽象性和标准化,把具有主观性、具体性、形象性、充满个性差异的精神世界的东西处理到了物理世界。还原论的思想原则和对线性序列的过度崇拜,导致了无休止的分析和机械烦琐的操练,伤害了学生在语文学习中的兴趣和创新意识"[1]。

二 科学课程结构的线性逻辑特征

毫无疑问,泰勒于1949年出版的《课程与教学的基本原理》,奠定了"课程探究的时代基石"。以至于从20世纪70年代开始,尽管泰勒原理遭受到来自各方面的批判,但正如 Tanner et al. 所言,那些批判泰勒的人也在使用泰勒原理。所以泰勒关于课程设计的四个方面:(1)学校教育应力求达到怎样的教育目标?(2)达到这些目标需要为学生提供何种教育经验?(3)组织这些经验的有效方法是什么?(4)如何确定这些目标正在得以实现?是任何课程设计所无法绕过或回避的基本问题,其中学习内容的选择与组织以课程结构的形式表现出来,是课程设计的关键环节,它不仅承载了课程设计者的课程理想、价值观念,而且是技术的、价值的与艺术的综合作用的结果。

(一) 科学课程对学科基本结构的强调

传统科学课程突出强调了学科的基本结构。但课程知识体系毕竟

---

[1] 吕立杰:《国家课程设计过程研究——以我国基础教育"新课程"设计为个案》,教育科学出版社,2008,第185页。

科学课程设计的认识论考察

不是学科知识体系的简化与浓缩,课程选择什么,如何建设以及对课程本质的揭示才是课程设计的依据与可能。课程设计也只有在这种意义上才能充分体现出独特的创造性,但它不是创造出一种新知识,而是基于已有的知识体系构建出一个新体系,这种体系不仅能表达出我们赋予教育的任务,而且具备学科自身的传承性,是一种教育观念与学科体系的相融合的创造。[①]

但由于学科内容是课程的实质性硬核,事实上也的确是学科专家在主导着课程设计,因此尽管泰勒原理的课程目标存在学生、社会、学科三个来源,但实践中被考虑的就只有一种——学科,而"学生固然重要,但在课程开发的过程中,扮演真正的核心角色,简直太遥远了……而且在审议的过程中,社会简直是从未出现过的"[②]。

比如王兼善编的《物理学》(1913年,商务印书馆)总目录

第一章 绪论

物理学之界说,物质与能力之别,物质之通性(物质不灭、填充性、不可入性、质量及重量、惯性、有孔性、可分性),能力之要性(能力不灭之定律),物理之分类,物质之三态

第二章 声学

Ⅰ.成声之理,振动(横振动、直振动、掠振动、单弦振动),传达(声浪、密部及疏部、浪长、等相位、振幅、振动周期)

Ⅱ.声之速率(气体传声之速率、液体传声之速率、固体传声之速率)

Ⅲ.声浪进行遇阻力之后果,反射、屈折、干涉及升沈(沉)

[①] 吕立杰:《国家课程设计过程研究——以我国基础教育"新课程"设计为个案》,教育科学出版社,2008,第187页。

[②] 王文科:《课程与教学论》,五南图书出版公司,2002,第255页。

Ⅳ. 强迫振动及感应振动　共鸣（球形共鸣器）

Ⅴ. 乐音　音之高低，音之强弱，音色，音阶

Ⅵ. 各种振动体之研究　弦线振动之研究，空气柱振动之研究，板凳振动之研究

第三章　光学

Ⅰ. 光之直达及速率　光之直达（像与影之别），光之速率（飞氏之法）

Ⅱ. 光之强弱　因物体离发光体之远近，因射入角之大小，因各种发光体之不同（本生光度表、标准烛、烛光）

Ⅲ. 光之反射　光线反射定律，平面镜之反射，球面镜之反射（凹面镜、凸面镜、中心点、焦点、共轭点），球面镜所成物体之像，附球面收差（反射曲线）及散光

Ⅳ. 光之屈折　光线屈折定律（屈折率），光线经过平面厚玻璃之屈折，光线经过三棱镜之屈折，光线经过透镜之屈折（透镜、聚光透镜、散光透镜、双凸透镜、双凹透镜、平凹透镜、光点、副轴、焦点距离），透镜所成物体之像（单显微镜、复显微镜、星学远镜、加氏远镜），附球面收差及临界角（全反射）

Ⅴ. 光之分散　分光镜、光带分三大类（连续光带、辉线光带、吸收光带、光带分析术、发氏黑线），关于分散数起数种紧要现象之释明（成虹之理、正虹、副虹、色收差、灭色透镜），附颜色之研究（补色、原色）

Ⅵ. 成光之理　光系一种波浪之作用，光浪发生之根源，光浪传达之媒介（以太），光浪之状况

第四章　固体力学

Ⅰ. 运动学　数种紧要名称之界说，等速运动之公式，等加速运动之公式，数速率之合并，速率之分解

Ⅱ．动力学　数种紧要名称之界说，奈端运动之定律，奈端运动第一律之讨论（惯性律、离心律、向心力），奈端运动第二律之讨论（绝对标准、重力标准、达因、榜度），奈端运动第三律之讨论（主动力、反动力），物体关于吸力之运动（吸力、地心吸力），坠体之运动（物重之公式、坠体速率与时间相关之公式、坠体所经之路与时间相关之公式），摆之运动，奈端吸力之定律

Ⅲ．静力学　二力之平衡，三力之平衡，数力之平衡，重心，物体之三种平衡（安定平衡、中立平衡、不安定平衡）

Ⅳ．工作及能力之研究　工作［爱格、尺磅度、克厘尺磅、佳尔、工（功）率、马力、瓦德、千瓦德］，能力（位置之能力、运动之能力）

Ⅴ．机械学（机械、主力、抵力、机械之力、机械之定律、有效率），杠杆（杠杆之种类、杠杆机械之利、关于杠杆类之数种紧要器械），滑车（定滑车、动滑车、数滑车之合并），轮轴，斜面，尖劈，螺旋（旋距）

第五章　流体力学

Ⅰ．关于液体中分子力之研究——凝聚力、表面张力、微观之现象

Ⅱ．关于流体中压力之研究——巴氏流体传力之定律（水压机），由地心引力所起之压力之研究（密度、液体静止时之面、连通管中之液体）

Ⅲ．关于流体浮力之研究——亚几墨德氏之定律，密度之测定法（比重瓶浮秤）

Ⅳ．关于空气压力之研究——空气有压力之证明，空气压力之大小，气压表、各种唧筒，附波以耳氏之定律及空气之浮力（气球、飞艇）

第四章 科学课程设计的认识论偏差

第六章 热学

Ⅰ．热与物体涨缩之关系——物体涨缩之试验、寒暑表、物体之涨率（长短之涨率、面积之涨率、体积之涨率、固体之涨率、液体之涨率、气体之涨率、查尔氏之定律）

Ⅱ．比热之测量法（加路里、比热）

Ⅲ．热与物体变态之关系——融解（融解度、隐热、融解热），气化（蒸发、沸腾、气化热）

Ⅳ．热之传布——传导、对流、辐射（热射轮）

Ⅴ．热与工作之关系——工作可变为热（佳尔之试验、工作当量），热可变为工作（汽机）

第七章 磁电学

Ⅰ．磁之要性——关于磁之要性之试验，附磁之原理

Ⅱ．电之要性——关于电之要性之试验（阳电、阴电、验电器、传电体、不传电体、感应作用），附电与磁之要别

Ⅲ．数种发电之要法——起电盘（火花），起电机（弗氏起电机），电池（电流、弗氏电池、雷氏电池、本生电池、戴氏电池、重铬酸电池），发电机（发电子、电磁石、反向器）

Ⅳ．量电之法——电器单位（可伦之定律），电位之差（动电力、弗打、弗打表），电流之测量法（阻力、欧姆），电池之接线法（异极接线法、同极接线法），电器容量（蓄电池、莱顿瓶）

Ⅴ．数种工业上之紧要电具——电铃，电报（发信器、受信器、电报字母、无线电报、电浪、夸希拉），电话，电灯（白热灯、弧灯），爱克司光线，模托

尽管如前章所述，该书由于联系生活实际较多，而且叙述方法"理论常由试验引出或以试验讲之"，所以对实验相当重视，物理学上

的规律是由实验得出的,而不是把物理定律一条一条的死记,不仅使学生理解并习得知识,而且使他们了解知识的来龙去脉,因而当时许多学校都乐于采用。以至于1913年商务印书馆出版该书之后,同年10月就再版,至1922年,该书就再版17次之多。但即使这样,就这一时期由于总体对理解和把握完整的科学知识体系的需要而言,科学课程还是更多地强调对科学概念、规律的把握,追求较完整的科学知识体系,而对科学方法与科学精神明显关注不够。

新中国成立后高中物理教学内容的演变状况(以其中几个部分为例),也同样着重强调了"学科的基本结构"(见附录6)。由表中可见,就课程内容的选择与组织而言,几次改革中都基本上没有太大的变动,仅仅是章节分布的不同,却"很少从课程设计自身的问题探查……编写者为突出重点而进行章节顺序的变换,或为分散难点而进行的知识点的移动"①,都几乎唯一地强调了学科知识的基本结构。

这种强调学科"惰性知识"传授的科学课程设计,对科学方法的掌握,形同虚设,更不必说科学精神。至少"建国后,我国的分科科学课程总体上是忽视科学方法的,直到1992年的《九年义务教育全日制初级中学生物教学大纲(试用)》中才开始提到,要培养学生'掌握一些科学方法',但是教学大纲中并没有提到需要掌握哪些具体的科学方法、科学方法以哪些内容为载体,以至于科学方法无法落实在课程内容中,形同虚设。而物理和化学的教学大纲中,根本就没有科学方法上的要求"②。高水平的教师或许会把科学方法渗透在具体内容之中,而更多的教师可能就不会去考虑科学方法的问题。因此,初中

---

① 杨宝山:《我国基础教育教材的建设:历程与建议》,《课程·教材·教法》2010年第11期,第15页。
② 潘苏东:《从分科走向综合——初中阶段科学课程设置问题的研究》,中国轻工业出版社,2004,第87页。

生在科学方法方面获得的教育几近空白,而即使一些悟性好的学生自己悟出一些科学方法,也大多是支离破碎的。而方法显然是比单纯知识的积累更重要的东西,因为"一个能保持正确道路的瘸子总会赶上走错了路的健步如飞的人"。

调查数据显示(附录4第5题):初中教师的52.08%、高中教师的58.14%,认为理科课程的主要内容是科学知识。认为理科课程关注科学方法的初中教师占35.42%,而仅有23.26%的高中教师认为当下理科课程关注了科学方法。

(二)学科基本结构的线性逻辑发展

课程知识组织的内部结构同样明显地反映了知识累加的线性逻辑特点。借助于概念结构图可以形象地揭示出这一点,比如,分科的《物理》教科书中"力"这部分内容的概念结构可以用图4-1表示。图中显示,这部分知识以"力"为核心,其他所有部分都围绕它逐层分化。但图示表明这些概念之间基本上是纵向的线性逻辑关系,仅有少数的横向联络,如仅存在于浮力和液体压强、弹簧秤和力的大小、方向以及与重力方向之间。表明分科科学课程基本上是以不断分化为内容组织的原则,结构几乎是直线式的分化,缺少联系与交叉。这种状况往往会使学生的思维简单化、线性化,缺乏综合性的横向思考。与这种方式相应的概念阐述就一般不是在情境中进行,而是先提出概念,然后列举概念在生产实践中应用实例,比如轮船、船闸等,从而是演绎逻辑的思维方式。这种缺乏情境性的阐述方式,容易造成学生对科学概念的机械性学习。[①]

---

① 潘苏东:《从分科走向综合——初中阶段科学课程设置问题的研究》,中国轻工业出版社,2004,第139页。

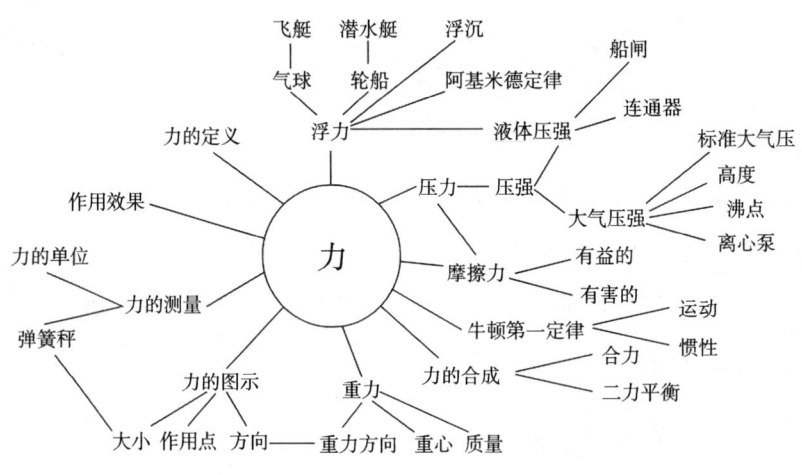

图 4-1 分科课程《物理》中"力"的概念结构图

相比较之下,《德国综合理科》中"水"的概念结构图(图 4-2 所示),以"水"为中心把与水有关的各个方面知识联系起来,不再是"树状分叉",而是呈拓扑状。概念之间不仅有纵向联系,更有横向关联,因此,整个概念图看上去"错综复杂",明显不像前一个结构图那样"简明清晰"。在体现"不断分化"的概念分化的同时,更重要的是把相关概念横向交错地联系起来,从而对水的认识和把握是从各个角度全方位、立体地进行。如力分为毛细力、附着力和表面张力;以及水的形态、水循环、蒸发、蒸腾和水蒸气之间的复杂联系。体现了"综合贯通"同时兼顾"不断分化"的内容组织原则。

再如美国义务教育教科书《科学探索者》——"电与磁"分册的内容选择与组织,从它的目录的安排中,就充分体现了知识结构的内在关联。其中"活动——学科探索"部分中"长在树上的电"的内容设置就充分体现了这一点(见附录 7)。

耐人寻味的是(附录 4 第 15 题),被调查初中教师的 62.50% 认

· 152 ·

第四章 科学课程设计的认识论偏差

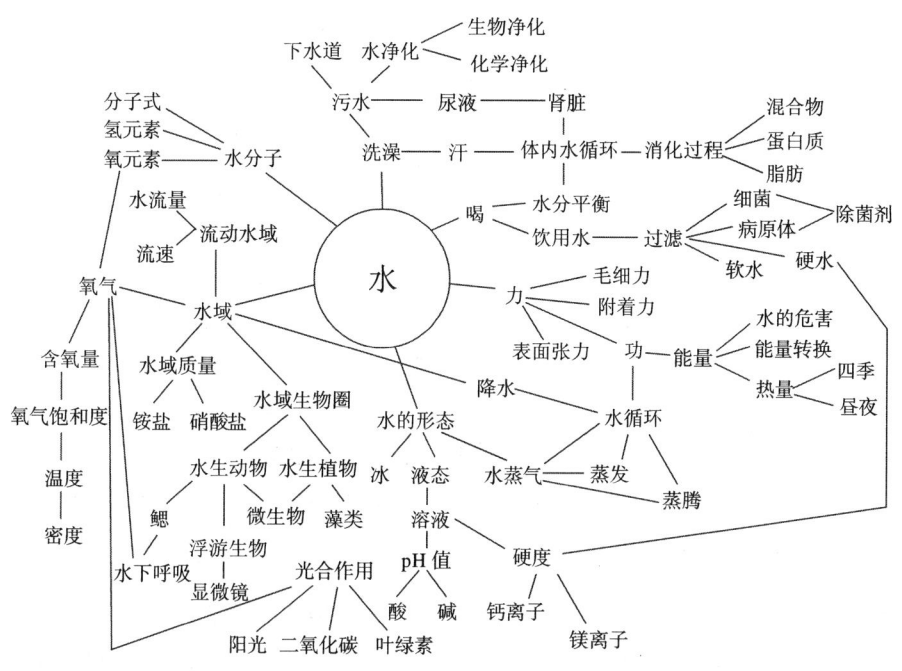

图 4-2 《德国综合理科》中"水"的概念结构图

为理科课程设计就应该遵循学科知识体系的逻辑发展线索;被调查高中教师的 44.19% 也持有同样的观点,如表 4-1 中所示。

表 4-1（A. 应遵循学科知识体系的逻辑发展线索　B. 关注学习者需求　C. 优先满足社会发展的需要　D. 是包括教师参与在内的动态生成过程）

		A		B		C		D	总人数
初中教师	30	62.50%	16	33.33%	10	20.83%	17	35.42%	48
高中教师	19	44.19%	7	16.28%	9	20.93%	13	30.23%	43

科学课程绝不是不重视学科结构。因为像物理、化学等自然科学方面的进展,从来就需要建立一套可据以推导各种特性的基础理论与

方法范例，甚至可能有某种自然的、"先天的"组织知识的方式，用它来研究"事物"的门类会比用它来研究人们的专业、行为与意向更为有效。但正如布鲁纳所言，"学习结构就是学习事物是怎样相互关联的"，而不是概念、原理和规律的简单堆积或直线式的累加。因此，仅仅强调知识的累积不是真正学科结构的表现。总之，就科学课程而言，认为关注科学知识就充分关注了学科结构只是一种误解。事实表明不强调知识之间互相交错、相互支撑的联系的讲述方式，不可能真正抓住学科结构的基本精神。

三　科学课程实施方法的局限

科学课程方法的局限表现在如下四个方面：一是接受式学习方式易使学生成为知识被动的接受者；二是学科基本结构的发现式学习机制不够清晰；三是建构主义学习方式的微观机理不够明确；四是观念转变理论缺乏对非认知因素的思考。

（一）接受式学习方式易使学生成为知识被动的接受者

接受式学习是人们最熟悉、影响也最深远的一种学习方式。接受式学习方式以实证主义及客观主义认识论与知识观作为其思想基础，即相信世界客观存在，科学知识是对世界的绝对正确的表征，能够由实验加以验证；而且相信知识可由教师原封不动地传授给学生，使他们通过记忆掌握牢固的"客观"知识以认识世界。因而客观主义知识观支配下的科学课程，其内容多以"结论"的方式呈现，具有鲜明的知识传递的倾向，有利于教条式灌输或接受式学习的进行。相应的教育被理解为作为知识传授者的教师将知识"传递"给学生的过程，学生被视为被动的知识接受者。因而从教师在教学过程中的角色及师生观上来看，教师被视为知识的来源，学生则是被动的接受者。因此，从教学方法上来看，突出教师对事先精心准备好内容的讲授，学生则以倾听、记忆和演练为主。于是，相应的教学评估方法就是强调博闻强记、以卷面考试为主，考评结果取决于记忆效果的好与坏。从而难以避免学生"死读书、读死书、读书死"的尴尬局面。

（二）学科基本结构的发现式学习机制不够清晰

针对突出学科基本结构的科学课程，布鲁纳在《教育过程》中倡导"发现式"学习。他指出：掌握某一学科领域的基本概念，不仅包括学习一般原理，而且也应包括培养学生对待学习与调查研究以及对待独立解决问题的态度。正如物理学家深信自然界的基本秩序一定存在并确信这种秩序能够被发现一样，青年学生如果要把他的学习组织好，使他所学到的知识在他的思维中有用和有价值，他就需要具备一点关于这种态度的正确认识。教师要在教学过程中培养学生这种态度，就必须教给学生比单纯地提出基本概念更多的东西。教师要完成这一艰巨的教学任务，一个至关重要的环节就是要保持学生对于发现（discovery）的兴奋感，这就是由于学生发现概念间的之前未曾了解到的关系以及相似性的规律，而感受到的对自身能力的自信感。于是，曾经从事于数学与自然科学课程设计的许多工作人员，都极力倡议在提出某个学科的基本结构时，最好保留一些令儿童兴奋的部分，以便引导儿童自己去发现它们。

如已有强调发现的重要性，把它作为教学的一种辅助手段，并积极地设计方法，便于学生自己去发现隐藏于某种特定的数学运算中的法则。还将这种发现法同"断言和证明法"（就是先由老师讲述，然后由学生加以证明）相对比。再如社会学科所进行的一些实验，"一个已经学习了东南各州的社会和经济地理这个传统单元的六年级实验

科学课程设计的认识论考察

班，开始学习北方中央地区，学生要在一幅绘着自然特点和天然资源但没有地名的地图上找出这个地区主要城市的位置。最后在课堂讨论中，学生很快地提出许多有关城市建设要求的似乎合理的理论：一个水运系统，把芝加哥放在三个湖的汇合处；一个矿物资源理论，把芝加哥放在默萨比山脉附近；一个食品供应理论，把一个大城市放在依阿华（艾奥瓦）的肥沃土地上，等等。实验班在兴趣的浓厚程度和概念的完善程度方面都远远超过控制班。然而，最显著的则是儿童的态度。对他们来说，城市的位置第一次成了一个问题，并且是能够经过思考发现答案的问题。不仅在研究一个问题时会使人感到愉快和兴奋，而且，最后，至少对于过去想当然地看待城市现象的市区儿童来说，这种发现是有价值的"[1]。

可见布鲁纳所倡议的发现法并非拘泥于"形式化"的对确实知识的发现，相反，其精神实质是激发学生思考，从而使学生自己发现问题的答案。但人们对"发现式学习"的理解往往存在偏差，以至于在实践中践行的发现式学习，多半是指发现那些确定的、已经存在于那里的东西，或者是别人已经都知道而仅仅是发现者不知情，或者有时也是发现者自己就事先已经知道要发现的东西是什么，而仅仅要体验或感受一下当初科学家"发现"它们的过程而已。如"探究与发现法的本质区别在于前者没有确定的结果，而后者预先将知识作为结果。第一次科学课程改革浪潮曾试图将知识教学与发现法统一起来，结果遭到失败，原因就在于此"[2]。可见这种观点中的"发现法"就基本上是这种特征，而人们通常所理解的发现法一般也就是停留于这一层面，即发现法旨在"发现"学科的基本概念、原理和规律的体系。因

---

[1] 布鲁纳：《教育过程》，邵瑞珍译，文化教育出版社，1982，第38~40页。
[2] 郭玉英：《从传统到现代——综合科学课程的发展》，北京师范大学出版社，2002，第75页。

此，这种意义上的发现法已与布鲁纳倡议的发现法有所不同，而缺乏挑战性，缺乏激励思考的机制，从而失去"发现"的积极意义。

事实上这种状态的发现式学习仍然受客观主义知识观的支配，相信知识"客观"存在，是有益于人们的东西，可以被认识；人们通过努力掌握知识，可以为自身生活的便利服务，因此人们在有生之年掌握的知识越多越好，知识无止境。教师传授更多的知识、学生掌握更多的知识，成为人们的不变追求。认为这种发现法，有利于人们学习更多的知识，"发现"更多的真理，以达到智慧的境地。所以停留在这一层面的发现式学习具有很大的局限性。但人们对发现法如此解释似乎又是可以理解的，一方面布鲁纳没有对发现法的内涵与外延以及产生的机制给予清晰的界定；另一方面布鲁纳极力强调学科的基本结构，即基本概念、规律和原理的体系。因此，使人们很容易产生错觉——发现法就是发现学科的基本结构，即学科基本概念、规律和原理的体系。

（三）建构主义学习方式的微观机理不够明确

尽管世界客观存在，但人类对世界的认识，即科学知识却具有鲜明的主观建构性。建构主义依据更具说服力的研究主张：知识是发展的，是内在建构的，学习者在认知、解释、理解世界的过程中建构自己的知识，即"学生在已有图式或观念的基础上建构他们自己的知识"（Airasian，1997），而不是简单接受、承载知识的容器。因而鼓励学生在个人经验基础之上自我建构知识，从而强调学生自己对知识建构的动态生成过程。

新西兰学者诺拉（R. Nola）认为，著名的苏格拉底的"产婆术"就是以提问的方式促使学生自己思考问题，发现真理的过程。伽利略也曾经说："你不能教给一个人任何一件事情，而只能帮助他依靠他自己的努力、利用他自己的力量发现事物的性质。"意大利哲学家维

科学课程设计的认识论考察

柯（Gianmbattista Vico，1668-1744）强调，"认知"意味着知道如何建构……人们只有在知道某件事的构成时才可以说知道了它。因而"知识基本上就是建构"。"认知就是思维中的生产（即在思维方式中），而这种生产应当是，它重新建构了现象产生的方式"即"知识绝不是实在的简单摹写，而总是通过主体活动进行建构的结果"[1]。因此，"教学的艺术与知识的运输毫无关系，它的根本目的必须是促进学习的艺术"[2]。

从知识观上来看，建构主义相信个体知识的内在建构性质，以及个体知识获得过程的社会属性，即个体知识是在与他人的交往中认识世界，在与他人的相互作用中不断调整和修正自己的认识。这样在教学过程中，教师也不再被视为知识的来源，而只是学生知识建构过程中的辅助者、协助者和促进者；相应地，学生是主动的学习者，不再是被动的接受者，而发挥着主体性的建构作用，从而成为学习的真正主人——独立思考、组织经验、建构意义、深化理解。因此这样的课程设计应是突出问题意识、情境创设，为帮助学生对知识的建构创造条件，搭建平台。而相应的教学评估方式就是以过程性评价、动态评估为基本思路，主要采用档案袋、融入教学的技术手段。

当然，建构主义并不否认学生能从讲授中学到知识，其实，每个人都从讲授中学习到很多东西，其中包括许多有价值的知识。建构主义只是提醒我们，"不是说因为我们说过，学生就像我们所计划的那样学到了。学生所学到的东西也许与我们所计划的完全不同"[3]。因

---

[1] 转引自丁邦平著《国际科学教育导论》，山西教育出版社，2002，第182页。
[2] Glasersfeld, E. von (1995). *Radical Constructivism: A Way of Knowing and Learning*. London: The Falmer Press, p. 192.
[3] Bettencourt, A. (1993). The construction of knowledge: a radical constructivist view In K. Tobin (Ed.), *The Practice of constructivism in science education*. Washington, D. C.: AAAS Press, p. 47.

第四章 科学课程设计的认识论偏差

此,即使传授者有意要以交流来传授知识,他所传授的概念、思想等也必须经过接受者依据他们自己的经验予以解释,才可以转变为接受者自己的新知识。事实上,中国古代教育家倡导的启发教学法和苏格拉底倡导的问答法,无不体现了建构主义的精神。完全可以说,凡是能够促进学生独立思考的教学方式和方法都具有建构主义的因素。所以,冯·格拉赛斯菲尔德说,优秀教师都在实践着这里所倡导的许多观点,只不过他们没有受益于一种明确的认知理论而已,他们的方法是直觉的却是成功的。因而这里所做的理论说明并不提供改变他们方法的任何东西,而只是提供一种能够与他们过去的教学经验取得一致的理论基础。建构主义正是可以向那些直觉较差的成千上万的教师提供一个完善他们教学方法的可接受的途径。[①]

总的来讲,建构主义者认为知识不仅仅是关于世界的概念、原理和规律的体系,而且还内在地包含认识世界的方法体系、关于世界的观点、对待世界的态度以及情绪等方面。因而以往科学课程方法的局限,就在于认为知识是单方向被动接受的结果,而不是把知识的获得看做实际上是学生自己解释、建构意义的过程。然而,尽管以科学哲学为思想依据的建构主义理论,基于更合乎认知发展规律的知识观和认识论,极有说服力地阐明了认识的建构性质,突出了学生主动建构知识的一面,为科学教学中突出学生学习的主体地位奠定了坚实的理论基础,但该理论却未就知识建构的微观机理做出有效说明。如"同化"或"顺应"过程如何才能发生?可见"它(建构主义模型)只能粗略地描述学习的建构性质,提出关于教学应该如何进行的一种理论纲领,而缺乏对人类知识建构过程的细致说明"[②]。因而,进一步研

[①] 转引自丁邦平著《国际科学教育导论》,山西教育出版社,2002,第196页。
[②] 辛自强:《知识建构研究:从主义到实证》,教育科学出版社,2006,第67页。

究知识的"微观建构"①过程，具有重要意义。也是该理论之所以没有在课程设计中很好落实的根本原因。

总的来看，人们对方法的探索正像卡尔·雅斯贝斯所言，"教师们在缺乏任何统一的教育思想的情况下强化着自身的努力；论教育的新书层出不穷；教学技巧持续地扩充。今天，单个的教师比以往任何时候都更是一个自我牺牲的人，但是，由于缺乏一个整体的支撑，他实际上是软弱无力的。而且，我们的状况所独具的特征似乎是，具有实质内容的教育正在瓦解而变成无休止的教学法实验，这个教育的解体所形成的是种无关宏旨的可能性。人们为自身努力争得的自由正在消散而成空洞无效的自由。一种尝试迅速地为另一种尝试所取代。教育的内容、目标和方法不时地被改变"②。

四　科学课程评价的重结果化倾向

（一）评价依据的唯一性

评价依据的唯一性，表现为实践中往往以对学生的考评结果作为评价科学课程的唯一依据。尽管普通高中物理新课程标准在阐述课程基本理念时明确指出："高中物理课程应体现评价的内在激励功能和诊断功能，关注过程性评价，注意学生的个体差异，帮助学生认识自我、建立自信，促进学生在原有水平上发展。通过评价还应促进教师的提高以及教学实践的改进等。"③但把对学生的考评结果作为评价科学课程唯一依据的现象依然普遍存在。

---

① 辛自强：《知识建构研究：从主义到实证》，第68页。
② 〔德〕卡尔·雅斯贝斯：《时代的精神状况》，王德峰译，上海译文出版社，1997，第95页。
③ 教育部：《普通高中物理课程标准（实验）》，人民教育出版社，2003，第2页。

建立在客观主义知识观、师生观基础上的课程设计，鼓励以教师讲授为主的接受式学习，强调博闻强记，教学评估也自然以卷面考试为主，考评结果取决于记忆效果的好与坏，因此，这种评估只重视考评结果，不重视学生习得知识的过程，甚至以考评结果作为判断学生优秀与否的唯一依据，并作为评判课程成功与否的标准。不仅使评估成为鉴别学生，将学生分类、分等的工具，从而不能在学生发展的过程中，及时、有效地提供对学生有益的帮助；也使对课程的评价失之偏颇。

（二）评价方式的单一化

评价方式的单一化，首先是评价内容单一。评价以知识技能为主，缺乏对体验性目标相应内容的评价，也缺乏对策略性知识的评价。课程标准明确规定了三维目标，但在实践中情感领域的评价目标却很难落实，毕竟对教师而言，寻找证据以表明学生经历了、反应了、领悟了还是存在一定的难度。于是相对于认知目标，情感领域的目标往往被忽视，被认为是"花架子"，不实用。但显然情感对一个人的健康成长具有重要意义。

其次是评价手段单一，评价局限在纸笔测验，用一张试卷评价所有学生发展的所有方面。纸笔测验有其方便易行的优势，但也有明显的缺陷，如对学生的情感、动手操作、与他人合作等方面的考查就存在先天不足。这样"题海战术"就成为师生为了迎合评价要求的最后选择，铺天盖地的试卷与形形色色的习题集依然是中学里最便捷的评价手段与"应试"武器。尽管人们从不同角度或层面呼吁停止"题海战术"，并从政策上加以引导，以减轻学生负担。但努力多年之后的专家学者和教育主管部门的领导依然失望地看到：学生们深陷"题海"、负担繁重。这种现象与高考的导向作用不无关系，因为"高考怎么考，我们便怎么教"已成为教师教学中默认的"定律"。于是就有了如下的逻辑：既然高考是纸笔测验，那么我们以高考为标准进行的各种测验既是实用的，也是适用的。高考题型只有选择、实验和计算题，于是不论正式的评价还是非正式的评价，也就很难看到填空、匹配和判断题。

再次，评价主体单一。在大多数教学中教师是实施评价的唯一主体，即主要是教师评价学生，非正式的评价中也是这样。学生的自我评价和同学之间的评价非常少见，评价工具的缺乏和教师对评价认识的局限是主要原因。也有教师要求学生进行反思与总结，但由于反思或总结往往是在大型考试之后才进行，学生进行自我评价的依据也常常只是考试成绩，这样尽管反思与总结是学生进行自我评定的重要形式，但在我国普遍缺乏对标准参照测验认同的情况下，学生通过自我评价进行自我监控的作用就会受到影响。若反思与总结是在较长的一段时间之后进行，造成信息反馈与学习进程不同步，就更易使自我评价的激励与矫正功能大打折扣。因此，实现评价主体的多元化、让学生学会自我评价、同学间互评的方法，不仅是课程标准的要求而且对学生发展至关重要。

最后，评价目的单一。评价目的单一主要表现为评价设计导向上的甄别、选拔倾向，甚至选拔适合受教育的儿童，缺乏应对学生进行直接指导的观念和措施。从评价目的上看，有为了甄别的评价，有为了选拔的评价，也有为了改进"教"的评价，也有为了改进"学"的评价，不同的评价目的应该有不同的评价设计。但受高考"指挥棒"的强烈影响，即使在日常的测验与评价设计上也同样是为了甄别、为了选拔、为了教师备考。而为了改进学生学习而设计的评价却很少被顾及。在"以学生为中心"的当代教育潮流中，评价也要求以学生为中心，评价是对学生的评价，同时也是为了学生的评价。但评价实践却存在巨大落差。

总之，注重结果的现行的课程评价未能发挥应有的作用。这有历史的、现实的种种因素的影响，其中以高考的影响为最，但显然也与对评价内涵和意义的理解与认识有关。事实上，关于评价的概念，美国学者格朗兰德（N. E. Gronlund）给出如下定义：

评价＝测量（量的记述）或非测量（质的记述）＋价值判断

即评价是在量（或质）的记述的基础上进行价值判断的活动。[①]从而揭示了评价活动的本质。不过围绕不同的评价目的会有完全不同的测量工具设计，而即使采用相同的测量工具，对不同的测量目的而言，又会有不同的价值判断结果。所以确定评价目的或价值取向就是评价中至关重要的内容。但总的来看，重结果的评价一般倾向于甄别和选拔，甚至选拔适合受教育的儿童，而不是更好地为教学服务，促进学生的积极、健康向上的发展。

本章的分析表明，课程设计存在的问题普遍存在于各国理科课程中。原因何在？似乎泰勒提出的四个基本问题早已明确了课程编制的方向，之后的大量研究更足以保证课程设计的顺利进行，像 PSSC 执行委员会组织 100 多位科学工作者、教师等研制的 PSSC 物理系列资料有：教科书、实验指导书、教师用指导书、实验仪器介绍手册、教学影片及介绍手册、课外读物丛书、试题集等七种之多，不可谓不周密，实际上是滴水不漏、异常完美。

但调查表明，70 年代初期美国的课程改革，实际中很难见到最初设计所期望的那种启发学生自己去进行探究的活动。"公立学校的教师们实际上并未能从根本上改变用传统方法进行教学的做法，只不过是貌似神离地采用了新课程，而新课程所规定的指导方法却被弃之于

[①] 陈玉昆：《教育评价学》，人民教育出版社，1999，第 8 页。

一边，未予置理。"[①] 这在某种程度上与我国当下的教育改革实际极为相似。比如调查结果显示（附录4第7题），主要采用理解记忆方式进行理科教学的初中与高中教师分别占到被调查初中和高中教师的31.25%和32.56%；另有62.50%的初中教师和60.47%的高中教师主要采用理解后应用即演绎逻辑的方式进行理科教学；曾运用探索总结即实验归纳的方法进行理科教学的初中和高中教师仅分别占被调查初中和高中教师的27.08%和20.93%。但同时有43.75%初中教师认为当下理科课程有利于开展探究式教学。不过认为理科课程有利于开展探究式教学的高中教师仅占23.26%。（附录4第6题）

ESS（初等科学研究）课程尽管并不是从讨论科学基本概念入手，而是在最初阶段就让儿童接触实物，并引导他们运用这些材料去探究自己周围世界的特点，但也未能幸免没有很好落实于实践的结局。正如ESS课程开发者所说的那样："我们想用比较易于操作并易于得到满足的方法，让儿童们自己去探索丰富多彩的世界，从而研制出一种能把科学的精神与内容二者兼收并蓄的计划。所有的实验器材，都放置在儿童自己的环境里，供他们自由使用。"而且"ESS准备了好几种饶有趣味的教材。……这些教材本来能给那些最敏感、责任心强、富有激情、观察入微的教师们以一定帮助。但我们未能想出足以激发人们立志要成为这样教师的方法。我们很想知道，应该怎样做才能达到这一目的"。

ESS课程极力主张以儿童活动作为学习的中心，但与之前初等学校课程中强调儿童社会生活中的科学或主张科学有用性的立场不同，而是使用研究现代自然科学的方法。比如，在使用干电池和小灯泡来学习基本电路的单元《电池和灯泡》时，发给儿童电池、灯泡和导

---

① 〔日〕木村仁泰：《发达国家中小学理科教育》，曲程等译，春秋出版社，1989，第40页。

线，让他们随意摆弄，从中体验把灯泡和电池连接起来的方法（一般需要几个小时），最终获得关于电路的基本概念。之前的初等物理教育中，从来没有把发现干电池与小灯泡连接起来的方法，作为探究的课题过。这反映了ESS课程的目的，不在于说明连接灯泡的电路在儿童的生活中会有什么用处，而是要儿童们直接去体验进行自然科学的探究活动所获得的乐趣与欢欣。

ESS课程遇到的困难引起广泛关注与讨论。针对ESS课程的困境，西尔伯曼指出："如果学生每天直接接触的那些教师，尽是一些只知道完全依照外部编制的日程表给学生机械地分发辅助教材、幻灯片的人，那么他们怎会懂得如何引导学生去理解科学探索与发现的重要性？探索精神当然需要有共同的目的和直接参加的生气勃勃的态度，如果课程开发者希望自己的努力能得到报偿，那就必须吸引教师参加他们的工作。"不过这些还未必就是导致改革失败的最主要原因。

第五章 科学课程设计的基本观念

建立在新的认识论基础上的科学课程,明确阐述了科学课程设计的基本观念。如前所述,科学课程观的褊狭突出表现为科学课程的科学主义倾向,是建立在实证主义或证伪主义思想基础上的唯知识论主张,是强调学科而严重忽视学生及社会发展需求的极端表现。超越科学主义,科学课程设计应克服学科中心偏向的做法,将学科、学生与社会发展的需求相统一,将课程设计不同理论取向相整合,即课程设计应借鉴各种意识形态或理论取向的合理内核与价值,经由不同意识形态之间的对话,奠定不同理论取向之间理性共识的基础。这意味着要把课程视为有待师生检验的研究假设,突出科学课程培养学生批判性思维能力的价值与作用,强调观念转变理论对科学课程实施方法的指导性。

一 学科、学生与社会发展需求的辩证统一

(一)超越科学主义

1. 注重观察与思考

日本的做法或许能给予我们很多启发。比如,1977 年版日本《初

中课程标准（理科编）》规定初中理科的目标是："通过观察和实验等，培养考察大自然的能力和态度，同时加深理解大自然的事物和现象，使学生认识大自然和人类的密切关系"。

其中第一分野（初中理科由第一分野和第二分野两部分内容组成）的目标是：

（1）发现有关物质和能的事物、现象中的问题，使学生学会在调查大自然的过程中发现规律及说明自然现象的方法。

（2）通过观察和实验，使学生理解物质分为元素和化合物，以及物质由原子、分子、离子等粒子组成，培养对物质的观察方法和思考方法。

（3）通过观察和实验，使学生理解力及电流的性质和作用、物体的运动，以及光、热、电流的做功，培养在自然现象方面同能有关的观察方法和思考方法。

（4）理解身边物质和能的作用，培养在人类有关生活中，有效地运用物质和能的态度。

可见，其重点突出：一是把大自然作为媒介学习科学的方面；二是与以前急于形成概念相比，这一版课程标准认为，莫如不急于形成概念，而是对身边大自然进行观察和实验获得直接经验，使基础概念的形成得以从容地进行。三是继承以往对"科学方法"的强调，认为"科学方法"不仅是获得科学知识的有效方法，而且期望能起陶冶作用，培养学生解决问题的能力。在这种意义上讲，它也成为重要的教育内容。当然，"科学方法"多少有技法方面的过程的意思，用课程标准中的解说就是观察方法和思考方法。

1978年版日本《高中课程标准（理科编）》，规定高中理科的总目标是："通过观察和实验，培养探究大自然的能力和态度；同时，加深理解关于大自然事物和现象的基本科学概念，培养科学的自然观。"具体到《物理》的目标是："在大自然的事物和现象中，对力和运动、波、电和磁以及原子进行观察和实验，使学生理解原理和定律，培养物理学的考察能力和学习态度。"可见，高中理科同样重视培养学生，对大自然的综合的见解和思考方法。

2. 重视对方法、态度和精神的陶冶

在这一方面，法国的经验值得我们借鉴。尽管法国教育有着强烈的唯理主义倾向，强调教育的主要目的是训练儿童养成明晰地进行思考、磨练其判断力和推理的能力，培养其善于进行推理和概括、钻研一般观念的习惯。但法国教育重视方法、态度和精神陶冶的做法，甚至在初等教育（6~12）中就已表现得十分突出。

比如，在1945年12月7日的通报中，对6岁至12岁儿童进行学习指导的内容就特别指出：……第二，为了使青少年能经常处在现实环境中接受熏陶，更要重视个人对事物和现象的观察活动。引导儿童去进行观察，应当是教育者必须遵循的基本原则之一。对6岁儿童正式讲授科学知识未免为时过早，因此，最好是让他们有机会去做更多的用口说、用手画、练习数数或做作业，这样做就可以使儿童能进行适合其能力并富有变化的多种观察，以进一步掌握认识事物的方法。"必须让儿童面向实物，以养成细心观察的习惯，并善于正确表达这些观察结果的能力。"认为直接面向具体现实来培养儿童的观察力和感知力，远比依靠语言和书本广泛收集这样或那样的科学知识重要得多，即培养认识科学现实的方法要比科学知识更重要。虽然把具体事物置于首要地位，但教科书的内容依然非常丰富。当需要对所做的观察进行概括、归纳、了解全貌及其内部相互关系或发现另外的新观点的时候，则利用教科书。如教科书中关于"剪刀"的一堂观察课的内容编排如下：

第二课　剪刀（7~8岁）

实物教材及教具：

剪刀、小刀、厚纸、碎木块

学习：

1. 剪刀是用可调节的螺丝钉固定起来的两条剪子股构成的。每条剪子股的末端都有一个可使剪子开合的圆圈。

2. 剪子的刀刃是斜面的并且很锐利，所以剪刀的两条刀刃应合并在一起放着。

3. 为使用起来顺手，应调节螺钉。

小结：剪刀是用能调节松紧的螺丝钉固定起来的两条带刃的剪子股构成的，两刃的交错可铰断物品。

习题：1. 绘出剪刀张开的和闭合的形状。2. 剪下杂志和目录上的插图。

可见，教科书的内容编排充分体现了重视观察实物的精神，而根本不涉及什么杠杆原理、平衡作用或力矩等抽象的概念。

1978年对"启蒙活动课"（6~12岁）的目的规定如下：

1. 培养身心素质及能力。

2. 培养感受能力。

3. 培养社会性。

4. 培养运用方法论解决问题的能力。

5. 培养从精神上理解事物的方法和从概念上理解事物的方法。

法国中等教育（12~15岁）更加重视思想方法的学习，如"技术课"中讲授《圆珠笔》时，为了使学生了解笔杆和笔芯是怎样组装在一起的，其中弹簧起的是什么作用、笔芯是怎样伸出来的等问题，就需要让学生通过拆卸、组装或用图解来表示，有些重要部分甚至可以让学生把它绘制成剖面图。尤其重视通过讲解各组成部分在其功能上的相互作用以及同步运转、平衡、调节、传动等微妙关系来了解它的构造,学习分析与综合的方法。达到分析思维与综合思维协同训练的目的。

在重视方法学习的同时,也充分意识到,"培养科学态度与探索真理的精神并非轻而易举的,定会遇到重重困难,只有循序渐进地逐步去培养这种精神才行。"因而,"在学习指导方面,培养一个学生必须像培养一个演员那样,始终不辍地进行训练。在学生自己埋头致力于钻研问题的期间,教师尽可能不做正面的指导,而是要做学生的引路人,去帮助学生归纳总结他们的学习活动或及时给以激励,并通过逻辑上的讨论来提高活动效果。"①

(二) 课程设计不同理论取向的整合

1. 意识形态对课程设计的影响

任何形式的课程设计都受一定意识形态的影响,是在一定意识形态作用下进行的,表现出对不同理论取向的倾向性。学习者理论取向有着坚实的人类学与生物学基础,不容忽视;但社会文化需要仍有无可辩驳的优先性。

课程的意识形态是指决定学校教育目标、课程内容与方法的思想体系与信念系统。② 不同意识形态的拥护者在课程领域的立场迥异,任何形式的课程设计也都是在一定意识形态作用下进行的。如注重学科内容的学科中心主义倾向者,是将人类在漫长的岁月中积累下来的学问、知识、技艺等系统知识,视为教育内容选择的重要范围,强调

---

① 〔日〕木村仁泰:《发达国家中小学理科教育》,曲程等译,春秋出版社,1989,第152页。
② Eisner, E. W. *The educational imagination*. (3rd ed.) New York: Macmillan. 1994, p. 47.

掌握"体系化了的人类经验的宝库",强调心智训练;注重社会需要的社会行为主义者,着眼于使学习者掌握社会生活所必需的知识、技能,主张依赖社会分析而非学科或学生分析作为课程设计的依据,强调社会实践活动或社会问题的解决能力;而关注学生自身学习经验的经验主义者,则强调学习者取向的课程设计,主张把学生的兴趣、需要作为课程设计的核心。认为,学习实质上是学习者在与环境的交互作用中创造意义、产生知识的过程,学习成果有赖于学习者的主动介入以及丰富的教育环境的提供。

课程设计旨在把社会发展的客观要求、知识增长的客观趋势和学生成长的客观需要转化为具有适当水准、适当内容和结构优化的课程。因而,课程设计应借鉴各种意识形态或理论取向的合理内核与价值,经由不同意识形态之间的对话,奠定不同理论取向之间理性共识的基础。早在1902年,杜威就强调学习者的兴趣能力、社会需求、学科知识内容等都必须被学校教育人员视为关联的三种课程要素[1]。但这一观点对当时的课程设计并未发生太大影响,以至于"学生固然重要,但在课程开发的过程中,扮演真正的核心角色,简直太遥远了……而且在审议的过程中,社会简直是从未出现过的"[2]。这意味着那时的课程设计实际上只考虑了一种因素——学科,而三种要素相协调却是课程设计的基本要求。

2. 不同意识形态相统一

不同取向的课程设计不是对立关系,而是相互联系、相互作用、辩证统一的。课程设计应借鉴各种理论取向的合理内核与价值。课程设计意识形态的研究,不在寻求解决目前人类所面临各种困境的方

---

[1] 黄光雄、蔡清田:《课程设计》,南京师范大学出版社,2005,第33页。
[2] 王文科:《课程与教学论》,(台北)五南图书出版公司,2002,第255页。

科学课程设计的认识论考察

法。但可以帮助课程设计人员了解课程问题的连续性,避免过去所犯的错误,如过分强调科学内容及学科自身发展的逻辑结构,导致课程的结构与学生的认知结构水平不相吻合,使课程过难;也能使课程设计人员重新审视课程设计问题,并对反复出现的问题连同新出现的问题,提出新的挑战。经由不同意识形态之间的对话,打破对立的僵局,建立起不同课程设计理论取向之间的沟通桥梁,奠定理性共识的基础,使课程的改革植根于意识形态的改变,才能有利于学校与新的社会情境协调融洽并和睦相处。[①]

  课程设计有赖于课程目标的确立。目标是人们有意识追求的对象,是课程意欲实现的宗旨,目标的确定关系到课程内容的选择、材料组织的规划、方法策略的制定和评估的标准。其他的方方面面都是实现这些基本目标的手段。不过"在某些情况下,你去问一位教授科学、英语、社会科学或其他学科的教师要达到什么教育目标,却可能得不到满意的答案。这位教师可能会说,他的目标是培养一个受过良好教育的人,而他之所以会教授英语、社会学科或者其他学科,是因为它对于全面教育是不可或缺的"[②]。毫无疑问,对某些富有教育艺术的教师来讲,尽管他们对教育目标没有清楚的概念,直觉却能告诉他们什么是好的教学方法、什么教学材料是最重要的、什么话题值得讨论以及如何有效地向学生演示教学材料并引发话题讨论,从而能在工作上成就斐然。然而,若要产生一个良好的课程规划并力图不断地完善它,以实现教育理想、达到预期的教学效果,就有必要首先对这些目标有些概念,进而才能对其他各方面做出相应的安排。使教师不再仅仅依赖于直觉,而是在课程规划这一理性

[①] 黄光雄、蔡清田:《课程设计》,第34页。
[②] 〔美〕R. W. 泰勒:《课程与教学的基本原理》,罗康、张阅译,中国轻工业出版社,2008,第3页。

第五章 科学课程设计的基本观念

的指引之下做好工作。以避免像美国伊利诺伊大学香槟分校Ianwestbury教授指出的那样：学校的环境、任务与使命已变得更加复杂，可是课程理论与研究却没能为学校、公众、教师与管理者提出阐明并解决这些问题的办法。[①] 特别是我国的几次课程改革都显得理论指导不够，缺乏"理性的秩序"，而对课程改革进程中出现的一些新问题或新情况也难以进行正确预见与掌控，更无法解释与应答。尽管原因有多个方面，但不容忽视的是课程设计本身在意识形态上的偏向。

课程设计在意识形态上的偏向，集中表现在采取一元化课程研究的方式，将课程孤立于课程既有的范围之内，助长了课程设计思想上的唯知识论倾向，使课程设计基本上变成知识的架构与增删，遮蔽了课程的开放性质以及课程本身的意义。就课程价值来看，我国的课程设计主要以社会取向为起点，注重关照社会价值，强调学科课程的地位和作用。似乎为学科的发展服务、为社会的进步做贡献才是科学课程应有的目的。但无疑这样设计的课程，不仅使社会价值难以顺利实现、学科难以更大发展，反而使学生的人格扭曲，以至于不能健康成长。否则，酗酒、吸毒等各种丑恶现象的蔓延就不会如此肆无忌惮，也至少不会有如此强烈的厌学情绪。而在学生既不愿学习又不能学会照料自己健康成长的时候，又何以为社会的进步做出贡献，何以涉足学科领域关照学科的建设和发展？因此，将社会、学科及学生的需要综合考虑即不同理论取向的有机整合是课程设计的基本要求，这是接下来将要重点讨论的问题。就研究范式而言，我国课程领域主要有实证主义研究范式、哲学思辨研究范式、人本主义研究范式以及类

[①] 刘启迪：《新世纪课程改革十年：趋向与愿景——第七次全国课程学术研讨会综述》，《课程·教材·教法》2011年第1期，第47页。

推——演绎的研究范式,不过总的看来,20世纪依然是极端的实证主义研究范式占主导地位的一元课程研究范式时期。[①] 这正是课程设计存在前述局限与缺失的重要原因,也是本书拟着力讨论的方面。

(三) 注重学习者理论取向的课程设计

课程设计关注学习者,意在强调人是社会性动物,更是独特个体性的存在。

1. 注重学习者理论取向的人类学基础

注重学习者理论取向,在于人首先为自己而活着。罗素曾经说,人既不像蚂蚁、蜜蜂和猴子那样完全群居,也不像狮子、豹子和老虎那样独来独往,人是半群居动物。就是说,人既具有社会性的一面,也具有个体性的一面。正是个体性的一面以及个体间需求的不同,才使人的生存具有为自己而活着的特征,表现出自觉地为自己而活着的自觉行动,具有鲜明的自私自利性。而自私自利性是人思想进化史上的觉醒和进步,是第二次启蒙和教化的结果。这就是1500年左右发生在西方的文艺复兴运动把对神的颂扬变为对人的颂扬,提出自由、平等的天赋人权口号,强调以人类理性为标准,用眼睛观察事物,用头脑判断是非,总之以人的理性调控个人的行为,不盲从,不迷信表面合理的传统与权威。然而,启蒙运动倡议的天赋人权口号,尽管从政治上看具有历史进步性,却把人和人性抽象化,在剥掉人身上的神性、等级差别等属性的时候,连同人的一切社会属性都剥离掉了,剩下的只有人的自然属性,使启蒙运动提出的天赋人权失去了具体的社会内容。

---

① 周会娟:《从一元到多元:教育研究范式的反思与展望》,《成人教育》2004年第4期,第3~5页。

总之，第二次启蒙所开启的人性以个体为对象、为载体，促进了人的个性解放，使人懂得了必须为自己而活着。[①] 懂得为自己而活着、自觉地为自己而活着，以社会的发展为基础。是说只有当社会发展到了以大生产和市场经济为基础的近代社会，个人才会意识到自己的独立存在和价值、懂得要求个人的权利，并产生为自己而活着的愿望，表现出自私自利性。正因为此，当社会发展到近代之后，个人才对社会提出了利益要求，社会也必须肯定个人的自私自利性的合法性。然而，如果每个人无限制地使用自己的自然权利，则会导致人人自危的战争状态。因此，在承认个人利己行为合法性的同时，社会也必须对个人的利己行为给以规范和引导。这就是，一方面把个人的利己性作为社会发展的强大动力，同时为了有效控制个人的利己行为，又要建立起发达的法律体系，实现法治社会。于是，觉醒的自私自利意识和被法律所规范的利己行为就是法理的利己性，是近代启蒙运动和市场理性共同建构的产物，它唤醒了个人的权利意识，使人的自我价值的一面得以凸显，为人们要求实现自己的个人价值提供了法律依据和保障。

2. 注重学习者理论取向的生物学意义

分子生物学也为个人的自私自利性提供了科学说明，这就是"自我"价值在生物分子水平上的表现。比如免疫系统就是在一种自主性的机制之下运行工作：对非我与自我在分子水平上加以区分，排除并消灭被辨认为是"非我"的任何东西，保护并捍卫被辨认为是"自我"的东西。这样"自我"的概念或自主性就包含了自我辨认自身的个体性原则和珍视这个个体性甚于所有非我的东西的倾向。因此，个体性不仅是差异性和特殊性，"它还是主体性：主体的存在，也就是

[①] 武天林：《实践生成论人学》，中国社会科学出版社，2005，第273～277页。

通过 computo 具有自我参照的性质，也就是把自我放置在它的宇宙的中心（自我中心主义）。"① 在这个意义上的个体——主体是唯一的，无不排他性地占据着它的"我"的位置，因此主体的身份与排他性的原则是不可分离的。事实上生命也正是基于这种"自我"运算，在这种"自我"的努力中形成与实现。没有分子水平上的"自我"运算机体将为不可能，免疫系统是机体得以存活、生命得以正常运作的先决条件，从而使"自我"运算成为生命存在的前提。因而，也就如同在社会中一样，没有每一个个体"自我"地创造生存的条件与空间，没有每一个个体的自私自利，自我的存在不可能，社会也将不复存在，谈论个人及社会的发展就将毫无意义。

因此，分子水平上的"自我"运算恰为人类自主性的体现提供了生物学基础和说明，使人类的自主性概念和自由观念不再是完全意义上形而上学的"成见"。然而，多年来行为主义的观点却一直主张，机体的反应的源泉不是存在于运算的自主性中，而是存在于外部刺激中，而且也被忠实于经典观念并企图建立生命的简化概念的所有理论所努力遮蔽，这就是把人简化为一部机器。从而使决定论的关系总是外在于对象因而也外在于生物。但系统内部的调节功能却表明正是内在因果性与外在因果性相互作用才会引起并维持一个系统的自主性，即生物的本质特征是存在自己的、通过自己和为了自己的运算。这就是从它自己出发和为了它自己进行运算、决定、行动，因此，是作为任何生物的特点的对自我的特殊的、独有的、优先的本体论的肯定，是进行运算的存在物的主体性的形成。于是，通过为自我进行运算它对于它自己是唯一的。生物的最小行动都是以"自我运算"为前提，

---

① 〔法〕埃德加·莫兰:《复杂性思想：自觉的科学》，陈一壮译，北京大学出版社，2001，第 230 页。

第五章 科学课程设计的基本观念

通过这个运算,个体自我中心地根据它自己来处理所有的对象和资料。因而,主体就是这样一个进行运算的存在,对它来说它处于宇宙的中心并排他性地占据着这个位置:"我,对我来说唯一地能说我。"

但人们曾经过分地习惯于把主体和主观性的概念归结为偶然性、情感性和浪漫性。实际上它们却联系着刻画生物个体性特点的一个主要的逻辑的和组织上的范畴,与自为的组织是不可分的。所以,主体的概念不应被看为次要现象,而应该本体论地处于我们的"生命"概念之中。生物机体从非我中认出自我并组织它的自我,不仅是在分子的转化和再生的过程的细节上,而且是作为一个整体总体地进行。在这个意义上,似乎可以认为,这种在细节上和在整体上的自我运算的能力同时就是一种自我反思的能力。通过自我繁殖在另一个自我中反思自己。但进行运算的主体辨认、认识、运算、决定,又是对它自身是无"意识"的,这种情况之下还根本不可能涉及我们称之为"反思"的东西,因为,那是意识的意识,绝对以意识的存在为前提。

尽管运算的主体都将为自己本身运算和行为,并都将从它的主体的位置上排斥另一个,但在两个同胞彼此认同的过程中毕竟存在着进行沟通与交换信息的可能性,预示着在产生的一些联合体中相互包含的可能。这种联合体对于细胞来说是采取机体的形式,而对于多细胞的个体来说则是采取社会的形式。这就是"每个生物都同时怀有把他者从它的主体位置上排除出去的原则,和在它的主体的扩大的圈子中包含同类的原则。"[1] 意味着总有一些邻近的和感情相似的同类把它当作主体,并同时在互爱的交流中找到主体生活的意义。

因而,主体的概念在最古老的生物身上就已经发源了,但是它又不能被划归为生物性,也并不意味着任何可能的思想形式或意识能够

---

[1] 〔法〕埃德加·莫兰:《复杂性思想:自觉的科学》,第259页。

或可能位于基本粒子的层面。但这种最原初的主体性随着动物性、情感性而发展，并在人类身上最终产生这种非凡的独特形态：有意识的主体。指出这一点，一方面在于说明人类主体性的生物学根源；另一方面在于突破决定论的樊篱，承认偶然性或非决定论的存在意义。决定论与偶然性是不可分的，如同自主与依赖不可分一样。因此"我运算"实质上包含着在含糊的、不确定的情形下作出决定的、选择的可能性。就像人类一方面遭受社会——文化的决定性影响，另一方面又创造着属于他自己的个体经验一样。而且大脑越是发达，就越善于对形势进行运算，越善于进行选择，越善于制定策略，从而越逃离决定论的控制并停止机械性的行为。这意味着突出学习者的主体意识，甚至是不可违背的。因为没有一个个现实的"自我"就不会有一切，没有一个个自我"自我"的和"为我"的努力，也不会有自我，那么一切都将无从谈起。

因而，在人的"自我"概念已经意识化，并成为一种独特自我意识的情况下，理应得到尊重与保护。缺乏自我意识，就不可能体会自己存在的意义和价值，也难以承担个人应承担的责任。对学习者理论倾向的强调实质上正是对学习者自我意识的鼓励和维护。教学活动理应以学生个人的自我完善为目的，使个人认识到自己的存在，并形成一套异于他人的具有独特个性的生活方式，不仅维护学生主动追求进步的自由，帮助学生完成自我选择，而且让学生意识到要为自己的选择负责。因而教师对学生的学习，重要的不是看他们获得知识的多少，而是应激励学生学会如何安排学习，增强他们的自觉性和创造性，使他们在体验自我的境遇中完成个人的自由发展，"勇于成为他自己"。

（四）社会文化需求理论取向的优先性

课程设计对满足社会文化需求的优先性，可从社会学及系统论两

第五章　科学课程设计的基本观念

方面做出论证。

1. 满足社会文化需求的社会学意义

尽管课程设计必须突出学习者的主体地位，但满足社会文化需要仍有无可辩驳的优先性。这是由于学习者的旨趣追求以及学科自身的发展逻辑往往与社会的文化需求之间不能一致。有调查表明，对大多数人而言，在自己的事情都不知如何处理的时候，很少会有人关心整个人类及社会的事务，如图5-1[①]所揭示的那样。大多数人所关注的事情更多地集中在家庭生活的琐碎事务中，对他们而言，生活并不轻松，养活自己和家人便需付出他们几乎全部的努力甚至全力以赴。当然，人们关心问题的层次和焦点与他们的教养和经验有关，不过就大多数人而言，在把他们所关心的事情在较大的时空领域向外拓展之前，须已成功解决他们自己的较小范围里的事情。

但无论如何，人类生存于其中的环境包含了许许多多超出个人兴趣能力范围的问题，而且仅仅把精力倾注在局部的利益和当前事务，未必真能对解决局部和当前的事务有利。比如，与"温室气体"排放造成的全球气候反常变化比起来，人们一般会更关心应对反常天气的衣服的价格是否稳定；与土壤严重流失问题比起来人们一般会更关心粮价的浮动。然而，尽管人们对这些个人能力兴趣之外的问题可以漠不关心甚或视而不见，但它们对个人兴趣的实现、能力发展和生活质量提高的决定性影响，却不会改变。

因而，人们提出"教育中的国家主义"（石中英，中国教育学会教育哲学专业委员会第十五届学术年会），强调将社会文化需要与学生兴趣及学科知识内容结合起来设计课程，强调人的社会性在课程中

---

① 〔美〕米都斯等：《增长的极限：罗马俱乐部关于人类困境的报告》，李宝恒译，吉林人民出版社，1997，第13页。

科学课程设计的认识论考察

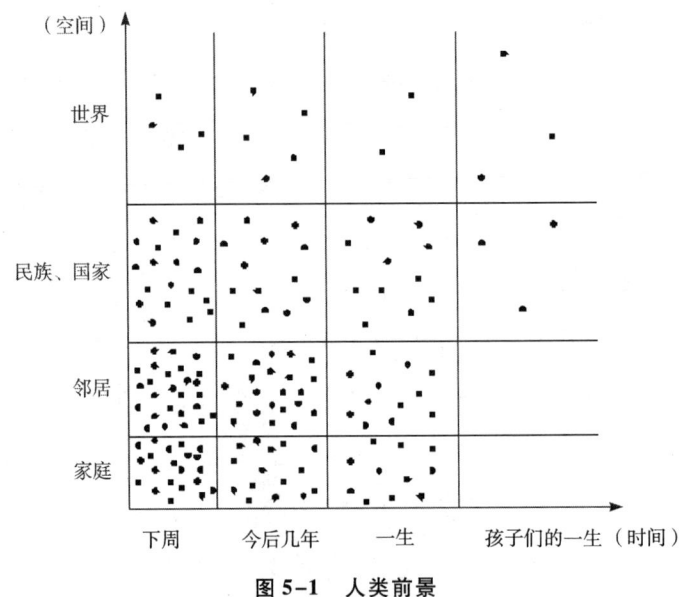

图 5-1 人类前景

的体现，强调人的社会责任和价值的彰显。如《国家课程设计过程研究——以我国基础教育"新课程"设计为个案》就在一定程度上表达了这种理念；美国、英国的课程发展更直接表现出国家主义倾向，不仅出现了像开发教育、环境教育以及多元文化教育等新课程的研制，而且在传统课程的改革上，也注重社会文化需求的意识形态在课程观、内容取舍与组织、课程实施与课程评价等方面的渗透和影响。

事实是显而易见的，获得人的自我意义、实现人的个人价值实质上是获得人的社会权利的过程。而个人也只有拥有这些权利才能作为一个人而活着，才能活得有意义、有价值，才算实现了自己的个人价值，即社会满足了他个人的社会性生存需要，使他作为一个人而活着。个人价值不能脱离社会价值，而是在充分实现个人社会权利的同时，尽其所能地完成自己的社会责任。这就需要把人的个人价值和社会价值有机统一起来,把个人的社会责任和社会权利有机结合起来。因为人还要为他人而活着。

人作为最名副其实的社会性动物,总有为群体利益或社会利益着想的愿望,这是人既来自合群性动物的本能,也是人来自于人类社会对个人的要求。就是说人的自我价值首先体现为个人的社会价值,或者说人活着的意义必须在社会价值中才能获得解释。个人的社会价值是必须为他人活着,为社会活着,因而衡量个人社会价值的大小,是看他为别人的付出和对社会作出的贡献大小。因为一个人在社会中生活,就意味着这个人必然是依赖社会而生存,依赖他人而存在,因此,这个人就必须回报社会和他人,这种回报就表现为奉献和责任。就是个人必须为他人而活着。为他人而活着,人生就有意义,人活着就有价值。为他人而活着,他人的范围越大,为他人活着的价值也就越大,人生的意义也就越崇高。

当然,为他人而活着,人生可能会活得很累、很辛苦,但同时也很值得。因为他牺牲了自己,成全了别人,有益于社会。问题在于这种为他人而活着是出于个人自愿还是社会强迫,如果是出于个人的选择,这种辛苦就是真正值得的一种付出;如果是出于社会被迫的行为,那么,这种辛苦就成为人生的沉重负担,人们不但不会感觉到自己的人生价值,反而会体验到人生的痛苦和无奈。社会的责任就在于通过教化培养人们利他性的伦理观,并通过树立伦理道德的榜样人物来带动和感化个人,以使个人能心安理得地为他人而活着,并自觉自愿地选择为他人而活着,同时使个人在这种选择中感觉到自己的人生价值,体验到为他人而活着的崇高感。因为,仅依靠合群性的动物本能来维护日益扩大的社会群体是远远不够的,社会必须把这种动物性的合群本能升华为伦理道德,依靠道德的长期教化养成崇高的为他人而活着的愿望和习惯。

科学课程设计的认识论考察

人类第一次启蒙教化正是通过发现了人和自然、人和动物的本质不同，提出做人的基本标准和人生追求的最高境界，并在长达几千年的文明教化过程中，发展起了一套比较成熟的伦理道德规范体系。正是依靠它维系着人类社会的统一。伦理道德教化本质上是社会群体对个人的一种人性设计和要求，依靠个人的道德践履来实现，依靠社会的监督和奖惩来落实。个人为了践履社会的道德要求，就必须克服个人的自私自利思想和行为，实现社会所要求的利他性伦理。社会运用伦理道德标准来评价个人的言行，宣传和鼓励个人的道德行为，严惩违反伦理道德的一切行为。因而，从根本上说，伦理道德教化的目的就是挖掘人类天性中的合群性，利用人类天性中的利他性行为，培育自觉的道德信念和合乎道德规范的行为，使动物本来就具有的利他性行为变为人们自觉自愿的行为习惯，使动物的合群性本能升华为人的道德信念，从而达到巩固社会群体并最终走向人类统一的目的。

伦理道德教化对于个人而言，根本目的在于培育和树立每个人应有的社会责任心及历史使命感。传统社会把培养人的社会责任感看作是实现人的社会价值或做人的根本问题来处理。如做人要讲诚信，"言而无信，不知其可也"、"人无信不立"等教诲，都包含了要求人们牢固树立社会责任感的信念。社会责任感首先表现为人的知恩图报和报恩的情怀。个人生存在社会中，而且是依赖社会才能生存，没有父母的养育，没有他人的帮助，没有社会的培养，个人根本无法作为人而存在。因此，个人必须对父母、对他人、对社会有一种知恩感恩报恩的情怀，这虽然只是一种朴素的情感，但一个人如果没有这种情感，就不可能树立起社会责任意识。社会责任感还表现为人的仁慈爱心和牺牲精神。这种精神必须依靠后天的伦理道德教化才能获得，一个人对于能够直接感受到的社会帮助可以产生报恩情感，但对于和自己没有直接利害关系的人，要产生仁慈关爱之心，甚至牺牲自己的生命去帮助别人，这的确需要一种通过长期培养和精神修养才能达到的高尚人格和人生境界。社会责任意识必须落实在个人对社会负责的实际行动中，变为个人对社会的实际贡献。①

2. 满足社会文化需求的系统论支持

从系统论的角度看，人作为生命的存在必须有对社会的依赖。人为滋养自身必将外部环境作为汲取物质——能量和信息的源泉，从而说明个人的价值或自主性不是一个独立的实体概念，而是相对的和有条件的。这意味着，自主性只能在与依赖的概念的关联中来认识，而与无依赖性的自主和无自主性的依赖的简单化的对立观念截然相反。

于是，根本无法设想没有依赖性的自主性，自主和依赖是不能分的。人越是想发展他的自主性，就越是有多样的依赖，无论是心理的、个性的，还是人格的方面都是这样，都是由难以置信的依赖性交织而成的。而且这种依赖不仅有对自主性所需要的事物的依赖，也有对威胁他自主性的东西的依赖。从而使人类同样处于与微生物所处类似矛盾的情势之中，或许他还是最自主和最受限制的，但他又只能在依赖中和由于依赖才将他的自主性以及自由展现和凸现出来。使人们在遭受自己命运的同时又在创造着自己的经验。正因为我们依赖于社会，社会同时也依赖于我们：社会对我们像是一个自外和自上凌驾于我们的超越的存在，但是它又通过我们而存在，一旦个人之间的相互作用停止它就会完全消失。事实上我们是彼此相互产生的。许多个人构成社会，而社会又通过文化造就个人。社会的自主性取决于个人，而个人的自主性又依赖着社会。

正是由于个人价值的充分实现对个人社会责任意识的依赖性，才使社会文化需求的满足、社会文化理想的实现成为每个人应负的社会

---

① 武天林：《实践生成论人学》，第 269~273 页。

责任，使社会责任感的培养成为课程设计的内在理想。这就是通过课程使"为他人而活着"不仅成为每个人自觉的选择，并且把这种选择自觉化为对社会对人类负责任的实际行动，努力在个人的生命实践中履行社会义务、作出应有贡献。因而，将各种意识形态相统一是课程设计不变的追求。

近现代课程也的确是在不断寻求自身的变革，以期更好地适应学习者、社会、学科发展的实际需要。20世纪初以来，就世界范围的课程改革来看，从课程设计的角度，首先是从学科课程走向经验课程的改革。而50年代末60年代初的世界性课程改革运动，要求教育内容的现代化，倡导"学问中心课程"，可以说又是从经验主义课程回归注重学科结构以求卓越知性的学科课程改革。70年代以来，课程改革的基调不再一味强调"学科""学问""卓越知性"，取而代之的中心概念是"人性""个性""自我实现""文化知识基础""完整的人"等。就科学课程设计而言，是将重点放在培养学生的科学素养上；80年代以来，课程设计以建构主义理论为基础，建立在科学教育界对科学本质、教育本质的最新认识基础上，表现出现代综合科学课程的特点。

我国新课程改革以超乎寻常的努力在很大程度上实现了三种理论取向的有机整合，从而能用社会文化发展的要求统整学生成长的需要、并合乎学科发展的内在逻辑，以更好地满足学科、社会与学生成长的实际需要。但令人不安的是，调查表明（参见附录4第15题）：被调查的初中教师62.50%认为理科课程设计就应该遵循学科知识体系的逻辑发展线索；被调查的高中教师44.19%也持有同样的观点。只有33.33%的初中教师和16.28%的高中教师认为理科课程应关注学习者的需求；而认为应优先满足社会发展需求的初中教师比例更低，为20.83%，高中教师的比例是20.93%。这实际上反映了课程设计者与课程实施者在对课程的认识上,还存在着巨大的差距。这必然使课程设计者的课程设计意图的贯彻实施大打折扣,因而转变观念十分重要。

二 科学课程作为研究假设的课程观

从根本上超越科学主义实现不同理论取向的整合有赖于观念的转变,是将科学课程视为有待师生在课堂情境中进行检验的研究假设。经验科学的特征已为这一观点提供了理论依据与说明,即为科学理论的可检验性,并把它作为科学课程设计新的认识论基础。

(一) 科学课程作为研究假设的含义

将科学课程视为研究假设意在指出,科学课程本质上是一套教学方法与教学内容的建议说明,表明课堂情境中对理论加以检验的现实可能性,把课程当作有待师生在实际教学过程中需进一步检验的研究假设。意味着教育的目的不是屈服于作为稳定知识的权威,而应把已有知识当作思考的材料,以便发展学生理解、批判反思和负责任判断的能力。这样,课程不再是基于对学生要出现的行为结果的预期,而是依靠能够反映知识发展脉络和内在价值的课程内容和过程原则,来选择与组织课程经验。

课程规划人员能够在课堂情境之外提出课程法则,并制定教师可资遵循或借鉴的课程指示。但是学生各不相同,课堂情境也会差异很大,是说每一位教师有必要根据个别课堂情境中的实际状况,去接受、拒绝或修正任何普遍性的原理或规则。意味着学校教师需要考虑其所处的个别课堂情境与可能实现的课程效果,将课程作为与学生一起在课堂情境进行检验或修正的研究假设,从而强调教育过程中,教师教

科学课程设计的认识论考察

与学生学之间互动的重要性。课程作为研究假设意在强化认知发展，强调学习解决问题的策略，而不是信息与事实的灌输与累积，从而帮助学生通过探究促成知识迁移。一方面在学习方法上帮助他们学会如何学习；而另一方面通过材料给他们提供学习的机会以加强不同的心智功能。

事实上，所有课程均可视为有关学习本质、知识与教学的"研究假设"。课程内容本身不是能够事前明确规定或界定的课程目标，概念系统也不是可以绝对化的知识结构，于是教学目的不是让学生寻求一致的标准答案，只是引导学生在探究过程中进行毫无标准答案的学习与讨论，以增进在多元社会文化中对话的机会，并经由探究讨论的方式去了解、学习各种不同观点，以提供学生心智能力成长发展的各种机会。但过去的教师往往是依赖教科书或通过课程教授学科知识，而且把教师必须遵守教科书或课程中的学科知识体系，视作理所当然。所以，超越传统观点，学生与教师必须以怀疑和批判的观点看待课程内容，并经由实际的检验评估理论或课程内容的价值，以引导他们质疑的思辨和批判态度，进而促进师生的情意、认知与技能的发展。

如此说来，课程的意义不再只是代表一套预设的教学内容大纲，只是将一种教育价值与教育理念转化为课程实施过程中教学进行的具体说明，而是师生需从探究的角度来理解课程所蕴含的知识本质与教育理念，将其视为能进一步研究的问题。这样课程是可以质疑的内容与方法、开放的研究假设，却不是理所当然的命令或教条。学生与教师正是共同进行探究的学习伙伴，这样的课程所处理的知识内容，允许师生在教室实际情境之中进行主动建构，使知识与方法的学习成为动态生成的过程，才对师生产生教育作用。

这种课程观点将课程内容视为可供质疑和验证的假设，因而重视学生学习时思考的方式、教师的教学方法、师生之间进行互动的因素

第五章 科学课程设计的基本观念

以及他们之间动态的交互作用。一方面,知识内容不仅可以随着社会的变迁和时代的进步与时俱进,而且更加重视课程革新与学校教师的教育专业自主性以及专业成长,重视教师教育专业技能的日臻完善。意味着学校教师不仅需要通过课程探究来获得教育理解,并将教学方法和课程实施进行有效的联结,而且将有效的课程切实落实在实际教学之中,将课程与教学视为统一的两个方面。因而,科学课程作为教学方法和教学内容的建议说明,事实上为教室情境中实际"运作课程"提出了可供借鉴的"运作"途径,这就是以课程作为教学的工具与手段,引导学生顺利开始学习之旅。因而教师对从课堂情境之外所规划的课程内容与教学目标及方法,可以因地因时、因对象不同而加以权衡与调整,从而成为教师层面重要的课程建构与开发者。课程实则是帮助学生与教师进行学习与教学的指导说明,而非用来压制学生和教师的手段。另一方面,将课程视为"研究假设",能同时表明必然经过探究和检验的过程才能习得知识,构造起学生各自的"习得课程"。

这样视科学课程为"研究假设",其含义在于指出,科学课程是有待教师与学生在教室情境进行检验的假设,在实际课堂情境中师生需要采用假设—检验的教与学的思路,以质疑思辨的教育批判方式以及实验验证的经验方法,来实施政府预先规划的课程,借以启发学生心理机能的健康成长,而不会一味灌输预先规定的课程知识内容与方法。因而,作为"研究假设"的科学课程注重批判性思维,强调批判性教学方法,并鼓励学习者讨论、探究、质疑的学习方式。学生与教师在课程的实施过程中,能互相担负起构建课程并评估课程的责任,从而是一种互惠、协商、教学相长与平等的"互为主体"的师生关系与教学过程。[1]

---

[1] 黄光雄、蔡清田:《课程设计》,南京师范大学出版社,2005,第15~18页。

（二）对"课程即研究假设"观点的超越

其实早在 1975 年，英国课程论专家斯坦豪斯就在他的著作《课程研究和编制导论》中，依照学校教师的专业发展观点，提出"课程即研究假设"（curriculum as hypothesis）的课程思想，强调课程应该是一套关于教学内容和教学方法的建议或说明，应将课程视为有待师生在实际课堂教室情境之中进行检验的一套"研究假设"。不过由于斯坦豪斯没能就这种课程观点提出一个能够遵守的、细致的设计步骤，以至于"这种课程编制模式也只是一种编制的思想或思路"[①]，因而没有确实落实于课程实践之中。事实上，由于缺乏科学哲学方面的充分思考，"课程即研究假设"也基本上被理解为是教室情境中教师的"运作课程"[②]，认为课程规划人员可以从教室教学情境之外提供课程法则，以便教师按照课程指示安排教学活动，但却不能保证学生确实有效地进行学习。于是，课程计划人员需要告诉教师："课程是一种在教室情境中有待考验的研究假设。"[③]

显然，这种建立在"告知"基础上的课程观点，极易给人一种飘忽不定、而又缺乏安全保障的印象，以至于"这种具有试验性质的课程与教学活动"，极易给教师带来莫名的恐惧与压力，甚至使教师无所适从或处于孤立无助的教学困境之中。因此，这一观点被认为由于对教学实践中的教师而言，无论是在专业素养方面，还是在参与课程研究方面，都是一个巨大的挑战，从而很容易流于形式，或者只是沦为教育改革理想情境的口号！同时考虑到实际教学情境中，学生究竟是否真的能对自己所扮演的探究角色有充分认知，也仍有待深入研究。

[①] 李定仁、徐继存主编《课程论研究二十年》，人民教育出版社，2004，第 72 页。
[②] 黄光雄、蔡清田：《课程设计》，第 17 页。
[③] 黄光雄、蔡清田：《课程设计》，第 15 页。

总之,"科学课程即研究假设"的课程观点尽管提出已近半个世纪,但还远未成为课程理论与实践的有效指导。事实上,缺乏科学哲学的支撑,这一观点根本不可能提出行之有效的策略建议。因此,只有基于科学哲学的研究成果,这一观点才不再仅仅是一种理想或思路,而是能够期待在课程理论与实践中得以进一步研究与应用,并成为具有可操作性的思维框架。

三 批判性思维为核心的目的观

科学课程设计的科学素养目标以培养批判性思维为核心,实质上是"真""善""美"和谐统一的具体化。科学课程作为研究假设是培养批判性思维的现实可能性。而培养批判性思维在于科学课程的学习必须是思考,是学生积极参与的动态过程,因而批判性思维是超越意识形态的力量,指向教育中最终的解放。

(一)"真""善""美"的和谐与统一

1. 科学课程对"真""善""美"的统一

"我们学习科学事实或科学法则,如果注意科学事实与物质的技术的联系,也注意科学事实与人的联系,就能扩大科学事实的含义,给予科学事实更大的文化价值。""重要的问题是要从科学事实的社会联系,从它在社会中的作用,来了解科学事实。"[1] 但现实的科学课程在强调科学知识的同时却往往忽视了知识的意义,不能把知识的学习与人类的社会实践联系起来,也从而无法与学生人格的发展产生联系。既无法使学生产生创造的冲动,也无法保有

---

[1] 〔美〕约翰·杜威:《民主主义与教育》,王承绪译,人民教育出版社,1990,第303页。

科学课程设计的认识论考察

生活的热情,甚至使科学课程本身成为"冷冰冰"的——失去灵魂和精神的支撑。

其实认识论作为哲学的重要组成部分,是对认识的反思,这种哲学层面的理性思考必将对科学课程产生重要影响。正如弗雷德·R.达马尔所说,伽达默尔对来自科学主义和意识形态偏见的双重危险进行了批判,并将哲学反思确立为一种"有价值"的生活的基本前提。他认为,就统括人的判断力的整个领域而言,除科学文化之外的其他文化在它们自己的道路上也已经获得并保留着一种智慧,而这种智慧恰为近代科学文化所缺乏。这种智慧不仅应当能支配为人类打开的整个生活空间,也应当能支配人类的一切科学能力和人类的一切行为。因为,事实上"我们称之为哲学的东西,不是以所谓实证科学方式存在的科学。哲学并不是拥有一批并列于其他科学的规范研究领域的实证的材料,可以据之进行单独研究,因为哲学必须研究整体。但是,这个整体并不像其他任何限定的整体一样,仅仅是包含了它的一切部分的整体。作为这个整体,它是超出各种知识的有限可能性的一种观念。因此,它就不是我们以一种科学方式能够认识的东西"[①]。

尽管哲学与基于实证的科学存在巨大差异,但它与实证科学之间仍然保持一种切近的联系,这种联系使它从那种严格建基于主观思辨与推演的世界观领域分离出来。"哲学在这里也还意指能被称为'科学中的哲学要素'的一切东西,那就是决定任何既定科学的客观领域的一些基本的概念尺度。"[②] 从而使哲学以自己的思考和认识方式,对我们的知识作出系统的和综合的明确表述,并能够在存在事物的全体

---

① 〔德〕伽达默尔:《科学时代的理性》,薛华等译,国际文化出版公司,1988,第1、2页。
② 〔德〕伽达默尔:《科学时代的理性》,第1、2页。

中保持统一性。而这恰是任何一门所谓实证科学所难以做到的。

现代自然科学尽管已经作为一个确实起改造作用的事实进入世界，结束了依赖自然现象和经验而不借助于数学抽象的传统的科学观，并将其基本精神凝结在一套特有的符号系统之内。但当人们正在处理科学符号系统——在任何既定情况下，它都为既有的研究领域所完全地决定，则那种指向整体的情况便不会发生。因此，以哲学的反思考量课程，就是将知识统整与人格统整相统一，力求在传授科学知识的过程中，弘扬科学精神、陶冶科学方法、养成科学态度。将知识学习、精神感召、意志态度锤炼、人格熏陶有机结合在现实的科学课程之中。正如蔡元培先生所阐明的那样：做科学实验求真时可培养"诚"，反复实验以求正确结果可培养"勤"，探索真理与坚持真理可培养"勇"，唯真理是从可培养"爱"。[①] 正是"真""善""美"的和谐与统一。

2. "真""善""美"和谐统一的具体化

以批判性思维为核心的科学素养目标是真、善、美和谐统一的具体化。对比任鸿隽针对清末"新教育"有科学课程而无科学精神、科学态度及科学方法之弊端，提倡多维度的科学教育，将科学内容、科学方法、科学精神视为科学教育的三位一体的主张，新世纪的科学教育已有极大不同又极为丰富的内涵；甚至比20世纪80年代末上海市义务教育综合理科课程改革又有了实质性的进步。20世纪80年代末上海市《九年义务教育理科学科课程标准》在基于总体目标——"完善和确立以全面提高学生素质为中心，以社会需求、学科体系和学生发展为基点的素质教育课程结构体系"，提出改革的核心在于："九年义务教育初中理科学科要让学生学习初步的物理、化学、生物和自然

---

① 高平叔编《蔡元培教育文选》，人民教育出版社，1980，第73~76页。

科学课程设计的认识论考察

地理的有关内容,受到观察、实验和思维的训练,接受科学的情趣、态度、方法的培养和思想品德的教育。"①

总的来看,经历数百年的发展,科学课程从注重科学知识的功利层面到强调科学素养的培养,已发生了地覆天翻的变化。这根源于现代社会、科学技术发展的内在要求,根源于生活在这样一个日益科学技术化的世界中的个体发展之于公民科学文化素养的强烈需求。其中科学、技术与社会教育引起人们最强烈的关注,正如英国著名科学教育家琼·所罗门在《科学—技术—社会教育》一书中所分析的那样:现代科学技术发展由于导致严重环境污染,唤起公众环境意识的觉醒,但要表达对环境质量的看法,不仅需要了解环境污染的知识信息,更需要真正理解科学的本质与功能。因而,"所有的人们都需要一些科学教育,以便他们可以思考与科学有关的事件,对这些事件发表自己的看法并采取行动,因为这些事件可能会影响他们的生活质量"。②

因而,面对历经现代科学技术摆布的大自然向"能动的"现代人发出的警告:破坏环境就是在毁灭人类自身,唯有与自然和谐互惠,人类才能生存与发展。那种认为只要掌握科学技术就永远坦途无限、就可以控制自然、就可以从自然界获得似乎"取之不竭、用之不尽"的资源,以满足人类无限膨胀的欲望,不过是痴人说梦般的幻想。科学课程着重培养未来合格的公民不能不关注全球性问题,不能不把提高公民的科学素养作为追求的目标,将追求"真"与追求"善"和追求"美"统一起来。实际上也只有着眼于科学、技术与社会的关系,立足于人类与自然的和谐共存与发展,才能理解科学的本质与局限,形成科学的态度、积极与健康的情感和正确的价值观,感悟科学之精

---

① 周勇:《综合理科课程设计研究》,中国博士学位论文全文数据库,2003,第41页。
② 琼·所罗门:《科学—技术—社会教育》,郭玉英等译,海南出版社,2000,第14页。

神、运用科学之方法,将增长的才干与掌握的知识真正为谋求人类世代的幸福而努力作出贡献。

强调提升全体公民科学素养的重要意义,绝不是不重视、更不是不需要杰出的学术人才。恰恰相反,我们不仅需要、而且需要大批的杰出人才、学术骨干,也不是忽视对杰出的学术人才的培养。但"杰出人才是从哪里来的?是从天上掉下来的吗?是从娘肚子里面一出生就注定是杰出人才吗?"显然不是。归根结底,"杰出人才是从非杰出人才和普通人当中转化而来的。如果你真正想要出杰出人才,就要重视非杰出人才的大众教育。鲁迅先生说:如果你想要得到花朵的话,你就要重视那些能够培育出花朵的泥土。现在不少地方,不少学校急于要冒出一些尖子、神童。稍有成绩,就大肆炒作。有些高校竞相到一些中学重金抢挖苗子,还是相信高分等于高能、等于杰出那一套啊!实际效果到底怎么样?我看未必会好。要知道在目前体制下,即使考生中有几个孙猴子,但谁又能跳出命题老师这个如来佛的手心呢?几十年来,高考状元数以百计,又有几人展现了杰出才能呢?我们为什么不把力气下在大多数人身上,而总是追求那少数的个别的高分尖子,甚至是偏才怪才呢?要知道即使有所谓'天才',那也是不能够批量生产的。能够在后天条件下大批量提高质量的恐怕还是大多数人。所以,如果你真的想要得到杰出人才,就在提高公民素质上下功夫吧。只对你所认定的'英才'(在目前伯乐们的视野中就是高分尖子)去进行教育,其结果会是失去更多的英才。为提高公民素质去教育,其结果将会是得到更多的英才。所以,着眼于生命个体的多样性,着眼于大多数人的发展,注重因材施教,这才是培养大批创新人才、杰出人才的必由之路。"[①]

[①] 柳斌:《求解"钱学森之问"》,《中国教育报》2010年11月25日。

科学课程设计的认识论考察

这是柳斌在《求解"钱学森之问"》一文中非常有力的一段论证，表明即使从获得大批科技创新人才、学术尖子即钱学森老先生所期待的杰出人才的角度看，提高全体公众的科学素养也是科学课程的必然选择，除此而外没有出路。因此应答"钱学森之问"——"为什么我们的学校总是培养不出杰出人才来？"的结果，也必然是将提高全体学生以批判性思维为核心的科学素养作为科学课程设计的宗旨和目标。

（二）培养批判性思维的现实可能性

将经验解释为经验科学的方法，意味着科学教育实质上就是对科学理论进行检验的方法的精神与态度，从而必然要求一个批判的或探究的检验过程。是说科学课程使学生获得知识，但又不至于让学生单纯地获取知识以及有关的技巧形式，也试图让学生把所获得的知识结合起来，使他们形成持久的态度和性向。这种科学的倾向与态度就是不再是理所当然地接受事物，而去采取那种探究的或批判的或试验的态度。这意味着一种信仰与对它的相关陈述不再被相信本身是完备的与自足的，而被看做是一些结论。认为结论是"科学的"，旨在建立一个进行秩序判断的可能性，突出探究的内在逻辑，却不能仅仅关注探究结果所特有的具体形式。

于是，教学过程中师生需从研究的视角来处理课程所蕴含的教育理念与知识本质，将其视为可进一步探究的问题。课程是开放的研究假设、可以质疑的方法与内容，而不是理所当然的教条与命令。教师与学生正是共同进行研究的学习伙伴，如此的课程所处理的教育知识，允许教师与学生在教室实际情境中加以主动构建，成为知识和方法学习的动态生成过程，才对师生具有教育意义。因而，实际教学情境中需要师生必须采取假设—检验的策略路线，以思辨质疑的批判式教学方式并配合实验检验的经验方法，来实施课程，而不是一味灌输

第五章 科学课程设计的基本观念

规定的课程内容与方法,从而重视批判性思维习惯的养成,强调批判性教学方法的运用,鼓励学生质疑、讨论、探究的学习方式。

这样的科学课程才能真正达到培养学生批判性思维能力的目的。保罗·弗莱雷早在20世纪中期就基于被压迫者面对被压迫和奴役的处境所要改变命运的需要,提出将培养学生批判性思维能力作为教育的根本宗旨,主张"被压迫者教育学"。当下各国也将培养学生批判性思维能力作为各学科教育的重要目标,认为教育应该使每个人,尤其借助于青年所受的教育,形成一种独立自主、富有批判精神的思想意识及能力。强调各类学校"应培养大量的具有较高批判性思维能力、能有效交流、会解决问题的学生"。因为"我们的教育问题从根本上来说是伦理的、经济的和政治的问题"[1]。是说这些问题常以意识形态的形式被反映为教育者自身的基本理念,并控制和指导他们的活动,给他们的活动赋予意义。以至于学校知识被认为是"真正的生活方式"而被毫无批判地接受下来,并在我们的内心深处内化、喜欢、习惯它,在思维上、语言上自觉不自觉地维护它。总之,这种无形力量对我们的思想和行为产生控制。

"意识形态"一词,从其功能上考察曾被历史性地界定为错误意识,是说歪曲了人们对现实社会的看法,为社会中统治阶级的利益服务。但显然,意识形态也为"使其他不能理解的社会情况变得有意义"提供主要途径,即作为某种共同的意义协定,让复杂的社会生活变得易于被人们理解。这样意识形态的本质大多集中在两个方面,一是意识形态是什么,一是意识形态做什么。前者认为,意识形态的主要任务是为现存或竞争性的政治、经济和其他一些群体的利益提供合

---

[1] 〔美〕迈克尔·W. 阿普尔:《意识形态与课程》,黄忠敬译,华东师范大学出版社,2001,第12页。

科学课程设计的认识论考察

理依据；而后者认为意识形态最重要的作用是在有问题的情景中扮演有意义的角色，并为之提供一个有使用价值的"情景界定"[①]。

强化某些阶级在意识形态领域保持统治的关键要素是对产生某些特定社会机构的知识实施控制。一来个人的形成基于社会活动，是一个加入的过程，也就是一个新来者把某种特定的社会实践当作生活本来的式样加以接受；二来从广义上讲，维护与组织一个集体的社会意义在于人们生活中，由彼此之间日常交往的一贯模式而创立的。事实上由于过分强调现实生活的社会建构性质，已几乎导致人们不愿思考现实怎样以及为什么被以某些特定的方式建构起来，这些特定的建构如何和为什么它们有力量抵制颠覆。因此，仅仅关于"灌输"问题的争论是不够的，是说在关注教育技术问题的同时，学校还应在一种更公正的社会观指导下，考虑是否将教给学生一套特定的社会意义体系？

学校不是存在于真空之中，正如陶行知先生所言，"教育脱离政治是一种欺骗"。而按照阿普尔的观点，美国主流或官方意识形态更多是"中产阶级文化"思想的反映，即把中产阶级的期望、文化与习性当作必然的、天经地义的应予理解与实现的东西，于是将它们用于教育活动，似乎所有的学生都能同等地接触并接受它们。然而，在主张所有学生都是平等之时，却实际上暗中偏袒了那些已经获取语言与社会竞争能力以掌握中产阶级文化的儿童。学校就是如此依赖于社会的劳动分工与权力分工，为着社会内权力的再生产与分配服务，保存和助长了教育机构之外可能存在的不平等。从而使学校通过不仅"加工"人也"加工"知识这样一个基本途径，增强并赋予与不平等的经济形式相连的特定类型的文化资源的合法化。这种知识若被称作技术知识（与艺术等人文学科知识被称作非技术知识相对应），总以学科

---

① 〔美〕迈克尔·W. 阿普尔：《意识形态与课程》，第21页。

为中心的课程表现,事实上统治着绝大多数学校。

因而,在评价领域人们也就不难发现,一般是通过使用技术程序,通过比较输入与输出来评价课程的成功与否——考试成绩上升与否、学生掌握教学内容的程度,成为这种成绩模式的典型特征。而当企图用不同的标准评价不同课程领域的相对价值,将被看作是非法的侵犯,是对这一特殊"秩序"的威胁。比如通过考察课程体验的"质量"来评定课程的优劣,就将很容易被反驳,尽管较少关注成绩,而更多研究教室中学生真正体验的质量可能更聪明、也更贴近真实教育意义一些。评价领域这种特殊"秩序"的维持是意识形态对课程影响的结果。当然教育既是"原因"也是"结果",学校不是一面消极的镜子,更是一种积极的力量,一种给经济与社会形式及与这些形式紧密相连的意识形态以合法的力量。

(三) 批判性思维是超越意识形态的力量

只有批判性思维才能真正超越意识形态的影响。正如阿普尔所言,意识形态在学校里的渗透越早越好,比如从幼儿园开始,就训练儿童学会适应课堂环境,甚至充当小学里的角色,以利于接受过幼儿园训练的儿童在小学里取得更大的成功。使儿童学会约束自己是幼儿园的另一项重要内容,使他们学会只有当老师允许那样做时,才去做。学习就是要求做的事情,而不管活动的本质是什么。顺从会比有独创性得到更高的赞赏,似乎"如果民主的人们的行动是可靠的、协调一致的话,他们必须以同样的方式思考和感知"。总之,学校基本上做了人们所期待它做的事情,至少大体上在近期生活的复杂和层次化社会经济秩序中,它提供了"功能性"的倾向。以至于课程领域与其他教育领域相比更加特殊,它已被所谓"科学技术"的观点所支配,即指导学习的主要兴趣就在于发现一系列能达到预先选定的教育目的的

科学课程设计的认识论考察

最好的方法。①

但学校作为具体表达集体传统和人类意图的机构,这些传统和意图是特定社会、经济意识形态的产物。课程领域就根植于这种社会影响和控制的土壤之中,使学校知识和对这种知识的选择、组织和评估原则,成为对更广泛领域内可能知识和选择原则的有支配价值取向的选择。并将一套确定的选择和组织学校知识的程序,教给所有教师和其他教育者。于是,从历史之角度观察,常识性知识及其意义联结着人们已习以为常的规范的一致性认同与经济调整,其核心构成了学校正规教育的内容与结构——在有关个人成长需要的优先选择背后,存在一套围绕学校教育方方面面更强有力的期望,是说这些期望实质上构成为学校经验的基础性框架。因而,学校知识与经验绝无必要原封不动地接受,而是必须提出质疑,毕竟矛盾和冲突才是社会发展的真正驱动力量。

然而,由于课程与教材以否定冲突的本质和作用的立场为中心,把人们看作价值和制度的接受者,而不是价值与制度的创作者和再创作者,并将其作为组织经验的基本指导思想,就从根本上否定了学校知识的可质疑性,对学生的学习表现为强制性要求或记忆或掌握,致使以探究为中心的课程也常常围绕某些基本规则来组织,以便人们用于测验所应掌握的孤立的资料。但科学中如果没有冲突与争论,将不会进步。科学争论是科学事业的主要部分,其中心目的在于推进科学进步,正所谓"竞争开始得越快,前进得也就会越好"。课程中正是有关争论的作用和重要意义这一点向学生隐瞒了或者说没有被明确地表达出来,以至于使学生误认为"客观性""中立性"与"确定性"才是科学知识的本质特征。

---

① 〔美〕迈克尔·W. 阿普尔:《意识形态与课程》,第 52~53 页。

第五章 科学课程设计的基本观念

冲突也是一个社会变化结构的系统产品，它们本质上趋向于前进。因此，社会的"秩序"事实上是变化的规律。社会的"现实"是冲突和变迁，而不是一个"封闭的功能系统"。这正是马克思主义关于辩证发展的思想，是马克思以深刻的洞察力对理解社会所作出的最重要贡献之一。因而，揭示冲突或矛盾的意义与作用，在于通过给个人和群体施加压力以引起制度活动的革新性与创新性变化，防止片面适应和习惯性连接，避免创造力的日益枯竭。所以社会科学也应强调，把人类看作从事接受、创造和再创造价值和制度的辩证过程的个体。

于是，有组织的怀疑态度总是必需的，这就是把科学视为需要进一步考察的真理，或一个不断变化的过程，只有这样才能在预防思想僵化的同时领悟科学的真谛。并有助于学生在挑战某些领域的权威与习惯的情形中赋予他们尽可能多的责任感。总之，课程知识的部分任务就是要认识到我们工作的潜在影响，因为意识与价值观念在使用过程中不断地发挥作用并且逐渐沉积在我们用来解决问题的思想体系中。因而，教育者必须面对"怎样进行认真的伦理和政治性思考"的问题，并改变那种扎根于"技术性"教育思维模式的简单做法，比如，仅满足于"明确地表达精确的学习目标，清楚地陈述学习者期望能做的任何事情，知道和感觉到他学习经验的结果"等，加强对人类在现实生活中如何真实生活的思考。这样教育质量的缺乏就不是仅仅靠复杂技术的引进所能有效解决的。系统内思想也就是一个理解的模式，而不必是一个控制的模式。从而课程领域必须致力于成为"批判性科学"，以避免把人们在教育制度中的大部分行为控制在想当然的、中立的技术控制之下，增强课程工作者的自我意识。只有这时，即批判的意识开始的时候，课程学者声明他们关心教育，才不再仅仅是文化和经济的再生产。

总之，意识形态与课程的紧密关系使人们认识到，必须"把批判取向的社会学和课程研究引入学校"①,使教育行为不断走向政治和伦理的结构,即教育者不断寻求自我批判并有责任以伦理和公正的态度对待儿童,提倡批判性研究与实践的模式,通过培养学生批判性思维的能力,使教育真正承担起推进知识和文明的重担。

(四) 批判性思维指向教育中最终的解放

思考是人类的特征和需要,"我们的人生是由我们的思想构成的"。正如苏格拉底所言:"我教不了别人任何东西,我只能促使他们思考。"事实上,加强培养学生思维特别是批判性思维的能力,"这对个人的成功和国家的需要都有核心的重要性"。②批判意识的形成会向成为课程基础的常识性假设提出挑战。知识产生于人们的需要,而批判意识能成为变革的实质力量,阻止科学沦为制定和贯彻国家政策,对社会经济、政治实践进行辩证地批判性理解,改变限制许多人生活和希望的制度安排,以取得实质性进步。

因为一般而言,许多人确实把社会的经济、社会教育制度视为本质上是自我指导的,极少需要他们的参与,他们也不必讨论这些制度的目的与手段。以至于许多人再也感觉不到解放的必要,使无目的感弥漫于一部分人当中。因而,课程学者在教育的内部和外部面对大量正面的批判必须采取支持的立场,以使学生在可选择的范围内最大限度地获取政治上和文化上的真实信息,增强他们的反应性和基于信息做出自我抉择的责任感。

批判性思维意味着不被虚假信息所蒙蔽。据报道(Harris,2000)20世纪80年代后出生的一代,所接触的信息中有75%以上是其出生

---

① 〔美〕迈克尔·W. 阿普尔:《意识形态与课程》,第183页。
② 董毓:《批判性思维原理和方法》,高等教育出版社,2010,第3页。

以后产生的，而且信息产生的速度还在加快。但更为重要的是这些信息中有很多是包含着有偏见的假说，需要人们自己去辨别、去判断。因为网络时代，人人都可以向全世界发布或真或假的信息和情绪，甚至于戴上面具制造假象却可以不负任何责任。所以，批判性思维在于首先使人判断信息的真实性与准确性，去伪存真；其次是探索信息背后隐含的假设和价值标准、挖掘更深的含义和根源，避免被误导和盲从。批判性思维在个人及其社会生活中起积极促进的作用。

"批判"在此并不具有负面、否定的意思。批判性思维绝不仅仅限于发现缺点。批判性思维是对已有的观念、论证进行有意识地审核与反思的过程，即在容许一个观念、信念或论证——不管是听来的还是自己想到的——进入大脑，成为自己知识体系的一部分之前，先要用理性和公正的标准对它审视一番。因而，批判性思维事实上是一个探索的过程，它质问已有观念、知识和决策，试图根据经验、逻辑和辩证的方法来找到更好的观念，推进知识的进步，做出合理的行动。因而，批判性思维是真正的独立思考。独立思考的本质不在于结论，而在于论证过程；不在于观点对错，而在于努力方式；不在于是否受人影响，而在于怎样受人影响，并意识到影响极其局限。因为，完全独立于已有知识体系和思想的纯粹的"独立思考"并不存在。人并非生活在真空之中，人无法不受到这种或那种思想的影响甚至这种观念或那种观念的推动。所以真正的独立思考是公正考察已知事实和各种观点之间的碰撞，做出综合、诚实的判断。当然这种独立分析得到的结果仍然具有局限性，它受历史、知识、信息甚至思考者思维品质的制约，但无论如何，经过这样独立思考后得到的结果总可以保证有更好的合理性，有更多接近真理的可能。

强调思维能力的培养，绝不意味着知识的学习不重要或者从知识的传授中学不到东西。事实上我们每个人都从这种方式中获得了许多东西,而且还将继续从这种知识的传授方式中受益,只是这种知识的传授方式不利于学生的批判性思维能力的发展。因为,"灌输式教育的理论和实践……衡量'知识'的各种准则、阅读要求、语言课、教师和学生之间的距离、提高的标准;这些现成的方案中的一切均是为了消除思考。"① 因此,科学课程设计必然关注培养学生的批判性思维能力,才能更好地引导人们忽视由他们的生活环境所强加在他们身上的那些无意识的偏见,使学生有批判性的鉴别能力得以提高。达到此目的的最好方法或许正是苏格拉底的产婆术。苏格拉底的产婆术本质上在于提出一些问题,旨在摧毁偏见、虚妄的信念和以无知的骄横态度作出的错误判断。但苏格拉底却从不假装已经懂得这些问题,正如亚里士多德对他这种态度的评价:"苏格拉底提出问题,但不作解答;因为他承认,他也不懂。"(《论智者的辩驳》,183b7;参见《泰阿泰德篇》161b.)于是,苏格拉底的产婆术不是那种旨在传授信念的技艺,而是一种旨在清除或荡涤灵魂中的虚妄观念、表面知识以及偏见的艺术。它能够帮助人们通过质疑自己的信念达到接近真理之目的。

总之,现实期待人类似乎已经沉睡的批判意识再次觉醒。一来没有人会对赫伯特·马尔库塞对"单向度发展"的批判不以为然,更不会面对来自环境监测方面的数据而无动于衷。毕竟当代人的高枕无忧以及"资源的破坏、浪费的增多是在显示它的富裕和'高水平的福利'"、"社会富裕到了人们可以无忧无虑的地步",只是极其幼稚的幻想。二来尽管当代社会已基本超越阶级与阶级之间的斗争以及不同阶层之间的巨大差异,以至于"工人和他的老板享受同样的电视节目并漫游同样的游览胜地"、"打字员打扮得同她雇主的女

---

① 〔巴西〕保罗·弗莱雷:《被压迫者教育学》,顾建新等译,华东师范大学出版社,2001,第28页。

儿一样漂亮"、"黑人也拥有凯迪拉克牌高级轿车"、工人与雇主几乎享受着同样的空闲、呼吸着同样的空气,"大自然的报复"才不会专门挑出工人或雇主,而是挑战整个人类,挑战人类无愧于人类的智慧。因而工人的根本追求决不应仅仅是与雇主在许多方面的等同,从而使自己似乎由"被压迫者"的行列转入"压迫者"的队伍,这绝不是真正的解放,是保罗·弗莱雷所根本反对的。因为,人类解放的依据在于一直以来捍卫人之所以为人的根本所付出的努力;是在解读人性的同时所表现出来的无限创造力。于是培养批判性思维能力,是基于人作为一个文化的存在生存和发展的需要。就这一点而言,没有人种、种族和阶级的局限。从而要求人类整体批判意识的觉醒——反思现实、反思人类的技术及非技术行为。所以,尽管"无产阶级批判性反思自身受压迫、受剥削的根源"的理由已不再充分,但批判性思维却必须继续,以进一步澄清人类作为人类的理想、人类作为人类的乐趣。

四 基于观念转变理论的方法论

目前发展起来的观念转变理论试图探讨知识增长的内部机制。它以当代科学哲学的研究结果为基础,如托马斯·库恩提出的"范式"理论、伊姆雷·拉卡托斯提出的"研究纲领"。该理论认为,在学习领域,也存在着类似的观念转变方式,学习实际上是观念转变的过程。

(一) 观念转变理论的基本精神

观念转变理论试图回答:学生的科学观念是如何发生变化的?如该理论的代表人物鄱斯纳(G. J. Posner)等人首先提出,学习是在学

科学课程设计的认识论考察

习者当前概念的背景下发生的，在学习中，这些原有的概念构成了影响观念转变的"观念生态"。

观念的转变或顺应一般涉及两方面问题：（1）观念转变可能发生的条件；（2）影响新观念选择的观念生态的特征。观念转变理论借鉴认知科学关于儿童错念的经验性研究，认为学生在接受科学观念前对许多自然现象已有自己的观念认识（并不像洛克所讲，儿童的心灵是一块"白板"）。这些观念促进或阻碍着学生科学观念的形成。于是，科学课程以其已有观念为基础。帮助学生进行原有知识或观念的转变，是扭转科学教育困境的基本途径。研究表明，学生在日常生活中所形成的许多关于自然问题的错念，都有高度的坚韧性，极难改变，但又必须通过教育进行转变。一个错念不仅是一个虚假甚至错误的信念，而且在认知中发挥着组织作用，正如范式在认知中发挥的作用一样。因此，任何有效的学习都不得不考虑到这些错念的影响。观念转变理论就是试图从此突破的一种理论尝试。而转变也并非意味着科学课程的目的是要以新的观念或理论取代日常观念或旧的知识，而在于使学生清醒地认识到，在某些情境里科学观念比以前他们所持有的观念或认识更加有效。日常观念或知识包括学生用于理解世界以及与他人进行交流的解释框架，有学者认为，要转变的恰是这些解释的框架。[1]

从个体经历观念转变所需要的条件来看，观念转变机制包括以下四个方面：（1）必须对原有的观念产生不满。研究表明，除非人们已经发现他们所持有的观念失去作用，否则他们的观念不会改变。这意味着观念转变之前，个体事实上已积累了很多的未能解决的疑难，这些疑难是学生可能接受科学观念的基本条件。在科学知识的学习中，

---

[1] 转引自丁邦平著《国际科学教育导论》，山西教育出版社，2002，第214页。

学生面对有趣的、条理的实验，通过对某些现象的讨论，尤其是运用"认知冲突"等教学手段和方法，会引起儿童对日常观念的质疑与不满，从而促使观念转变。(2) 新的观念必须是可以理解的。基于前一个条件，儿童开始学习科学观念。但新的科学观念必须是可以理解的，只有初看起来这些概念还有些意思的时候，才能引起学生注意并开始探索它们。观念转变过程中，一个需要解决的问题是，新的科学观念通常与直觉相反，于是对那些信守旧观念的人来说就是不可理解的。科学课程正是要克服这一困难。(3) 新的科学观念乍看起来必须是真实的，即与学生其他的观念相一致或没有冲突。新的科学观念倘若要被接受，就需要学生相信它们的真实性。(4) 新的科学观念应能揭示更加丰富的研究纲领的有效性。就是说新的科学观念不仅能解决目前的问题，而且能为揭示与观察世界的方法开辟更加合理的途径。研究表明，观念生态极大地影响了对新概念的选择与吸收，已有观念越丰富多样，越有利于促进学生观念的转变。

总的来看，观念转变理论是一种规范理论，正如斯特莱克和鄱斯纳所说的那样，"我们的理论不是建立在任何经验证据之上的。相反，它指出，科学哲学和科学史研究所揭示的那些证据与重要的观念的修正有关。应当再次指出，这一基础使我们的理论具有规范的性质。我们提出的观念转变理论首先是描述与产生重大概念修正有关的那类经验的尝试。"[①] 因此观念转变理论主要关注的是认识论问题，涉及确定理论转变或选择的充足理由是什么。观念转变理论假定，在所有层次上知识的增长都具有很多相似的地方，在科学前沿的观念转变与学生在学习科学时所经历的观念转变是类似的。观念转变理论假定，学习者的观念生态与新知识是互动的，观察、实验、对证据的评估以及对

---

① 转引自丁邦平著《国际科学教育导论》，第208页。

相同事例的理解与解释都依赖于学生当前的知识状况。这一理论还认为，学习科学是一种文化习得的过程，科学概念是社会性获得的，学习科学的过程就是适应科学共同体的概念、解释和认知方式。

（二）观念转变理论的方法论意义

观念转变理论作为一种理性的理论，其方法学意义在于指出，学生接受某种观念是基于充足的理由，即学生有了充分的证据才会改变自己的信念。学生的信念体系是完整的，不仅具有内在的一致性，而且人的理性要求人们在接受某种新的观念时，必须依据一定的标准。这就是充分的经验证据、理论上的可能性、逻辑上的一致性以及对未来研究可能具有的有效性。

随着研究的不断深入，观念转变理论也进一步认识到，其实学生的错念或学习前的观念可能只是模糊的认识，或者如布鲁纳所说的只是以一种图像式的表象形式存在着，甚至不以任何表象形式存在，而只是作为观念生态的某些因素存在着，由此影响着学生对其他观念的选择。事实上，错念也有一个发展的历程，它们由观念生态中其他因素生成。对于学生的学习来说，也许更为重要的是课程要了解产生错念的那些因素是什么，而不是错念本身的特征。斯特莱克等认为，观念或错念也是观念生态的一部分，与观念生态互动；而且情感和社会因素等也与理性一样对观念的转变具有解释力。

不过林达（C. J. Linder）在对观念转变理论的批评中，强调具体观念的情境的意义。他指出，学生必须从特定情境中的新观念形成有意的关系。因此，科学学习中，不要过分注重"改变学生原有观念的某些部分，而要注重提高学生区分适合于某种具体情境的观念的能力"[1]。目

---

[1] Linder, C. J. (1993), A challenge to conceptual change. *Science Education*, 77, pp. 293-300.

第五章 科学课程设计的基本观念

前国际上一个流行的口号是"为观念转变而教"。修森等学者较全面地概述了为观念转变而教的教学指导原则的重要方面。[①]

第一，在课程的实施阶段，要使学生与教师的观念共同成为课堂话语的组成部分。基于观念转变的科学学习，必须使与课题有关的各种不同观点都有机会表达出来，其中包括学生的观点。以往的科学教学中，往往只有教师的观点才成为课堂的话语，学生的观点则不被考虑与重视。这样学生只知道自己的观点与教师的观点不同，并不知道其他学生的看法，长此以往，容易造成学生不能认真对待自己的观点，很可能轻视自己的观点。当学生的观点与教师的观点同样受到重视，就会引起学生注意，并通过理解尝试接受那些以前他们不曾听到或未曾认真考虑过的思想观念。这样学生就有机会依据不同概念所具有的解释力做出判断，从而使他们认识到，某些观念所具有的权威并不是源于教师无可置疑的权力地位，而是以精确陈述的、通过讨论的证据为标准。

第二，促进元认知的发展。所谓元认知是指个体对自己认知过程与结果的认识，是学生对自己学习状况的了解、意识和掌控。元认知可以在学习中获得，从而提高学习品质，使学习者能够监控、整合和拓展他们的学习领域，并具有良好的学习行为。为此，应使学生具备关于如何获得知识和理解知识、关于思维和如何有效思考的认识，以及关于什么样的教材才是好教材，以提高他们的元认知能力。

第三，确定观念的地位。前面提到观念转变的四个条件中，新观念的可理解性、真实性和有效性是决定观念地位的三个重要方面。当学生初步理解了新观念，看到新观念与其所拥有的其他观念一致或能

---

① See Hewson, P. W. Beeth, M. E. &Thorley, N. R. (1998), Teaching for conceptual change. In B. J. Fraser and K. G. Tobin (Eds.) International Handbook of Science Education, Dordrecht: Kluwer Academic Publishers, pp. 199-218.

够协调时，这个可理解的观念就具有真实性；当新观念解决了在其他情况下不能解决的问题或揭示了新的可能性、方向或观念时，它就具有有效性。学生对不同观念的可理解性、真实性和有效性的比较，促使学生在各种观念之间做出选择，有些观念可能更易于学生接受，其地位提高，而有些观念则可能不易被学生接受，其地位降低。因此，科学教学中为观念转变而教，使提高某些特定观念的地位不仅是教学活动的一部分，而且降低另一些观念的地位也是教学活动的重要组成部分，包括探索这些观念不可接受的意蕴，指出它们不足的地方。

总之，观念转变理论与以往的学习理论相比，更为有效地解释了学习（尤其是科学学习）发生的机制问题。如行为主义理论只注重观念的联结与整合，以此说明学习的内部机制。皮亚杰的认知发展理论注重探讨个体认知结构或认知操作的发展，并没有说明学习的具体机制；布鲁纳的学习理论关注课程结构和发现法在学习中的作用，但也未就学习的具体机制做出有说服力的阐述；奥苏伯尔的有意义接受学习理论尽管较为合理地阐明了有效学习的一般原理，但就学习的具体机制却未能做出回答。

观念转变理论汲取了有关理论的合理内核，如建构主义观点和有意义学习理论的有关成分，借鉴了科学哲学中观念转变和观念生态为理论基础，结合认知科学关于错念的研究，揭示了儿童掌握科学概念有一个从原有观念到新的科学观念的转变过程。该理论认为，在科学知识的学习中，之所以有许许多多的学生学业成绩不够理想，一个主要原因就在于学习者没有从原有的观念转变到科学观念上来。因此，科学教学中解决观念转变问题应是许多矛盾中的主要矛盾。可见，观念转变理论对学习的具体机制做出有益的探索，使人们对人类认识的发展有了更加全面的理解和把握，为提高人类学习的有效性作出突出贡献。但观念转变理论尽管考虑了理性因素或认知因素在观念转变中

第五章 科学课程设计的基本观念

的作用，但对非认知因素对观念转变的作用和意义明显关注不够，是该理论的局限性所在，也是该理论有待深入探讨的地方。

　　概括以上几方面的思考，科学课程的观念系统可归结为"三个一"运动，即学习一个态度；养成一个习惯；保持一份热情。态度是指用联系的观点或统整分析与综合的方法看待事物，而不是只看到支离破碎的一堆碎片。习惯则是批判性思维的习惯，即善于思考，不是想当然地接受任何观点，而是敢于思想自己的思想，敢于承担选择的责任。热情则是要保持天生的那份好奇、执著以及天生叛逆的冲动，童真童趣。在哲学家的眼里，"三"具有众多的意识。在数学的世界里，"一"常常代表孤立的一个点具有奇异性，而孕育着灾难，如孤注一掷、一意孤行，从而不能权衡，无法变通。在数学中两点可以连成直线，但也正因为如此，易将思维与行动限定于某条固定的途径及非此即彼的极端倾向。只有"三"，三点能构成一个面，能撑起一片天，并且无论是平面还是曲面，都一方面可以向任何方向自由发展，少受局限；另一方面构成一个面，能容纳成功，也能包容遗憾。"三个一"运动预示着无限发展的可能性，这就是：培养使用联系观点的态度；养成批判性思维的习惯；保护好奇又执著的热情。

第六章　基于问题的科学课程及其设计

研究表明，现行科学课程已从根本上超越客观主义知识观与认识论的局限，并以经验科学的可检验性作为新的认识论基础，具体表现出三方面特征，这就是以问题为导向的科学课程结构、科学课程实施的探究性特征以及科学课程评价的重过程性。

一　基于问题设计的必要性与可能性

（一）基于问题设计的必要性

与科学课程设计基本观念相一致，科学课程基于问题设计的必要性，同样是人们将科学知识的可检验性作为科学课程设计的认识论基础。就是说观念或研究"范式"的转变，必然要求包括课程内容选择及组织形式、课程实施方法及课程评价策略上的相应改变。

如日本文部科学省在《小学理科课程标准解说》中，明确指出，"要转换对自然事物与现象性质及规律性、真理等特性的看法。自然的特性并不是与人类毫无关系地存在于自然之中，而是人们将其作

第六章 基于问题的科学课程及其设计

为预测通过构想、观察、实验等加以检讨与承认的。也就是这样一种看法，自然的特性是人类创造的产物。"①"所谓理解自然的特性与规律性等自然的特性，可以说就是要与儿童既有的印象与概念等保持密切关系，与儿童既有的知识体系和问题解决得到的信息相结合来建立意义和关系，是建构关于自然新体系的过程及结果。""现在，关于科学的理论与法则的想法发生了如下变化，即从科学的理论与法则是与科学家之人类毫无关系而成立的绝对的、普遍的东西之想法，转换到科学的理论与法则是科学家之人类所创造的东西之想法。"② 表明近年来日本理科教育界对客观主义知识观与认识论的革新与超越。

日本文部省官员角屋重树就在相关论著中表达了赞同理科教育范式转换的观点。他说，"今后理科教育的宗旨之一是让孩子作为动态的世界图像来构建科学"，为此，"有必要从证实和反证的视角重新认识理科的学习过程，并以这一想法为基础开发基于证实和反证的理科学习方法"，"与以往的学习中只重视证实不同，反证与证实是等价的"。基于证实和反证的理科教学是要从两者的关系出发试图改变传统理科教学的看法和想法，并支持构筑动态的世界图像的理科学习方法。③

美国国家科学教育标准中表述了大致相同的观点：（1）科学家使用观察、实验、理论及数学模型建构和检验自己对自然的解释。尽管所有的科学想法都是暂时的，要接受变化和修正，但是，科学最主要的想法是基于众多观察与实验而被检验的。这些想法将来也不会有大的变更。科学家在遇到与以往的解释不一致的新的实验上的证据时才

---

① 刘继和：《日本理科教科书研究》，东北大学出版社，2008，第222页。
② 刘继和：《日本理科教科书研究》，第222页。
③ 刘继和：《日本理科教科书研究》，第223页。

会改变自己对自然的看法。(2) 在虽然研究活跃但又缺乏来自观察与实验的证据及其解释的领域里，对证据的解释和考察的理论与他人的意见不同，这对科学家来说并不是特别的事情。各个科学家也许提示彼此相反的实验结果，或从相同的数据导出不同的结论。渴望的是科学家承认矛盾，并朝着发现解决分歧的证据而工作。(3) 科学研究成果、实验、观察、理论模型以及评价其他科学家主张的说明结果，这是科学探究的一部分。评价包括概观实验程序、理解证据、认定错误推理、指明无证据的言辞以及对相同观察结果提示替代性解释。也许科学家对现象的说明、数据的解释、相互争论的价值和意见并不一致，但对于你来我往的质问与评判、自由的信息交流在科学过程中是绝对必要的。随着科学知识的发展，主要分歧最后将在科学家同行的相互关系中得到解决。[1]

我国科学课程标准在对课程性质和价值的规定中，也明确表达了科学课程在科学认识论与科学观方面的立场与观点，这就是对科学知识可验证性思想的突出强调。科学课程标准在"课程性质和价值"的部分指出，科学课程是建立在对科学本质认识基础上的，科学课程要引导学生逐步认识科学的本质。所谓科学的本质（科学观），概括地说，包括如下三个层面的含义：(1) 自然界是有规律的，这个规律是可以被人们认识的，而科学是人们认识自然客观规律最有效的途径。科学探究不仅涉及逻辑推理和实验活动，同时还是一个充满创造性思维的过程。科学知识反映了人类对自然本质的认识，因而科学对自然现象具有解释和预见的功能。(2) 科学是一个开放的系统。一方面，可验证性是科学与伪科学的重要区别之一是科学强调和尊重经验事实对科学理论的检验，因而科学是客观真理，科学知识具有相对的稳定

---

[1] 刘继和：《日本理科教科书研究》，第225页。

性；另一方面，已有的科学理论不是绝对真理，而是相对真理，它只能在一定条件和范围内适用，也不能解决所有问题，它需要不断发展和进步。(3) 科学活动既是科学家的事业，也是全社会的事业。它像一把"双刃剑"，因而受到科学道德（科学家共同体）和社会一般道德（全体公民）的双重约束。[1][2]

（二）基于问题设计的可能性

重视实验的组织与安排是实现基于问题进行科学课程设计的重要途径。实验在学生建构概念及知识意义的过程中发挥着重要作用，因而 2012 年新修订的物理课程标准，进一步明确了实验教学的要求，强调加强学生实验能力的培养。标准修订稿明确指出：实验教学对发展学生的观察能力、思维能力、分析解决问题能力和动手实践能力，以及帮助他们养成严谨的科学态度和科学精神，具有重要意义。标准修订稿总共提出的实验项目近 30 项，其中 20 项规定为学生必做实验。在"内容要求"中，凡是用"通过实验"这一措词陈述的知识内容，要求都必须通过实验来学习，以促进学生理解和运用所学的知识和方法。

实验研究的重要性在于日常经验及其观察的不充分与不可靠。是说人们基于日常经验所观察到的现象与所得出的结论，看似证据确凿、毫无疑义，但却包含着极其错误的认识。比如亚里士多德关于"力是物体运动的原因"以及"轻的物体下落慢，重的物体下落快"的观点就是最典型的例证。"力是物体运动的原因"这一观点，似乎

---

[1] 中华人民共和国教育部：《全日制义务教育科学（7~9 年级）课程标准（实验稿）》，北京师范大学出版社，2001，第 1~3 页。
[2] 教育部基础教育司：科学（7~9 年级）课程标准研制组．《全日制义务教育科学（7~9 年级）课程标准（实验稿）解读》，湖北教育出版社，2002，第 44~45 页。

科学课程设计的认识论考察

是由大量的经验观察"确证"了的——停在地面上的箱子,不推、不拉它会永远停在那里,只有推它、拉它的时候才会动。轻的物体下落慢重的物体下落快,更是人们亲眼所见、随处可见的"自然现象"。然而,这些表面上看来由大量经验与观察支撑的流传了两千多年的观点,却是荒谬的。

当然人们基于经验的观察并得出结论的过程,绝非一个纯粹客观的过程,而总是在一定的理论框架内进行,或者说受一定"范式"的影响,尤其是对观察现象的解释更加需要已有观念的支撑。比如推箱子的例子,实际上人们在解释为什么"不推箱子——箱子不动,推箱子——箱子动"之前,大脑中已经存在有或清晰或模糊的观念或框架,这种观念突出了"箱子是在推力的作用之下'运动'起来了",强调物体"运动"的原因是推力作用。若改变思维框架,比如引入物体"运动状态"的概念,像箱子静止、箱子运动等。尤其在引入概念"运动状态改变"的情况下,再看"箱子由不动到动",就只不过是箱子的运动状态"改变"了而已。因而"不推箱子——箱子不动,推箱子——箱子动",也只是表明推力正是箱子运动状态"改变"的原因,却不是箱子"运动"的原因。可见,观念或思维框架或研究"范式"的重要作用。因此,英国科学哲学家玛格丽特·玛斯特曼认为,范式作为一种"看的方式",是用来类比的具体"图像",是在还没有理论时起作用的那种力量。[①]

当下课程设计,一方面注重已有观念或"观念生态"对学生学习的影响,借鉴观念转变理论对科学学习的指导意义;另一方面注重实验研究的重要作用,实施探究式教学。以"轻的物体下落慢,重的物

---

① 玛格丽特·玛斯特曼:《范式的本质》,载于伊姆雷·拉卡托斯等《批判与知识的增长》,周寄中译,华夏出版社,1987,第73~115页。

体下落快"为例，由于物体除了重量的不同之外，还有空气的影响，因此基于日常经验的观察不可靠。因而实验设计与研究就是非常必要的，于是人们发明了"牛顿管"——可以把管中的空气抽出，以观察在没有空气影响的情况下，轻、重物体下落的快慢关系。实践证明，这类实验设计对帮助学生形成观念、建立概念发挥着不可替代的重要作用。但应注意，不能将实验研究简单化为数据收集的过程，因为实验研究的根本目的在于对无关因素或无关变量的控制，以提供在较少干扰的情况下进行较为客观的观察与研究的可能性，而不仅限于获得具体而清晰的数据支撑。

现行科学课程设计也对以实验研究为核心的实证研究的思想给予重新定位，并从根本上放弃了以往那种企图一劳永逸证实或一劳永逸证伪一个命题的做法，而只是在还没有足够的证据否定它时，才暂时接受它，并保留否定它的可能性。以这种观点看"牛顿管"实验，就不在于说该实验证实了结论，即在没有空气阻力的影响下，轻重不同的物体下落快慢相同，而只是说该实验提供的否定该结论的"证据"还不够充分而已。这是说如果该结论果真不成立的话，那么每一次"牛顿管"实验也将有更大的可能出现如下结果，即轻重不同的物体即使在没有空气阻力的影响下，也仍然以快慢不同的速度下落。但事实却恰恰相反，观察到的结果是：在没有空气阻力的影响下，轻重不同的物体下落快慢相同。于是只能先接受该结论正确的观点，同时保留否定它的理由。这实际上意味着实验检验的无限性或无法完结。总之，科学陈述的客观性在于它们能被主体间相互检验，其科学性是命题的可检验性即经验的科学的系统必须有可能被经验反驳。证明一个理论是科学的，在于表明这个理论是可错的，它接受被否弃。这样实证研究基本上是一个证伪的过程，但与那种一次就证伪了、抛弃掉的证伪主义思想完全不同。

二 以问题为导向的科学课程结构

科学的文化属性揭示了科学发展的自我激励的生成性特征,从而决定了科学课程结构的动态生成性;同时科学课程作为研究假设也必然要求以问题为中心的结构特色。

(一) 科学探索中永恒的变量——问题

科学的自我激励与发展,表现在科学作为一种文化发展的进程,在有限但却是重要的方面上一直是自我加强的,就是说:(1)科学家们提出的问题大部分是在科学探索本身范围内部出现的,以至科学不再依赖于其社会环境的刺激和指导,即使在财政上以及以各种不同的其他方式仍然依靠社会;(2)关于科学问题的回答只不过是提出新的问题;(3)以往的科学成果产生了一种形势,它鼓励继续资助科学;正是这些自我强化的特征有助于解释科学的持续性。[①] 因此,就科学发展而言,稳定的终点是不可能推测的,对一个问题的回答仅仅是提出新的问题,而且也可能怀疑就以前的问题已经给出的回答。科学在某些重要的方面就有内在的自我加强的效应。

不仅如此,科学的各子系统之间的相互作用还表现出典型的非线性特征,进一步保证了科学自主发展的进行。首先,科学的各子系统包括了科学家共同体构成的人力系统、科学的知识体系构成的理论系统(包括概念、规律、原理以及实验事实、定律等等),以及科学的思维方式和方法构成的方法论体系或系统等。其次,在这样的科学系

[①] 李克特:《科学是一种文化过程》,顾昕、张小天译,生活·读书·新知三联书店,1989,第91页。

第六章　基于问题的科学课程及其设计

统内部,各构成要素或子系统之间通过已经解决和需要解决的"问题"相联系,使"问题"成为各子系统之间相互作用的纽带。这里的"问题"事实上是人类面对生存和发展所需要解决的问题在科学领域的投影和反映,是各部分间相互作用的根本和前提,是科学发展中最活跃的因素。就科学的相对微观的层面而言,当科学家利用科学的方法解决问题时,尽管反映了方法对科学家研究工作的指导,但这种指导不是单向的作用,因为科学家在思想观念的引导下应用方法的同时有对方法的改进与革新,甚至有像库恩所说的思维范式的革命;改进了的方法和思维方式又会进一步作用于科学家解决问题的过程,提高科学家解决问题的能力,改善问题解决的环境,提升问题解决的效率;如此相互作用循环往复,不会停止。同样科学家在借助于现有的理论框架或模型对新发现的事实进行解释时,也会对知识体系的完善、甚至对知识总量的绝对增加作出贡献;完善了的知识体系也会进一步作用于科学家,相互作用也是循环往复地持续进行。同样在知识体系与方法之间也存在这种非线性的相互作用,一方面知识的增加与完善可以促进方法的革新,而方法的革新又会进一步促进知识的增加与完善。如此,各子系统之间必然是相互促进、共同增长。

科学作为一个能自我激励和发展的系统,意味着总是积极面对,总是试图自主寻求成长的契机,从而自我创造、自主生长、自我完善,因此科学成长发展的动力和冲动来自于系统内部。比如科学家们提出的问题大部分是在科学探索本身的范围内出现的,以至科学不再依赖于其社会环境的刺激和指导,即使在财政上以及以各种不同的其他方式仍然依靠社会;关于科学问题的回答只不过是提出新的问题;而且以往的科学成果也产生了一种形势,它鼓励继续资助科学。正是科学这些自我强化的特征有助于解释科学的持续性。

指出科学的自我激励的生成性特征,在于认识到科学自我发展的动力机制及其生命力,也是科学技术为善或作恶的源头。因此也就从根本上表明了为什么科学不能不需要外界的干预和引导。因为,正是由于科学发展自我激励和加强的特点,所以一旦科学失去社会的干预、引导和控制,才会像"脱缰的野马",甚至像缺乏管束而"长疯了的小树"。因此,科学需要引导。而首先是对科学发展方向的引导,但这种引导又不蔑视科学内部自主发展的力量,因而这种干预和引导绝不是简单的命令、武断的阻挠。命令是愚蠢的,就如同命令小树,不能这样长、要那样长,不该在这儿出个枝杈,而应该在那儿发个新芽、长个新枝一样。然而合理的疏导却几乎可以控制树木的生长,以至于真的能在希望它长出树枝的地方发出新芽。

科学内部同样需要一种反思的力量,正如拉伯雷所言:"没有意识的科学只是灵魂的毁灭",甚或没有意识的科学还是人类自身的毁灭。因为如果一种知识不能与人共享,而保持在高深莫测和零散支离的状态中,就只能以浅薄的形式加以普及,从而支配着社会的变化却不能支配自身,使人们处于对有关自身命运问题的日益增长的无知之中。因此埃德加·莫兰说:"缺乏反思的经验科学和纯粹思辨的哲学都是有缺陷的;没有科学的意识和没有意识的科学在根本上都是片面的和起片面化作用的。"但科学知识的分割与隔离似乎知识不再是被人类思考、探索、反思和讨论的,而只是用来记忆和存储的东西,别管是存储在计算机芯片还是人脑的记忆系统。因此科学对自身的反思,要求启动建立在分析方法基础上的意义揭示与关联系统。

科学作为一个无尽探索的过程,由解决不完的问题产生。"科学始于问题,又终于问题。"[①] 意味着一个问题的解决绝不是认识的结

---

① 〔英〕波普尔:《波普尔自传:无尽的探索》,赵月瑟译,中央编译出版社,2009,第153页。

束，而恰恰是一个新问题解决的开始。正所谓"打破一个谜团，其实不过是用另一个谜团来解释它而已"。因此，问题是科学自主发展的文化过程中的核心要素。从而决定了科学课程的结构，必然是以问题为中心展开，才符合科学发展的逻辑，也才更符合人类认识发展的线索。

（二）以问题为中心的动态生成结构

1. 以问题为中心的设计思想

问题事实上是在历史和现实中那些不能尽如人意的地方，发现有待于进一步解决的疑难。发现问题比解决问题更重要，因为解决问题也许仅仅是一个教学上或实验上的技能而已。而提出新的问题、新的可能性，从新的角度去看旧的问题，都需要有创造性的想象，而且标志着科学的真正进步。而且也正是问题的牵引，才使得科学得以发展、人类生活得以展开。这就是人们在不断地提出问题、解决问题又不断地发现更多的疑难的过程中，解决疑难读懂自然，同时实现自身的价值和理想也读懂自己。所以，人类科学文化就是在这种不断的问题解决中得到发展，人类理想也正是在一个个问题的解决过程中得以实现。而每一个个人的发展和理想的实现也几乎具有同样的经历。因此，永远解决不完的问题会缠绕着人类，也同样伴随着每一个人，使不断探究各种各样问题答案的过程成为人类生存的基本姿态。一方面一个个问题的解决积累着人类的成就感、积累着人类的自信，也同时积累着人类进一步解决问题的勇气；另一方面也确实有更多的问题等待着人们去解决，时时向人类的意志、耐力和智力挑战，使人们无法不继续努力、无法躺在以往的成就上停滞不前，而是只能面对困难、面对问题、面对挑战。从而使提出问题、解决问题、提出更多的问题……必然成为科学课程的基本样态，使问题成为科学课程中最具有生命活力的积极因素。

学习内容就是以问题的形式间接呈现出来,使学习过程更多地成为学生发现问题、提出问题、分析问题和解决问题的过程,并鼓励学生对教师的超越,赞赏学生富有个性化的理解和表达。因为问题是科学研究的出发点,是开启科学之门的钥匙。研究表明,学习产生的根本原因不是感知(尽管学生学习是需要感知的),而是问题。即对问题的敏感性和对问题的一贯热情,或如希腊人说的,是惊奇的本性,而要紧的不是方法或者技巧。所以现代学习方式特别强调问题在学习活动中的重要性。一方面强调通过问题来进行学习,把问题看作是学习的动力、起点和贯穿学习的主线;另一方面通过学习生成问题,把学习过程看成是发现问题、提出问题、分析问题和解决问题的过程。于是,科学课程设计中,无论是目标的确立、内容的选择与组织,还是具体的展开方式与评价策略,所遵循的唯一原则只能以能否激发师生积极思考、提出值得探讨的问题和寻求解题策略的不懈努力为依据。

从某种意义上讲,人类的学习就是为了更加自如地解决现在或将来的生活中面临的种种问题,学习其实就是一种问题解决的过程。因此,将增进学生的问题解决能力作为最重要、最根本的教育目标会有着积极的影响。然而,注重书本知识的传统教育却恰恰忽视了这一学习的核心含义,忽视了学生实际问题解决能力的培养,从而导致在这种教育模式下培养出来的学生难以更好地适应社会生活,使学校教育与实际生活之间产生了严重的错位。概括而言,传统教育的错位表现在以下几个方面:其一,现实情境要求人们主动发现问题和界定问题,之后才能解决问题。而在传统教育中,学生面临的却主要是教师或书本预先给定好的相当明确的问题,缺乏主动发现和界定问题的能力。其二,现实情境中人们面临的绝大多数问题都是结构不良的,很多并没有所谓的标准答案,解决问题需要发挥主体的创造性。而传统教育中解决的问题却多是些有严格的对错之分答案的、结构良好的问题。其三，现实问题可以是高度复杂、混乱和棘手的，问题的解决通常要考虑众多的实际因素，而传统教育提供给学生的却几乎都是去情境化的，问题解决无需考虑具体的情境因素。其四，解决重大的现实问题对人的一生至关重要，而在传统教育中所解决的问题的重要性却微乎其微，并且在书本上也难以学到对一些重大人生问题的解决办法。其五，现实问题往往要依靠群体的力量才能获得解决，传统教育却更重视个体单独进行的问题解决。凡此种种，都阻碍了学生问题解决能力的提高。

事实上，各个学科可以围绕一个共同的起组织作用的观念相互协调起来，如同地球科学形成的情况；或者彼此联合为一个新型的综合性的科学，如已形成很久的生态学；或者在一个既关键又广泛的问题上彼此增进，比如在宇宙学的问题上各种不同的物理科学被天文学所利用，协力探索我们所处的宇宙的起源和本质。或者围绕所谓"原生态"问题来展开。因此，人们现在愈益倾向于超越、打通、包容不同的学科，但这并不意味着区别、专业化和特殊技能应该消失，而只是表明一个联合与组织知识的原则应该加以实施。比如从科学、技术和社会的角度组织学科内容就是一种非常好的尝试，如图6-1所示。

2. 以问题为中心设计的具体策略

发现连接跨学科的概念、技能和态度的主题，将各学科内容整合在一起是以问题为中心设计科学课程的有效方法。因为，只有问题才可能冲破任何题材或学科的界限。完整的主题单元涉及五个重要标准：现实性、丰富性、关联性、严密性和循环性。

现实性就是学习要与学生的生活联系起来。当学习与学生相关时，他们易于集中注意力，学习成为任务定向。甚至他们经常在自己的业余时间里钻研自己的项目，而且还可能通过问问题、讲故事，把

科学课程设计的认识论考察

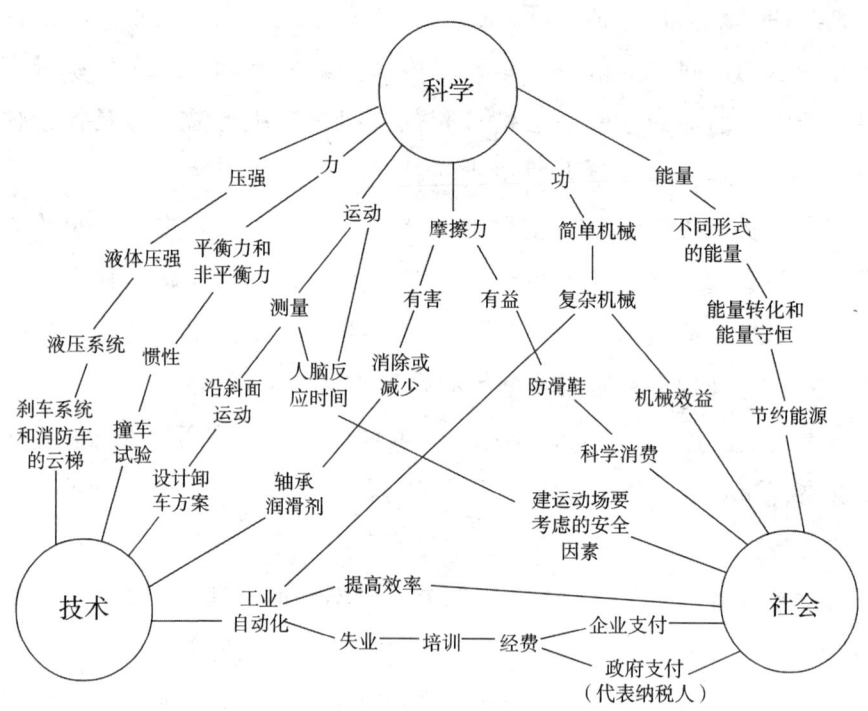

图6-1 从科学、技术和社会的角度组织学科内容

其他人卷入进来。从这个意义上说,学生成了自己学习的主人,因为他们感受到了学习对生活的影响。丰富性意味着学习单元呈现出多维度学习的问题性的情境,使学生沉浸于需要多种智力的生动的设计中。严密性是指在严格的课堂中,学生必须预测、推理、比较、排序、综合、分等、分类、假设和评价。当学生真正受到挑战时,他们凭借毅力、才能和个人的努力来解决有挑战性的问题。当一个问题解决时,他们能够感受到一种发自内心的成就感。学习者知道何时遇到了挑战,那种体验是无法捏造的。就是在这种奋斗的过程中,学生体验到严密性的崇高感。循环性的主题指在生活中和学习中可以一次又一次

碰到的主题。循环性保证学习的迁移性。它体现为在下列两者之间的差异：一种是概念、技能发展的单一可能性，即领域特定性；另一种是生活中跨学科跨情境的学习迁移。当学习可以去情境化并且可以被应用到新的情境中时，学习便得到了提高。

比如香港的《最新综合科学——迈进 21 世纪》就是围绕着 15 个主题编写的，它们分别是：科学入门，观察生物，细胞与人类的繁殖，能量，奇妙的溶剂——水，物质的粒子观，生物与空气，电的使用，太空之旅，常见的酸和碱，环境的察觉，健康的身体，金属，物料新纪元，光、颜色和光谱。并把物质、能量和生命之间相互作用作为 15 个主题的组织线索，如在物质和能量的相互作用中，根据涉及知识内容的范围分为三条清晰的线索：运动——力——重力、化学变化——物质的性质——原子与分子、不同形式的能量——能量转换，如图 6-2 所示，① 这是围绕主题整合学习者学习经验，体现了综合精神的一个成功例证。

再比如英国于 1985 年 12 月，以实验本形式编辑出版的《社会中的科学与技术》，就是突出学生作为探索者，学生的探索也是围绕某一主题进行。如在"生物能量"单元中，涉及的内容很多，但是主题十分明显。涉及的内容有：生物能量是再生能量来源，不同于石化燃料，后者是不可再生的；生物能源来源于太阳，植物通过光合作用把太阳能转化为生物能量；生物能量有三种形态：固体燃料（木柴、木炭、垃圾）、液体燃料（酒精、植物油）和气体燃料（生物气体）。学生对生物能量的认识是通过探究植物所产生的三种形态的能量来学习的。这一单元涉及的范围十分广泛，如所提出的问题

---

① 潘苏东：《从分科走向综合——初中阶段科学课程设置问题的研究》，中国轻工业出版社，2004，第 168 页。

科学课程设计的认识论考察

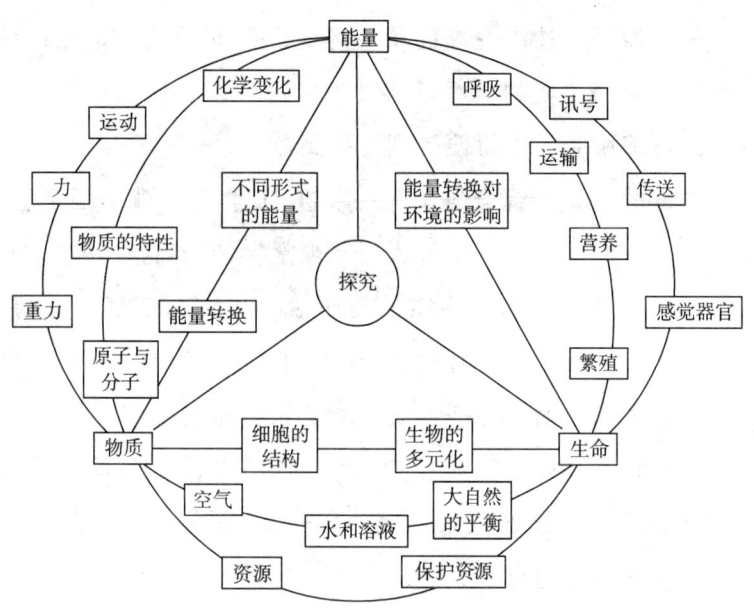

图 6-2 能量、物质和生命之间的相互作用

有：热带国家比寒带国家（如英国）能生产出更好的生物燃料，解释为什么如此？在英国，烧木头的炉子和木柴取暖器很普遍，这将引起什么问题？废渣填埋生物反应器常用于从垃圾中得到生物气体，你认为哪种家庭垃圾最合适放入其中以得到生物能量？巴西要用酒精取代所有的液体燃料，这个国家需要现有的耕地一半来种植甘蔗，这意味着需要新的耕地来种植足量的谷物，而开垦新的耕地不得不毁灭亚马孙河流域的密林，这将引起什么问题？你认为生物燃料能满足全世界的能量需求吗？解释你的答案。这些问题涉及英国和巴西，关涉家庭和全球，综合生物、地理、化学、物理等学科，气象问题与环境问题也都纳入学生的视野之中，范围不可谓不广，但都是围绕"生物能量"这一主题。

第六章 基于问题的科学课程及其设计

科学课程还可以学科内问题为中心来设计。如美国初中物理教科书《能量》，是以能量为主线按照"能量和物质""能量和力""热能""电能""声能"和"光能"等六个主题把力学、热学、电磁学等内容有机地整合起来。这样以问题为中心组织课程内容使学生沉浸于问题式学习，通过建构整个情景的意义，使知识学习与应用之间建立起密切联系。

总之，以问题为中心设计课程就可使学生不再是被动地接受和再现教师传授的知识，而是成为主动的问题答案的探究者，和问题解决过程中知识建构的自我指导的、负责任的参与者。以一个真实性问题作为学习的原动力，以一个结构不良的、开放性的问题作为开头。但问题又通常不是非白即黑的，而是具有模糊性和矛盾性，即结构不良问题是模糊的、不清楚的，或者是不确定的。通常它是一种有众多相互关系的、混乱的、复杂的情境。因此在寻找可行的答案时，会触及人类价值系统的核心。问题常常因为人们的价值观而变得复杂。开放性问题是问题式学习的基础。一个结构不良的、开放性的真实世界的问题没有一个是客观的，每个观点都伴随它自己的内部偏见。因此，真实性学习更多是学生思维的逻辑的或/和非逻辑的展开。以真实生活问题的形式描述问题，使它天生具有多学科的特征。它不只是外显的或内隐的结论，相反，它建立起一个模棱两可的情境——一个鼓励辩论、反思和需要知道更多信息的两难问题。一旦学生能够简洁地叙述问题，便能控制探究的方向。而且对问题进行了良好的陈述就等于解决了一半问题。在整个探究过程中，产生有价值的认识是学生的责任，当教师决定对某一领域直接指导时，就进行一个小型课程的讲授。事实上是帮助和鼓励学生去独立思考和争论问题中的两难情境和矛盾。这种学习模式要求学生比传统课程模式有更强的责任感和对自己学习的控制，同时需要外部的讲授和指导。沉浸于问题式学习中的学生经常试图去建构整个情境的意义，是一种很自然的，与大脑和谐一致的模式。因此，问题式学习使学习者通过把先前知识与新知识建立联系来建构意义，而成为一个可实现的学习框架。

三　科学课程实施方法的探究性特征

经验科学的特征要求知识获得必然是探究活动中创造性建构知识意义的过程；同时人作为生命的存在，其生理学特征及其生存需要也决定了人类探索未知世界的自然倾向和创造生存条件的不变追求。因而探究既是科学家和学生探究世界的方法，也是教学的方法。这种教学方法强调，教师是学生学习的指引者，指导学生提出关于世界的简单但是值得思考的问题，引导他们找寻问题的答案。探究式教学运用动手做和过程导向的活动促进学生建构科学知识，培养学生的探究技能和思维习惯。探究式教学鼓励学生将已有知识与观察到的现象联系起来，丰富个人的科学知识，理解周围的世界。研究发现，探究式教学方法能够吸引各种类型的学生，帮助他们理解科学与我们生活的关系，理解科学的本质。准确理解科学探究，设计基于探究的教学活动，将科学作为探究过程来教学，可以为教师提供培养学生能力和帮助学生加深理解科学的机会。然而正如**引论**中所指出的，实践中的探究式教学正面临着极大的挑战。因而准确把握并解决实践中探究式教学遭遇的困难，是使探究式教学顺利开展的关键。

（一）探究式教学存在的问题

对教师问卷中涉及科学与知识观念、教学方法的部分（参考附录

第六章 基于问题的科学课程及其设计

4）进行统计及分析发现，教师所持有的科学与知识观念是影响教师进行教学决策和确定教学方法的重要因素。认为科学是客观知识体系，将科学知识视为真理或客观世界真实反映的教师，倾向于运用理解记忆的方式组织教学活动；而当下以探索总结为主的教学方式还并非完全意义上的探究式教学。

1. 调查数据统计

以教师调查问卷中项目 1 和 7（见附录 2）进行相关分析，数据统计如表 6-1 所示。

数据显示，在 91 名接受调查的教师中，有 69 名主要运用理解、记忆的方式进行教学，占 75.8%；有 22 名教师运用探索总结的方式进行教学，占 24.2%，这个比例低于认为"目前理科课程设计有利于开展探究式学习"的 34% 的比例（项目 6 调查结果）。表 6-1 中数据还表明，91 名教师中有 72 人接受"科学是客观知识体系"的观点，占 79.1%，仅有 19 人认为科学是"探索自然的方法或活动"，占 20.9%。

表 6-1 教师调查问卷项目 1 和 7 数据统计

	频数	科学 客观知识体系	科学 方法、活动	合计（频数）
教学方法	理解、记忆	54	15	69
教学方法	探索总结	18	4	22
合计（频数）		72	19	91

以教师调查问卷中项目 2 和 7（见附录 2）进行相关分析，数据统计如表 6-2 所示。

表 6-2 教师调查问卷项目 2 和 7 数据统计

教学方法 \ 频数 \ 科学知识	真理、真实反映	暂时认识	合计（频数）
理解、记忆	46	23	69
探索总结	17	5	22
合计（频数）	63	28	91

数据表明，91 名教师中有 63 人明确认为，科学知识是"人类获得真理或客观世界的真实反映"，占 69.2%；有 28 人接受科学知识是"对自然暂时认识"的观点，占 30.8%。

2. 统计数据分析及结论

进一步分析表 6-1 中的数据发现，69 名主要运用理解、记忆方式进行教学的教师中有 54 人认为"科学是客观知识体系"（占 78.3%），与 72 名接受"科学是客观知识体系"观点的教师中，有 54 人主要运用理解、记忆方式进行教学（占 75%），具有高度一致性。同样表 6-2 中数据显示，69 名主要运用理解、记忆方式进行教学的教师中有 46 人认为科学知识是"人类获得真理或客观世界的真实反映"（占 67%），与 63 名认为科学知识是"人类获得真理或客观世界的真实反映"的教师中，有 46 人主要运用理解、记忆方式进行教学（占 73%），具有高度一致性。可见当教师认为"科学是客观知识体系"，并接受科学知识是"人类获得真理或客观世界的真实反映"时，倾向于运用理解、记忆的方式进行教学。

这一结果却与教师运用探索总结的方式进行教学的情况恰好相反。如表 6-1 中，在 19 名接受科学是"探索自然的方法或活动"的教师中，竟然有 15 人主要运用理解、记忆的方式进行教学，占 79%；仅有 4 人运用探索总结的方式进行教学，占 21%。而在 22 名运用探索总结的方式进行教学的教师中，有 18 人接受"科学是客观知识体系"的观点，占81.8%；却只有4人认为科学是"探索自然的方法或活动"。类似地表6-2中，在28名接受科学知识是"对自然的暂时认识"观点的教师中，有23人主要运用理解、记忆的方式进行教学，占82.1%，仅有5人运用探索总结的方式进行教学，占17.9%；而在22名运用探索总结的方式进行教学的教师中，有17人接受科学知识是"人类获得真理或客观世界的真实反映"的观点，占77.3%；而只有5人认为科学知识是"对自然的暂时认识"，占22.7%。数据表明，当下探索总结的教学方式并非是建立在正确的科学与知识观念基础上的理性行为，意味着当下探索总结的教学方式还仅停留在"发现正确答案"的层面，而非完全意义上的探究式教学。这一结论与农村教师反映"探究是什么？我们对这个概念特别模糊……"相吻合。

归纳调查结果可以概括为两点：（1）当教师认为"科学是客观知识体系"，接受科学知识是"人类获得真理或客观世界的真实反映"的观点时，倾向于运用理解、记忆的方式进行教学；（2）当下探索总结的教学方式并非是建立在正确的科学与知识观念基础上的理性行为，还不是完全意义上的探究式教学。

（二）探究式教学实施策略

以上调查结果意味着，当教师强调学习是"发现正确的答案"，就会运用讲授与阅读的方法直接把正确的答案告诉学生。如果这样教学，学生就不可能对提问、收集信息、进行解释感兴趣，因为在课堂上他们没有使用过这些方法；而如果教师将科学看作是探究性的一个历程，将学生看作是知识的建构者，就会指导学生积极建构观点和进行解释，培养学生的探究能力。于是树立正确的科学与知识观念，以便探究式教学在理性指引与规范之下顺利开展。

科学课程设计的认识论考察

1. 树立正确的科学与知识观念

调查充分表明了树立正确的科学与知识观念的紧迫性与重要意义。可以将前面的研究概括如下：经验科学不可能产生对理论的最终证实或否证，科学陈述的客观性实质上在于它们能被主体间相互检验。因而，科学理论不是在所谓得到证实的真命题以及由它们构成的理论基础上的静态的简单累积，而是动态的在原有知识基础上的生长，即将以前已完成的东西合并为不断生长的、并必然穿越时间而进步的结构。意味着"世界不是一成不变的事物的集合体，而是过程的集合体"。因而绝不能仅仅以科学陈述的形式的或逻辑的结构作为经验科学的特征，还应建立以经验科学的方法作为其特征的思想，即处理科学理论的方式，将经验解释为经验科学的方法。而且"科学的精神并不存在于孤立的观察、实验或规律之中。这种精神倒是可以在科学家所采取的一般观点中以及他们所应用的研究方法中看到"。

于是，科学课程使学生获得知识，但又不至于单纯地获取知识和有关的技巧形式，还企图把所获得的知识统一起来，使学生形成持久的性向和态度。这种科学的思想态度就是不再去理所当然地承认事物，而是采取一种批判的或探究的和试验的态度。意味着某种信仰以及对它的有关陈述不再被认为其本身是自足的和完备的，而被当做是一些结论。结论是"科学的"，意指建立一个判断秩序的可能性，强调探究的内在逻辑，而不是强调探究结果所具有的特殊形式。因而科学的真理并不仅仅存在于已获得的真理的积累中，对已有的理论的验证中。它还存在于无穷探索的开放的特点中。这就是根据理论系统是否准备继续接受新的考验，它们或早或迟有可能被证伪的特点，意味着开放的理性不仅是方法，它还是一种构筑思想系统的能力，而这些思想系统不是一经建立起来就最终确定了的，而是能够不断重组的。

因而，科学教育实质上是对科学理论进行检验的方法的精神与态

第六章 基于问题的科学课程及其设计

度。科学知识不仅仅是关于世界的概念、原理和规律的体系，而且还内在地包含了认识世界的方法体系，包含了关于世界的观点、对待世界的态度以及情绪等方面。意味着科学知识的学习过程必然要求一个批判的或探究的检验过程。新课程确立：（1）知识、技能，（2）过程、方法，（3）情感、态度、价值观的三维目标体系，并明确主张学生学习方式从接受式学习向探究式学习的根本转变，也都是以上述思想为依据的。

2. 确立以问题为核心的探究式教学策略

"探究"本身就是生命存在的"姿态"，是一种包括人类在内的一切生物的解决"问题"的"行动"。[1] 探究作为生命存在的姿态，不仅是科学家和学生探索世界的方法，也是教学的方法。著名学者巴克尔曾经说："先怀疑，其次是探究，然后就有了发现。"探究式学习不但能使每一个人都在学习，而且能抓住学习的每一个人，能有效地促进学生主动获取知识，发展能力，是执行新课标的有效途径。于是《科学（7～9年级）课程标准》指出："探究式教学既是提高学生科学素养的方法和重要手段，也是科学教育的重要内容之一"；《普通高中物理课程标准》也明确强调："高中物理课程应促进学生自主学习，让学生积极参与、乐于探究、勇于实验、勤于思考。""高中阶段的物理课，应该更加关注学生在科学探究过程中的学习质量，进一步加深对科学探究的理解，提高科学探究的能力。"

（1）提出问题是探究式教学的基本条件　提出问题远比解决一个问题更难，正如爱因斯坦所言："解决问题也许仅仅是一个教学上或实验上的技能而已。而提出新的问题、新的可能性，从新的角度去看

---

[1] 田光远：《科学与人的问题——论约翰·杜威的科学观及其意义》，复旦大学出版社，2006，第62页。

旧的问题,都需要有创造性的想象,而且标志着科学的真正进步。"因此,创设问题情境就成为老师们经常使用的引发学生兴趣、激励学生提出问题的重要手段。

比如,在讲"光的折射"之前老师会先拿一个三棱镜,让太阳光经三棱镜所形成的彩色光带照射在教室的墙壁上;讲凸透镜成像时,会利用凸透镜将太阳光会聚成一个最小、最亮的光斑照射在火柴头上,使火柴头被点燃;在讲"动量定理"前,教师甚至会表演"气功",即先将自己的手掌心朝下,平放在桌面上,在手背上面压一块厚石块,然后在石块上放一块砖,将手稍微向上用劲,另一只手用铁锤迅速向砖块砸去,结果是砖块被砸碎了,而手却安然无恙。这些表演既能让学生好奇兴奋,又能让学生动脑思考,产生疑问:为什么老师的手没被砸伤?为什么火柴被点燃?为什么太阳光穿过三棱镜会变成彩色光带?从而激发学生探究的欲望,激起学生求知的热情。

若创设情境仅仅是为了引入新课、为教师稍后的缜密讲解作铺垫,那还是不够的。创设情境的根本目的在于激励学生自己提出感兴趣的、有价值的问题,并唤起学生凭自己的力量解决问题的欲望,只有这样才能真正开启探究式学习的智慧之门。而要让探究活动持续下去,仍需要不断地提出新的问题,使提出问题成为探究式学习的基本条件。实践表明,一个人一旦向自己提出了某个问题,并产生了解决它的欲望,形成"问题意识",就能够更敏锐地感受和觉察与该问题有关的信息,提高对无关信息的抗干扰能力。问题可使人的注意力具有明显的指向性与选择性,对持续进行有目标的思维、探索活动具有显著的激励功能。因此,物理新课程标准明确要求学生"能在观察物理现象或物理学习过程中发现问题,有初步的提出问题的能力"。事实上,提出问题是思维活跃的表现,是独立思考的开始。只有鼓励和引导学生发现并提出问题,才能使课堂教学焕发生机、富有效率。

然而，考察我们的课堂教学往往只重视教给学生如何**解决**问题，却忽视了让学生**提出**问题。这样做不利于提高学生学习积极性，甚至不利于培养学生解决问题的能力。事实上，物理教材中许多概念和规律的教学是以探究式展开的，这为培养和锻炼学生的探究能力和提出问题的能力提供了很好的机会。比如调查数据显示（附录4第6题）：有43.75%的初中教师认为当下理科课程有利于开展探究式教学；也有23.26%的高中教师认为理科课程有利于开展探究式教学。但许多教师的探究式教学按如下程序进行：教师先提出问题，再和学生猜想，设计实验，进行实验，搜集证据，交流讨论并分析论证。这样问题是教师提出的，而且仍然是教师问学生答的方式，学生被动地接受问题，从而不利于调动学生的积极性，不利于培养学生提出问题的能力。如果我们在探究式教学中让学生自己提出问题，就会使其心理上产生困惑，产生认知冲突，从而激发学生主动探究的动机，使教学活动顺利开展。

（2）问题贯穿是探究式教学的关键　探究式教学不仅仅关注引入新课时的情境创设与提出问题，而是提出一系列的问题，或一般地称为"问题串"，是用"问题串"贯穿整个教学活动。这样不仅能帮助教师更清楚地了解学生的思维状况并为教学活动提供依据，还能有效地促进学生不断地反思自己的思考，构筑自己的认知和元认知策略。当探究目标不断被达成，学生就会产生成就感和更强的求知欲望，从外部刺激转化为内在需求，形成内部的驱动力量，激励学生不断探索，使学生不仅获得知识，同时习得探究的方法，领会探究的精神。

以《凸透镜成像》为例，比如，在火柴头被点燃以后，可启发学生思考：为什么凸透镜后方出现一个光斑并将火柴点燃？这一点其实学生很容易想到：是太阳光经凸透镜会聚在光斑处将火柴点燃的结果。从而发现凸透镜对光线的"会聚"作用。凸透镜为什么会将光线"会聚"？学生会猜想：一定是光线经凸透镜后光路发生了改变或偏折。（肯定学生的猜想）：光线经凸透镜后传播方向的确发生了改变，就是发生了与"反射"不同的"折射"现象。于是进一步引发学生思考："光斑又是什么"？会不会是太阳经凸透镜所形成的像？老师不是急于回答学生的问题，而是要反问学生：这个光斑真的是**太阳**的像吗？如果太阳经凸透镜折射能形成像，是不是其他物体也能通过凸透镜成像？从而激发学生用实验探究凸透镜成像规律的欲望。当学生发现燃烧的蜡烛真的能经凸透镜成像时，进一步诱发思考：凸透镜成像与已学过的"小孔成像"和"平面镜成像"有什么不同？凸透镜成像也会有什么规律吗？（不让学生急于回答）而是引导学生看书：了解凸透镜有将平行光线会聚于一点的特性，平行于"主光轴"时的会聚点称为凸透镜的"焦点"；并了解"焦距"的概念，以及"物距"与"像距"的概念。能否用"焦距""物距""像距"三者之间的关系来表达凸透镜成像的规律？如果可以，这个规律会是什么？……

整个探究结束后可再一次让学生思考课前提出的光斑问题，并因此让学生掌握一个用太阳光粗略测量凸透镜焦距的方法。课后作业可如下布置：了解爸爸妈妈与爷爷奶奶戴的眼镜有什么不同？照相机和显微镜是怎么回事？你能了解多少凸透镜的应用呢？所以，整堂课老师除了不断地设疑之外，几乎没讲任何东西——概念的建立是通过学生自己读书获得，实验设计也是学生自己来做，结论更是学生自己来说。在学生有条不紊、忙得不亦乐乎之际，老师只是点拨、提醒，并将课堂学习延伸到课外。

新课程主张转变学生的学习方式，就是要把学习过程中的发现、探究等认识活动突显出来。使学生不再是被动接受和再现教师传授的知识，而是成为主动的探究者，成为知识建构过程的自我指导的、负责任的参与者。因此，基于问题的探究式学习，是一种自然的、与大脑和谐一致的模式，它使学习者通过把先前知识与新知识建立联系来建构意义，从而成为一个有效的、可实现的学习框架。

四　科学课程评价的重过程性

科学课程评价强调过程性旨在考察质而不是量。以问题为载体，当把评价设计成让学生完成真实任务的形式时，指导和评估可以变得与建立课程目标相一致，使评价贯穿于课程生成的整个过程之中，是一个多样化与多元化的评价体系并以发展性评价为指针。

（一）评价方式的多样化与多元化

教师与学生进行评价的目的在于增进教学，教学活动中定期而高质量的评价可以对学生成绩产生积极影响。而且教育目标的达成离不开评价，评价具有比目标更强的导向作用。但调查显示"尽管完成了所有的作业，并且通过了所有的考试，但大多孩子根本没有学习"[1]。意味着评价常常没有起到促进学生学习的作用，表明进一步研究评价问题的重要性。

评价方式的多样化强调评价方式应具有多样性，而不仅是纸笔测验；多元化则是指评价主体来自于不同利益集团的多方代表，而不仅是教师对学生的评价。如近年来英国教育界提出的三级学生评价体系，即国家考试、教师实施的评价、学生的反思性自评与互评相结合，

---

[1] 〔美〕Jacqueline Grennon Brooks, Martin G. Brooks：《建构主义课堂教学案例》，范玮译，中国轻工业出版社，2005。

科学课程设计的认识论考察

就不仅突出了评价方式的多样,也强调了评价主体的多元,以改善仅关注结果的评价所造成的不良影响。其中国家考试属于基础课程的测试,与教师实施的评价相比,它的覆盖面较窄,仅仅专注于某些学科的某些领域,倾向于对学生已有知识的检验,采用的方式多为纸笔测验。中间一级的是教师所实施的评价,一般在学生的每一个学习计划结束时进行,以学习计划中的标准为导向,使学生不至于偏离学习计划。因此教师实施的评价一般采用标准参照评价方法而不用常模参照评价方式,以诊断性评价和形成性评价为主要评价方式。最下一级的是学生的反思性自评与互评,主要以研究报告或相互交换意见的方式进行。学者们认为学生的反思性自评与互评有着前两级评价所不可替代的作用。

《美国国家科学教育标准》中也指出:评价是一个系统化的多步骤过程;当学生参与评价活动时,他们应从中学到一定的东西;应评价最应被重视的内容,而不是容易考核的内容;评价在科学教育系统中是主要的反馈机制;评价可以以多种不同的方式进行,除了传统的书面测试评价以外,还可以包括学习表现评价、代表作品评价、面试评价、研究报告评价或所写文章的评价等。日韩等国也提出了与英美类似的评价理念。我国普通高中物理新课程标准在阐述课程基本理念时更明确指出:"高中物理课程应体现评价的内在激励功能和诊断功能,关注过程性评价,注意学生的个体差异,帮助学生认识自我、建立自信,促进学生在原有水平上发展。通过评价还应促进教师的提高以及教学实践的改进等。"[①]

可见,人们已逐渐超越对学生评价的传统认识,把学生评价作为促进学生成长、教师改进教学的重要手段。并积极倡导关注学习过程

---

① 教育部:《普通高中物理课程标准(实验)》,人民教育出版社,2003,第2页。

的发展性学生评价,如有学者提出:"所谓发展性学生评价就是以促进学生的全面发展为根本目的的学生评价理念和评价体系。"[1] 发展性学生评价的根本目的是促进学生发展,而不是甄别和选拔。可以说所有的评价都有促进学生发展的功能,但发展性评价尤其强调促进学生的发展,并以此为其根本目的。从这个角度看,可以把学生评价分为以促进发展为根本目的的评价和以甄别与选拔为根本目的的评价。发展性学生评价涵盖了通常所说的诊断性评价和形成性评价的功能,并赋予了学生评价更为广阔的发挥作用的空间,因为一般认为诊断性评价和形成性评价都是由教师发起、实施,为教师做出教学选择服务。

(二) 评价的激励与发展功能

关注过程的发展性评价其实质是为了形成和提高学生表现而设计评价,即"目的是改善,而不是审计学生的表现"[2]。因此"在评价的功能上,由侧重甄别和选拔转向侧重促进发展;在评价的对象上,从过分关注结果评价转向关注过程评价;在评价的主体上,强调评价主体多元化和评价信息的多源化,重视学生自评、互评的作用;在评价的结果上,不只是关注评价结果的准确、公正,而是更强调评价结果的反馈以及被评价者对评价结果的认同和对原有状态的改进;在评价的内容上,强调在对评价对象的各方面情况进行全面综合考察的基础上,实施差异评价;在评价的方法上,强调评价方式多样化,尤其注重把质性评价与量化评价结合起来,以质性评价统整量化评价;在评

---

[1] 周卫勇主编《走向发展性课程评价:谈新课程的评价改革》,北京大学出版社,2002,第29页。
[2] 〔美〕Grant Wiggins:《教育性评价》,国家基础教育课程改革"促进教师发展与学生成长的评价研究"项目组译,中国轻工业出版社,2005,第3页。

价者与评价对象的关系上,强调平等、理解、互动,体现以人为本的主体性评价的价值取向"①。

美国学者格兰特·威金斯(Grant Wiggins)也指出:评价改革必须以评价的目的为中心,而不是以评价的技术和工具为中心。他认为评价应该是为了教学(不只是为了测量)而精心设计出来的,评价应该向所有学生及教师提供有意义和有用的反馈。"如果一种评价体系的目标旨在教育,旨在改进学生在有难度的任务上的表现,那么最要紧的就是使学生对自己的表现做出有效的自我评价和自我调整。"② 可见在评价要为教师和学生服务这一点上中外学者的观点基本一致。这对于我们在学生评价中过分强调标准化测验、一切向高考看齐的做法是一种启发和警示。技术和工具是为人所用的,我们不能也不该沦为技术和工具的奴隶。

格兰特·威金斯还认为:评价实际上处于教学的中心地位,而不是边缘地位。这是针对美国学校教育现实中教学和学生评价分离的现状提出的。在美国很多教师认为学生评价是教学之后的事,学生评价不被教师考虑在教学设计之中,以至于不能发挥评价为教学提供反馈信息的作用。因为在教学结束之后进行的学生评价对于教师所教内容的影响是微乎其微的,教师的教学在测验时已经成为定局。因此,美国学者詹姆斯·波帕姆(W. James Popham)提出"以评价影响教学设计"的策略,即教师从课程阐明的教学目标开始,继而基于这些目标设计评价,然后设计教学活动。③ 这就是课程设计者从阐明课程目标

---

① 曾继耘:《由甄别选拔到促进发展——学生评价改革的方向》,《教育理论与实践》2003年第10期,第23页。
② 〔美〕格兰特·威金斯:《教育性评价》,国家基础教育课程改革"促进教师发展与学生成长的评价研究"项目组译,中国轻工业出版社,2005,第12~14页。
③ 〔美〕詹姆斯·波帕姆:《教师课堂教学评价指南(第五版)》,王本陆等译,重庆大学出版社,2010,第261页。

第六章 基于问题的科学课程及其设计

开始就基于这些目标设计评价。于是与通常的课程目标→课程内容→课程实施→课程评价的策略不同，课程是围绕以课程目标为指导的课程评价展开设计，从而能最大限度地确定课程需要改进的方面，实现评价的建设性功能。

以评价促发展，对学校和教师来说，利用评价提高学生在各种考试中的分数，是一个容易被接受的观点。因为对于一线教师每节课都要面对理想与现实的博弈，也就是要面对课程目标与考试说明之间的差别。因此要在学生评价方面超越高考目的和形式的局限，对每一位教师来讲都是一个挑战。而从另一个角度讲，任何学生评价似乎又都不能逃离这样一个现实，即评价"对提高学生学业成就测验分数必须有效"。

目前我国课程评价方式多以纸笔测验为主，纸笔测验中的题型又以高考试题为样板，很少能够见到判断题、多重判断题、匹配题等题型，没有确定答案的开放性试题更加少见。就内容上看，评价多针对学科知识和技能，对情感领域的评价、对认知策略的评价、对实验操作技能的评价，即使在非正式评价中也不多见。调查结果也的确反映了这一点（参见附录4第17题统计结果），如教学过程中更多采用纸笔测验进行教学评价的初中和高中教师分别占被调查教师的35.42%和41.86%；鼓励学生养成自我评价习惯的初中和高中教师分别仅占25.00%和11.63%。总之，对标准化测验（像高考一样）的自然追求窒息了很多中学教师在学生评价方面的想象力和创造性。以至于很多时候评价不以评价的目的为导向，而是片面追求评价的技术简单、易于实现、易于量化评比和保证"公平"。

反思泰勒（Ralph W. Tyler）原理中的评价观点：实质上是一个习得课程与理想课程之间的比照过程。因此，尽管泰勒也很强调评价应借助信息的反馈，帮助教育者达成预期的目标，但人们仍然把泰勒的评价看作一种对结果的总结性评价,其原因是在泰勒的定义中评价活动最终指向对教育活动结果的价值判断。对此,克龙巴赫(L. J. Cronbach)认为,用于改进工作的形成性评价的作用,远比总结性评价重要得多。他强调:评价能完成的最大贡献是确定课程需要改进的方面。于是他把评价广义地界定为:为作出关于教育方案的决策,搜集和使用信息。斯塔弗尔比姆(D. L. Stufllebeam)也强调:评价最重要的意图不是为了证明(prove),而是为了改进(improve)。1969年他对评价的界定是:为决策提供有用信息的过程。[①] 可见早在20世纪中期人们就已经意识到评价活动不应止步于价值判断,更重要的是要提供反馈信息以改进教学。

不过在克龙巴赫和斯塔弗尔比姆的评价观中,尽管非常强调评价对正在发生的教育活动的指导作用,但他们对"价值判断"采取的不予重视的态度也遭到了不少批评。比如以色列的一位教育评价专家内伏(Nevo. D.)在他的一篇论文中就写道:"以这种忽略评价的主要特征来引起对评价的肯定态度,也许是不现实的。发展对评价肯定态度的另一途径,也许是在教育的各个领域中证实评价的建设性功能。"[②]

(三) 基于"任务驱动"的过程性评价策略

本着评价促进学生发展的目的以及评价方式多元化与多样化的要求,本书提出了一种基于"任务驱动"的过程性评价策略。基于"任务驱动"的课程评价以问题为载体,把评价设计成让学生完成真实任务的形式,使评价贯穿于知识生成的整个过程之中,能实现以学生自评为主的自我监督,将反馈过程与学习过程完美交融,能充分发挥评

---

① 陈玉琨:《教育评价学》,人民教育出版社,1999,第15页。
② 陈玉琨:《教育评价学》,第19页。

价的引导和激励作用。

1. 从"任务驱动"教学方式获得的启示

"任务驱动"教学方式,是指教师以具体任务作为知识的载体,将所要学习的新知识巧妙地包含在一个或几个真实的任务中,指导学生对任务进行分析、讨论并循序渐进地完成任务,使学生在完成任务的过程中实现对知识的自我建构,提高相应问题的分析和解决能力,增强兴趣及探究与合作的意识。

"任务驱动"的教学方式可以追溯到20世纪60年代加拿大麦克马斯特大学(McMaster University)医学院的教授巴罗斯(Barrows)在教学中的发现。巴罗斯发现医学院学生即使在学校里很好地获得了医学知识,但当他们走入工作岗位真正面对病人时,却不能很好地运用所学知识诊断病情。为解决这一问题,他将医学院的教师和学生分成若干组,每组都有指导老师和一群模拟的"病人"。学生对"病人"进行访谈并记录,然后针对"病症"查阅资料并在小组内讨论,也可以向指导老师请教问题,最后开出处方。通过这样的学习方式,学生清楚地知道自己面临的问题情境和所扮演的角色,获得并理解了需要掌握的医学知识,同时这个过程使得学生积累大量的经验,而这些经验有助于他们有效地激活储备知识,并能在实际的工作中得以运用。这种教学方式很快被世界各地医学院所采用,并很快被应用到计算机信息技术以及语言类教学领域,逐渐演变成以任务为中心或基于任务的教学方式。

1996年,美国学者威利斯(Jane Willis)在《任务驱动学习框架》(*A Framework for Task-Based Learning*)一书中进一步勾勒出一个任务型学习模式,具体包括前任务活动阶段,介绍主题和任务;完成任务阶段,任务计划和报告;语言聚焦阶段,分析和练习等三个阶段。其中,完成任务阶段是核心部分。但任务设计决定着能否有效"驱动"

科学课程设计的认识论考察

学生以及教学目标的实现,因此,任务设计是决定任务驱动教学成功与否的关键,即设置适当的任务,以任务为主线,贯穿整个课堂教学过程,使具体的任务成为学生学习的动力和动机,以完成任务作为学习的过程,以展示成果的方式来体现教学的成就。实践表明,采用任务驱动教学模式,通过任务来驱动学习进程,使教师的教与学生的学都围绕着相同的目标、基于具体的任务来完成。不仅能充分发挥教师的主导作用,而且能突出学生的主体地位,使学生主动投入到学习中成为学习的主体,在完成一个个任务的同时完成信息的主动获取和知识的主动建构,体验到成功的喜悦,增强自信心,使其在智力、能力等多方面素质得到充分发展。

一个"任务驱动"教学方式的成功案例是华南理工大学在创新基地班的经验。据报道,华南理工大学创新基地班的学生在创新基地一年半的学习,包括专业课的学习、毕业论文和毕业设计,其形式和校内是不同的。在学习方式上,校内是以知识传授为主,而创新基地是以问题研究、探究式研究为主,甚至没有很正规的课堂教学,而是在科学研究中发现问题、讨论问题和解决问题。这样有的学生为了解决一个重大的科研问题,会自觉花三天时间学完一个学期要学习的课程。像计算机编程,原来在学校是安排在大三下学期学的,但为了搞研究,急需用到编程知识,他就自学了,而且为了追赶国际前沿问题,他用的是最新的英文原版教材,学了就能用,学习的效率更高。而且通过这种培养方式,使得有创新能力的学生可以把学习、研究和工作更好地结合在一起。[①]

总之,任务驱动教学以任务设计为实施教学的前提条件,将以往以传授知识为主的传统教学理念,转变为以解决问题、完成任务为主

[①] 谢湘、谢洋:《在开放的环境中培养拔尖人才——访华南理工大学校长李元元》,《中国青年报》2009年12月18日,第6版。

的多维互动式教学理念；将再现式教学转变为探究式学习。其宗旨是激发学生内在的学习动力，最大限度地挖掘学生的潜力。因此"任务驱动"教学方式适合培养学生的自学能力和分析问题、解决问题的能力，有利于学生的自主学习，使学生真正动起来。而且值得注意的是，从另一个角度看，"任务驱动"教学方式又是一个评价的过程。像"设置适当的任务，以任务为主线，贯穿整个课堂教学过程，使具体的任务成为学生学习的动力和动机，以**完成任务作为学习的过程，以展示成果的方式来体现教学的成就**"，不正是将学习与评价过程很好地融合在一起了吗？可见有待于解决的问题正是"任务驱动"的实质与核心，而且当学习成为问题解决中知识生成的过程，"评价渗透于教学活动的整个过程"[1] 便成为可能。

2. "任务驱动"评价策略的基本精神

传统评价方式注重结果的负面影响及反馈的后效性，实际上要求评价方式从两方面做出突破，一是从注重结果转向注重过程；二是从他评转向自评。事实上，人们在这一方面已经做出积极探索，并取得丰硕成果，如形成性评价策略以及应用较为广泛的质性评价方法等。其中档案袋式质性评价方法备受人们推崇，对评价发挥激励与改进功能产生积极影响。但总的来看，现有的评价方法即使档案袋评价，尽管意在强调评价的自主性，突出获得结果的过程，实际上其"过程性"或"时效性"也依然很差。

借鉴"任务驱动"教学的理念，即在教学全过程中，以若干个具体任务为中心，使学生在一个个"任务"的驱动之下通过完成任务的过程，习得知识、掌握技能，展开学习活动。就需要教师转变观念，

---

[1] 〔美〕国家研究理事会行为、社会科学及教育中心：《课堂评价与国家科学教育标准》，熊作勇、何凌云译，科学普及出版社，2006，第1页。

即深刻反思教师所扮演的角色，以促使他们重新定位，确定对教师而言教学意味着什么，以及对学生而言学习又意味着什么，以便重新设计评价方案。毕竟对一般教师而言，向学生传授知识、在学生的练习册和考试卷上打分，要远比帮助每个学生寻求个人理解以及评价问题的探索过程与行为容易得多。

于是，基于"任务驱动"的课程评价旨在考查质而不是量。是以问题为载体把评价设计成让学生完成真实任务的形式，使指导和评估与课程目标相一致，使评价贯穿于知识生成的整个过程之中。基于"任务驱动"的课程评价特别强调过程性，将反馈、激励与改进功能统一于问题解决之中。因为，基于任务或问题的学习，首先能实现学科知识的整合。是说在现实生活中，任何一个问题的解决，都需要依靠多个学科或领域的知识和技能，基于问题的学习，教师与学生围绕具体问题，整合并利用多个学科的概念和技能对其加以解决。学习者在此过程中，将各种学科知识自然融合，在知识与生活之间建立联系，将知识与技能应用于实际。其次，基于问题的学习从根本上解决了将学生这一学习主体排除在选择学习内容之外的局面，使学生主动参与学习内容的选择并从而形成需要进一步解决的问题，设计学习活动，评价学习结果，真正成为学习的主人。再次，也最为根本的是，问题解决是一个思考过程，更是一个自我思考评定的过程。其思维流程如下：

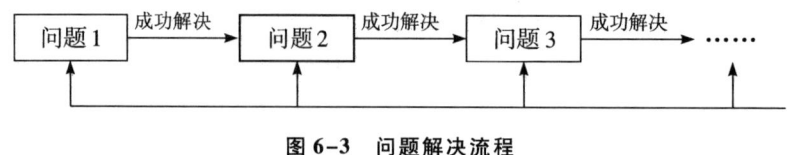

图6-3 问题解决流程

问题成功解决表示对知识的理解与整合成功，这种感受对学习的激励与驱动胜过千万次小考。因而，任务或问题驱动学习能真正实现自评,并将学习从外部激励转变为学生的内在需求。而学校平时考试的题目却往往不是问题,就不足以发挥评价的作用。因为对学生已经练习过许多次的题目,回答考题充其量只能算是记忆的提取。因而,学习最终的目的,也是对学校学习最好的考验就是让学生解决问题。一来学习解决问题方法,二来在解决问题的过程中感受自己的责任,形成责任意识与内在动机,进而培养社会责任感。

3. "任务驱动"评价策略的实施

基于"任务驱动"的课程评价,旨在形成和提高学生的表现,而"如果一种评价体系的目标旨在教育,旨在改进学生在有难度的任务上的表现,那么最要紧的就是使学生对自己的表现做出有效的自我评价和自我调整"[1]。从而要求以自评为主的自我监督。

其实只有学生自己最了解自己做得如何,正如学生出色完成一份作业,总希望老师在最"经典"的地方圈圈点点一样;但每一个人又总不喜欢别人对自己评头论足、指手画脚,过多地关注即使是赞扬也会让人不舒服。表明自我监督的重要性及其意义。由此基于"任务驱动"的课程评价,可以借鉴表6-3中的指标体系通过学生自评完成。

总之,基于"任务驱动"的课程评价绝不是外在于学习过程的另外一套体系与方法,而是贯穿于学习过程之中,使学生依据问题解决过程中所遭遇的麻烦或者顺利完成任务的情况,对自己的学习状况——形成问题的质量与解决问题的方案等,"时时监控与提醒",以便及时修订问题解决方案,有效调整学习策略,使反馈过程与学习过程完美交融。在保证学习活动顺利展开的同时,使学生在身心各方面得到健康成长。这绝不仅仅是理想,而是可以呈现于实际教学情境中的真实场面。

---

[1] 〔美〕Grant Wiggins:《教育性评价》,国家基础教育课程改革"促进教师发展与学生成长的评价研究"项目组译,中国轻工业出版社,2005,第12~14页。

科学课程设计的认识论考察

表 6-3　问题解决能力的评分指标[①]

评价的项目：五等级精熟度评分指针		所对应的各项能力的表现
面对问题的态度	5. 面对问题能事先评估，觉得合理后能勇于承担责任。 4. 接纳问题，并认真去处理。 3. 承接问题，动手去执行。 2. 承受问题，参与支持性活动（不去承担责任）。 1. 没有参与的意愿，但尚能敷衍式地参与活动。	［正向态度］ 对境况的发展能保持正向、积极的心态。 面对问题能先作合理评估，并具有勇于承担的态度。 养成一种遇到问题时，先行考虑、了解、规划的习惯。 ［了解问题］ 能根据情境演变的脉络，确定"问题"的意义。 能准确评估问题的初始状态和预测问题的最终状态。 能洞察问题的各层次结构，并从结构中发现解决问题的关键。
处理问题的方式	5. 了解问题并能掌握目标，合理地、有效地、协调地去推行。 4. 知道问题，并能合理有效地去执行。 3. 能与人合作，把自己应完成的工作负责努力地完成。 2. 能接受分派到的任务，实地去执行。 1. 未能了解问题，随机反应、盲目尝试，不计后果。	能适当和准确评估可运用的资源和受到的限制条件。 能恰当地表述问题。 ［执行实现］ 能以行动来处理问题，具有动手实做的习惯。 具有行动能力，能控制变量并作有条理的处理。 能随机处理预料之外的情境变化，使工作持续地沿主轴推进。 养成能在过程中随时做好对"要达成的目标""教学活动"和"评价"三者之间进行相互校正的习惯。 能与人分工合作完成工作。
问题解决的品质	5. 能经由创造性的工作，获得可信赖的、优良的成果。 4. 能切实有效地执行，获得可信赖的成果。 3. 能依指示去执行，所得结果符合一般常情。 2. 所依据资料勉强可信，所得结果尚可交差。 1. 处理问题零乱遗落，有始无终。	［鉴赏结果］ 能由事件的前因及后续发展中看出其意义并做诠释。 对所获得的信息能统合整理出成果及作合理的评价。 ［批判创造］ 对所获得的信息，能统合整理出成果，并作出合理的评价。 能借助推论和想象来开拓"问题"的发展空间。 能同时拟定多种解题策略，也能合理地进行决策。 能观察到处理问题过程中的不足之处和可以改进的地方。 了解事件后续的发展，并作适当的处理。 体会处理事件过程所产生的影响，并作合理的调节。 获得经验，并应用于解决其他的问题。

值得注意的是，上述评价策略也完全能作为课堂教学评价的策略。课堂教学是课程最终生成的关键环节，是课程设计的最终完成，

[①]　余林主编《课堂教学评价》，人民教育出版社，2007，第 153、155 页。

· 246 ·

因而课堂教学评价不仅是促进学生成长、教师专业发展和提高课堂教学质量的重要手段,也是课程评价的重要方面。研究表明,教学活动中定期而高质量的评价可以对学生成绩产生积极影响;定期且高质量的课堂教学评价对学生成绩也有正面影响。[①]

一般而言,课堂教学评价是与课堂教学有关的测量与评价的总称,是指为促进学生学习、改善教师教学而实施的,对学生的学习过程与结果、教师的教学所进行的测量和评价。因而,课堂教学作为学校教育的主要形式,其存在的合理性决定了课堂教学评价的必要性。课堂教学评价是课堂教学的产物,是课堂教学必不可少的组成部分,也是课堂教学的重要环节。

[①] 〔美〕国家研究理事会行为、社会科学及教育中心:《课堂评价与国家科学教育标准》,熊作勇,何凌云译,科学普及出版社,2006,第6页。

附　　录

附录1　学生理科课程观调查问卷

亲爱的同学：

您好！

本问卷仅供个人研究参考，与任何考评无关，绝不会给您带来任何麻烦。另外，本问卷中的题目并无标准答案，不同选择只代表个人的不同倾向。请您根据自己的意见独立回答，认真填写，在每个问题后，您所倾向的一个或多个选项上打"√"，谢谢您的支持。

您的性别：①男　　②女

您现在就读的年级：①八年级　②九年级　③高一　④高二　　　　　　　　　⑤高三

1. 在理科课程中我们能够体会到科学是：

　　A. 真理　　　　　　　　　　B. 客观知识体系

　　C. 探索自然的方法　　　　　D. 高深的理论

2. 您认为学校开设理科课程的目的在于：

　　A. 逻辑思维能力　　　　　　B. 批判性思维能力

　　C. 为升学做准备　　　　　　D. 提高学生科学素养

3. 您喜欢理科课程吗？

　　A. 喜欢物理　　B. 喜欢化学　　C. 喜欢生物　　D. 都不喜欢

4. 您学习理科课程的首要目的是：

　　A. 为升学　　　　　　　B. 为拓展知识面

　　C. 为解决生活中的实际问题　D. 不明确

5. 现有的理科课程能够满足您的学习需要吗？

　　A. 完全能　　B. 还可以　　C. 不能　　D. 完全不能

6. 您认为现有的理科课程难度如何？

　　A. 很难　　B. 还可以　　C. 不难　　D. 很容易

7. 很多同学感到理科难学，您认为最主要的原因是：

　　A. 内容太晦涩　　　　　B. 脱离生活实际

　　C. 教学方法有问题　　　D. 没有相应的实验

8. 做实验有助于您的理科学习吗？

　　A. 很有利　　B. 一般　　C. 不利　　D. 妨碍学习

9. 您认为教科书在学习中起什么作用？

　　A. 学习材料　　　　　　B. 提供学习内容

　　C. 指导学习　　　　　　D. 规定考试范围

10. 您在学习理科课程时主要采用的方法是：

　　A. 记忆　　　　　　　　B. 理解记忆

　　C. 理解记忆并应用　　　D. 在活动中理解并应用

11. 您知道理科知识在今后的生活中有哪些用处吗？

　　A. 很了解　　　　　　　B. 一般了解

　　C. 不了解　　　　　　　D. 很不了解

12. 您认为科学技术有消极的作用吗？

　　A. 有　　B. 没有　　C. 可能有　　D. 不知道

13. 老师经常鼓励您自己设计、操作实验吗？

A. 从不　　　B. 不经常　　　C. 偶尔　　　D. 常常

14. 您是否认为上述问题的设计存在不足，如果有，请指出。（如页面不足可在背面作答）

15. 请您描绘一下您所期望的理科课程和理科教学。

附录2　教师理科课程观调查问卷

尊敬的老师：您好！

　　本问卷仅供个人研究参考，与任何考评无关，绝不会给您带来任何麻烦。另外，本问卷中的题目并无标准答案，不同选择只代表个人的不同倾向。请您根据自己的意见独立回答，认真填写，在每个问题后，您所倾向的一个或多个选项上打"√"，谢谢您的支持。

　　您的性别：①男　　②女

　　您已经任教：①1~5年　　②5~15年　　③15年以上

　　您所任教年级：①高中　　②初中

　　您所教课程：①物理　②化学　③生物　④地理　⑤综合理科

1. 科学是什么？

　　A. 客观知识体系　　　　B. 探索自然的活动

　　C. 探索自然的方法　　　D. 都对

2. 科学知识是什么？

　　A. 人类获得的真理　　　B. 客观世界的真实反映

　　C. 对自然暂时的认识

3. 科学的主要特征是什么？

　　A. 总可以证实　　　　　B. 具有逻辑一致性

　　C. 处在不断的变化中　　D. 难说

4. 理科课程的主要目标是：

　　A. 逻辑思维能力　　　　B. 批判性思维能力

　　C. 为升学做准备　　　　D. 提高学生科学素养

5. 目前理科课程的主要内容是：

　　A. 科学知识　　　　　　B. 科学方法

C. 技术知识　　　　　　D. 科学知识与社会的关系

6. 目前理科课程设计：

    A. 内容偏多、偏难

    B. 不利于学生把握学科知识的完整体系

    C. 有利于开展探究式学习

    D. 有利于学生养成科学的态度

7. 目前理科教学中主要采用的教学方法是：

    A. 死记硬背　　　　　　B. 理解、记忆

    C. 理解后应用　　　　　D. 探索总结

8. 在教学中增加学生探索活动的主要障碍是：

    A. 教科书的内容不合适　B. 效率太低

    C. 考试不考　　　　　　D. 设施不健全

    E. 不清楚如何操作

9. 探索性活动的优点是：

    A. 有助于记忆　　　　　B. 利于理解

    C. 提高兴趣　　　　　　D. 便于理解反映科学的本质

10. 您认为课程设计是：

    A. 对一门课程的安排，包括课程的目的、任务、教材的选择与编排等

    B. 科研人员对课程的研究、编制和开拓

    C. 指课程的组织形式或结构，有时也称为课程设置

    D. 按照育人的目的要求，制定课程标准和编出各类教材的过程

11. 目前理科教科书在教学中所能起到的作用是：

    A. 提供了教学的范本　　B. 规定了教学内容

    C. 提供了考试的范围　　D. 不得不用

12. 科学史在教学中最重要的作用是：

   A. 还原科学发现过程学习科学研究的方法

   B. 了解科学家最初的思维过程

   C. 学习科学家的献身精神

   D. 反映科学发展的本来面貌

13. 您在课程实施或教学过程中：

   A. 对知识技能目标关注较多

   B. 能较好落实课程的三维目标

   C. 感觉情感、态度与价值观目标难以落实

   D. 过程方法目标难以操作

14. 现有的理科课程中能否让学生了解到科学技术存在很多的负面作用？

   A. 完全能　　B. 基本能　　C. 不能　　D. 没有涉及

15. 您认为理科课程设计：

   A. 应遵循学科知识体系的逻辑发展线索

   B. 关注学习者需求

   C. 优先满足社会发展的需要

   D. 是包括教师参与在内的动态生成过程

16. 您认为目前理科课程设计：

   A. 不太注重学科知识体系的严谨性

   B. 某些单元以问题为核心组织课程内容

   C. 兼顾了学科、社会和学生成长三方面的需要

   D. 基本符合学科发展的线索

17. 您在教学过程中的教学评价：

   A. 纸笔测验使用较多

   B. 许多时候使用激励性语言等评语

C. 经常通过观察学生在课堂上的反应和表现判断教学效果

D. 鼓励学生养成自我评价的习惯

18. 您认为将科学课程看作有待师生在课堂情境进行检验的"研究假设"可行吗？您认为这种观点与探究式教学之间可能存在联系吗？谈谈您的看法。

19. 您认为目前理科课程存在的主要问题是什么？如何改进？

附录3 学生问卷统计

1. 在课程中你体会到的科学是：

   A. 真理   B. 客观知识体系   C. 探索自然的方法   D. 高深的理论

	A		B		C		D		总人数
八年级	58	30.21%	77	40.10%	99	51.56%	39	20.31%	192
九年级	18	18.56%	36	37.11%	46	47.42%	11	11.34%	97
高 一	4	3.77%	45	42.45%	33	31.13%	27	25.47%	106
高 二	19	13.38%	77	54.23%	46	32.39%	34	23.94%	142
高 三	7	12.96%	27	50.00%	17	31.48%	11	20.37%	54

2. 开设理科课程的目的是：

   A. 逻辑思维能力   B. 批判性思维能力

   C. 为升学做准备   D. 提高学生科学素养

	A		B		C		D		总人数
八年级	116	60.42%	35	18.23%	39	20.31%	86	44.79%	192
九年级	28	28.87%	10	10.31%	24	24.74%	54	55.67%	97
高 一	55	51.89%	8	7.55%	27	25.47%	21	19.81%	106
高 二	62	44.60%	18	12.95%	40	28.78%	33	23.74%	139
高 三	31	57.41%	6	11.11%	23	42.59%	13	24.07%	54

3. 喜欢理科课程吗？

   A. 喜欢物理   B. 喜欢化学   C. 喜欢生物   D. 都不喜欢

	A		B		C		D		总人数
八年级	107	55.73%	129	67.19%	133	69.27%	8	4.17%	192
九年级	45	45.92%	31	31.63%	38	38.78%	14	14.29%	98
高 一	24	22.64%	34	32.08%	28	26.42%	34	32.08%	106
高 二	68	47.89%	59	41.55%	71	50.00%	25	17.61%	142
高 三	23	42.59%	17	31.48%	27	50.00%	5	9.26%	54

4. 学习理科课程的首要目的：

   A. 为升学　　　　　　　　B. 为拓展知识面

   C. 为解决生活中的实际问题　D. 不明确

	A		B		C		D		总人数
八年级	34	17.71%	128	66.67%	89	46.35%	7	3.65%	192
九年级	29	29.59%	51	52.04%	21	21.43%	4	4.08%	98
高　一	50	47.17%	44	41.51%	12	11.32%	10	9.43%	106
高　二	90	63.38%	50	35.21%	33	23.24%	9	6.34%	142
高　三	29	53.70%	18	33.33%	11	20.37%	4	7.41%	54

5. 现有的理科课程能满足您的要求吗？

   A. 完全能　B. 还可以　C. 不能　D. 完全不能

	A		B		C		D		总人数
八年级	87	45.31%	104	54.17%	6	3.13%	1	0.52%	192
九年级	22	23.16%	67	70.53%	3	3.16%	3	3.16%	95
高　一	24	22.86%	66	62.86%	10	9.52%	5	4.76%	105
高　二	40	28.17%	89	62.68%	12	8.45%	2	1.41%	142
高　三	9	16.98%	41	77.36%	2	3.77%	1	1.89%	53

6. 您认为理科课程难度如何：

   A. 很难　B. 还可以　C. 不难　D. 很容易

	A		B		C		D		总人数
八年级	18	9.42%	142	74.35%	26	13.61%	5	2.62%	191
九年级	9	9.18%	83	84.69%	3	3.06%	4	4.08%	98
高　一	52	49.06%	55	51.89%	1	0.94%	0	0.00%	106
高　二	52	36.62%	88	61.97%	3	2.11%	2	1.41%	142
高　三	17	31.48%	35	64.81%	2	3.70%	0	0.00%	54

附　录

7. 理科课程难学，您认为原因是：

　　A. 内容太晦涩　　　　　　　B. 脱离生活实际
　　C. 教学方法有问题　　　　　D. 没有相应的实验

	A		B		C		D		总人数
八年级	68	35.42%	53	27.60%	22	11.46%	73	38.02%	192
九年级	43	45.74%	25	26.60%	7	7.45%	16	17.02%	94
高　一	49	46.23%	27	25.47%	15	14.15%	25	23.58%	106
高　二	49	34.51%	60	42.25%	54	38.03%	50	35.21%	142
高　三	28	51.85%	11	20.37%	7	12.96%	12	22.22%	54

8. 做实验有助于您的理科学习吗？

　　A. 很有利　　B. 一般　　C. 不利　　D. 妨碍学习

	A		B		C		D		总人数
八年级	166	86.91%	20	10.47%	3	1.57%	2	1.05%	191
九年级	63	65.63%	32	33.33%	0	0.00%	1	1.04%	96
高　一	62	58.49%	42	39.62%	1	0.94%	1	0.94%	106
高　二	72	50.70%	60	42.25%	4	2.82%	6	4.23%	142
高　三	34	62.96%	19	35.19%	1	1.85%	0	0.00%	54

9. 教科书在学习中起的作用是：

　　A. 学习材料　　B. 提供学习内容　　C. 指导学习　　D. 规定考试范围

	A		B		C		D		总人数
八年级	73	38.02%	76	39.58%	99	51.56%	30	15.63%	192
九年级	24	24.49%	35	35.71%	40	40.82%	11	11.22%	98
高　一	29	27.36%	34	32.08%	43	40.57%	12	11.32%	106
高　二	25	17.61%	66	46.48%	51	35.92%	39	27.46%	142
高　三	12	22.22%	18	33.33%	25	46.30%	12	22.22%	54

10. 在学习理科课程是主要采用的方法：

　　A. 记忆　　　　　　　　　　B. 理解记忆

　　C. 理解记忆并应用　　　　　D. 在活动中理解并应用

	A		B		C		D		总人数
八年级	18	9.38%	53	27.60%	94	48.96%	56	29.17%	192
九年级	14	14.29%	29	29.59%	42	42.86%	15	15.31%	98
高 一	14	13.21%	30	28.30%	52	49.06%	12	11.32%	106
高 二	13	9.15%	51	35.92%	66	46.48%	14	9.86%	142
高 三	2	3.70%	22	40.74%	23	42.59%	8	14.81%	54

11. 您知道理科知识在生活中的用途吗？

　　A. 很了解　B. 一般了解　C. 不了解　D. 很不了解

	A		B		C		D		总人数
八年级	55	28.95%	117	61.58%	12	6.32%	6	3.16%	190
九年级	6	6.19%	69	71.13%	18	18.56%	4	4.12%	97
高 一	5	4.72%	71	66.98%	22	20.75%	9	8.49%	106
高 二	3	2.11%	91	64.08%	56	39.44%	11	7.75%	142
高 三	1	1.89%	37	69.81%	11	20.75%	4	7.55%	53

12. 科学技术有消极作用吗？

　　A. 有　B. 没有　C. 可能有　D. 不知道

	A		B		C		D		总人数
八年级	49	26.49%	41	22.16%	83	44.86%	12	6.49%	185
九年级	13	13.27%	31	31.63%	42	42.86%	13	13.27%	98
高 一	22	20.75%	35	33.02%	37	34.91%	13	12.26%	106
高 二	34	25.95%	23	17.56%	72	54.96%	13	9.92%	131
高 三	3	5.56%	23	42.59%	26	48.15%	2	3.70%	54

13. 老师鼓励您自己设计操作实验吗？

   A. 从不　B. 不经常　C. 偶尔　D. 常常

	A		B		C		D		总人数
八年级	8	4.17%	27	14.06%	55	28.65%	102	53.13%	192
九年级	13	13.27%	12	12.24%	39	39.80%	33	33.67%	98
高一	14	13.21%	34	32.08%	47	44.34%	9	8.49%	106
高二	42	29.58%	56	39.44%	37	26.06%	6	4.23%	142
高三	13	24.07%	19	35.19%	21	38.89%	1	1.85%	54

附录4 教师问卷统计

1. 科学是：

   A. 客观知识体系　　　　　B. 探索自然的活动

   C. 探索自然的方法　　　　D. 都对

	A		B		C		D		总人数
初中教师	5	10.42%	4	8.33%	5	10.42%	34	70.83%	48
高中教师	3	6.98%	7	16.28%	6	13.95%	30	69.77%	43

2. 科学知识是：

   A. 人类获得的真理　　　　B. 客观世界的真实反映

   C. 对自然暂时的认识

	A		B		C		总人数
初中教师	0	0.00%	34	70.83%	25	52.08%	48
高中教师	7	16.28%	26	60.47%	17	39.53%	43

3. 科学的主要特征是：

   A. 总可以证实　　　　　　B. 具有逻辑一致性

   C. 处在不断的变化中　　　D. 难说

	A		B		C		D		总人数
初中教师	2	4.17%	28	58.33%	15	31.25%	7	14.58%	48
高中教师	3	6.98%	16	37.21%	21	48.84%	6	13.95%	43

4. 理科课程的主要目标是：

   A. 逻辑思维能力　　　　　B. 批判性思维能力

   C. 为升学做准备　　　　　D. 提高学生科学素养

附 录

	A		B		C		D		总人数
初中教师	19	39.58%	5	10.42%	6	12.50%	26	54.17%	48
高中教师	16	37.21%	5	11.63%	2	4.65%	25	58.14%	43

5. 理科课程的主要内容是：

   A. 科学知识　　　　　　　　B. 科学方法

   C. 技术知识　　　　　　　　D. 科学知识与社会的关系

	A		B		C		D		总人数
初中教师	25	52.08%	17	35.42%	3	6.25%	18	37.50%	48
高中教师	25	58.14%	10	23.26%	0	0.00%	12	27.91%	43

6. 目前，理科课程设计：

   A. 内容偏多、偏难

   B. 不利于学生把握学科知识的完整体系

   C. 有利于开展探究式学习

   D. 有利于学生养成科学的态度

	A		B		C		D		总人数
初中教师	11	22.92%	13	27.08%	21	43.75%	10	20.83%	48
高中教师	12	27.91%	16	37.21%	10	23.26%	9	20.93%	43

7. 主要采用的教学方法是：

   A. 死记硬背　　B. 理解记忆　　C. 理解后应用　　D. 探索总结

	A		B		C		D		总人数
初中教师	1	2.08%	15	31.25%	30	62.50%	13	27.08%	48
高中教师	0	0.00%	14	32.56%	26	60.47%	9	20.93%	43

8. 增加学生探索活动的主要障碍是：

   A. 教科书的内容不合适　　　　B. 效率太低　　　　C. 考试不考

D. 设施不健全　　　　　　　E. 不清楚如何操作

	A		B		C		D		E		总人数
初中教师	3	6.25%	30	62.50%	3	6.25%	23	47.92%	3	6.25%	48
高中教师	6	13.95%	27	62.79%	14	32.56%	16	37.21%	6	13.95%	43

9. 探索性活动的优点是：

A. 有助于记忆　　　　　　　B. 利于理解

C. 提高兴趣　　　　　　　　D. 便于理解反映科学的本质

	A		B		C		D		总人数
初中教师	9	18.75%	24	50.00%	23	47.92%	19	39.58%	48
高中教师	7	16.28%	24	55.81%	26	60.47%	16	37.21%	43

10. 您认为课程设计是：

A. 对一门课程的安排

B. 科研人员对课程的研究、编制和开拓

C. 指课程的组织型式或结构

D. 制定课程标准和编出各类教材的

	A		B		C		D		总人数
初中教师	26	54.17%	6	12.50%	8	16.67%	18	37.50%	48
高中教师	19	44.19%	3	6.98%	10	23.26%	16	37.21%	43

11. 教科书的作用是：

A. 提供了教学的范本　　　　B. 规定了教学内容

C. 提供了考试的范围　　　　D. 不得不用

	A		B		C		D		总人数
初中教师	19	39.58%	23	47.92%	14	29.17%	4	8.33%	48
高中教师	13	30.23%	26	60.47%	9	20.93%	2	4.65%	43

12. 科学史的最重要作用是：

　　A. 还原科学发现过程学习科学研究的方法

　　B. 了解科学家最初的思维过程

　　C. 学习科学家的献身精神

　　D. 反映科学发展的本来面貌

	A		B		C		D		总人数
初中教师	28	58.33%	13	27.08%	9	18.75%	11	22.92%	48
高中教师	25	58.14%	9	20.93%	8	18.60%	10	23.26%	43

13. 课程实施或教学过程中：

　　A. 对知识技能目标关注较多

　　B. 能较好落实课程三维目标

　　C. 感觉情感、态度与价值观目标难以落实

　　D. 过程方法目标难以操作

	A		B		C		D		总人数
初中教师	26	54.17%	15	31.25%	16	33.33%	4	8.33%	48
高中教师	19	44.19%	10	23.26%	16	37.21%	5	11.63%	43

14. 科学课程能否反映科技的负面影响：

　　A. 完全能　B. 基本能　C. 不能　D. 没有涉及

	A		B		C		D		总人数
初中教师	0	0.00%	22	45.83%	20	41.67%	6	12.50%	48
高中教师	0	0.00%	17	39.53%	12	27.91%	10	23.26%	43

15. 理科课程设计应该：

　　A. 应遵循学科知识体系的逻辑发展线索

　　B. 关注学习者需求

　　C. 优先满足社会发展的需要

D. 是包括教师参与在内的动态生成过程

	A		B		C		D		总人数
初中教师	30	62.50%	16	33.33%	10	20.83%	17	35.42%	48
高中教师	19	44.19%	7	16.28%	9	20.93%	13	30.23%	43

16. 目前理科课程设计：

　　A. 不太注重学科知识体系的严谨性

　　B. 某些单元以问题为核心组织课程内容

　　C. 兼顾学科、社会和学生成长三方面的需要

　　D. 基本符合学科发展的线索

	A		B		C		D		总人数
初中教师	8	16.67%	5	10.42%	14	29.17%	28	58.33%	48
高中教师	5	11.63%	8	18.60%	13	30.23%	16	37.21%	43

17. 教学过程中教学评价：

　　A. 纸笔测验使用较多

　　B. 许多时候使用激励性语言等评语

　　C. 通过观察学生在课堂上的反应和表现判断教学效果

　　D. 鼓励学生养成自我评价的习惯

	A		B		C		D		总人数
初中教师	17	35.42%	21	43.75%	23	47.92%	12	25.00%	48
高中教师	18	41.86%	16	37.21%	17	39.53%	5	11.63%	43

附录5 《PSSC 物理内容》

第一编　宇宙

　　第一章　什么是物理学？

　　第二章　时间及其测量

　　第三章　空间及其大小

　　第四章　函数关系和标度的选择

　　第五章　沿着一定轨道的运动

　　第六章　矢量

　　第七章　质量　元素　原子

　　第八章　原子与分子

　　第九章　气体的性质

　　第十章　测定

第二编　光学和波

　　第十一章　光的性质

　　第十二章　反射和像

　　第十三章　折射

　　第十四章　透镜与光学仪器

　　第十五章　光的粒子模型

　　第十六章　波

　　第十七章　波和光

　　第十八章　干涉

　　第十九章　光波

第三编　力学

　　第二十章　牛顿运动定律

第二十一章　地面上的运动

第二十二章　万有引力和太阳系

第二十三章　动量及其守恒

第二十四章　功和动能

第二十五章　热、分子运动及能量守恒

第四编　电和原子结构

第二十六章　有关电的定性的事实

第二十七章　库仑定律和基本电荷

第二十八章　在电场中电荷的能量和运动

第二十九章　磁场

第三十章　电磁感应和电磁波

第三十一章　探索原子

第三十二章　光是粒子，电子是波吗？

第三十三章　量子王国，原子结构

附录6

章节分布 内容	版本	50	52	56	63	79	83（乙）	83（甲）	90（必修）	90（必+选）	96（必修）	96（必+选）	03
力：													
力		2-1, 2-2		2-5, 3-2	2-2	2-1	1-1	1-1	1-1	1-1	2-1	2-1	1-1
重力					2-2	2-2	1-2	1-2	1-2	1-2	2-2	2-2	1-2
弹力				3-3	2-2	2-3	1-3	1-3	1-3	1-3	2-3	2-3	1-3
弹性和范性形变		3-1	17-2	17-2	6-1, 6-4								
胡克定律		3-2	17-2	17-3	6-2			1-4			2-3	2-3	
杨氏模量		3-3			6-3								
摩擦力		17-1, 17-2	4-3	3-4	2-2	2-4	1-4	1-5	1-4	1-4	2-4	2-4	1-4
牛顿第三定律		11-6	2-3	5-1	2-8	2-5	4-1	1-6		1-1	3-3	3-3	3-4
物体的受力分析					2-9	2-6		1-7		1-2			
力的合成		2-3	5-2	3-5	2-3	2-7	1-5	1-8	1-5	1-5	2-5	2-5	1-5
力的合成的计算		12-3		3-5	2-4			1-9					
力的分解		2-4	5-3	3-6		2-8, 2-9	1-6	1-10	1-6	1-6	2-5	2-5	1-6
矢量和标量		10-5						1-11	1-5	1-5			
矢量的运算		10-5						1-12					

·267·

科学课程设计的认识论考察

续表

章节分布 内容	版本 50	52	56	63	79	83(乙)	83(甲)	90(必修)	90(必+选)	96(必修)	96(必选)	03
直线运动：												
机械运动	10-1	1-1	1-1	1-1				2-1	2-1	1-1	1-1	2-1
质点		1-2		1-2		2-1	2-1	2-1	2-1	1-1	1-1	2-1
位置和位移					3-1	2-1	2-2	2-1	2-1	1-2	1-2	2-1
匀速直线运动 速度	10-2	1-3	1-3	1-4	3-2	2-2	2-4	2-2	2-2	1-2	1-2	2-2, 2-3
参照物（参考系）	10-1	1-2	2-2	1-3		2-1		2-1	2-1	1-1	1-1	2-1
匀速运动的图像	10-2	1-4	1-4	1-5, 1-8		2-3	2-5	2-2	2-2	1-4	1-4	2-2
变速直线运动	10-3	1-5	2-1	1-6	3-3	2-4	2-6	2-3	2-3, 3	1-3, 4	1-3, 4	2-2, 4, 6
分子运动论基础：												
分子运动论的建立	20-1				9-8	8-1	10-1	6-1	6-1	8-1	8-1	11-1
物质是由分子组成		12-1	12-1	9-1	9-8	8-1	10-2	6-1	6-1	8-1	8-1	11-1
阿状伽德罗常数分子大小		12-1	12-2	9-2	9-8	8-2	10-2	6-1	6-1	8-1	8-1	11-2
布朗运动		12-1	12-3	9-3	9-8	8-3	10-3	6-1	6-1	8-2	8-2	11-3
分子间的相互作用力		12-1	12-4		8-8		10-4					11-3
气—流—固分子的运动		12-2										
热的本质										8-4	8-4	11-5
热力学第一定律												
热力学第二定律										8-5	8-5	11-6

附 录

续表

章节分布 内容	50	52	56	63	79	83（乙）	83（甲）	90（必修）	90（必+选）	96（必修）	96（必+选）	03
电场:												
物体的带电	32-1	21-1	20-1							11-1	11-1	13-1
两种电荷,电荷守恒定律	32-2	21-2	20-2	14-2			15-1		1-1	11-1	11-1	13-1
库仑定律	34-1	21-2	20-3	14-1	11-1	11-1	15-2	1-1	1-2	11-2	11-2	13-1
电场,电场强度	34-2	21-3	20-5	14-3	11-2	11-2	15-3		1-2	11-3	11-3	13-2
匀强电场	33-2		20-4	14-5			15-4	1-1	1-2		11-4	13-2
电力线	33-3	21-3	20-3	14-4	11-7	11-3	15-6		1-4	11-3	11-3	13-3
导电体和绝缘体	33-4				11-3	11-4	15-7		1-3		11-9	13-4
电场中的导体		21-4	20-8		11-4	11-5	15-7				11-7	
起电盘和起电机	33-3	21-4			11-4	11-6	15-8		1-3	11-4	11-6	13-5
电势能			20-9	14-9	11-5	11-6	15-9		1-3	11-4	11-6	13-6
电势				14-10	11-5	11-5	15-10	1-1	1-3		11-6	13-5
等势面						11-7				11-5	11-8	13-7
电势差	33-3		20-7	14-7	11-6	11-8	15-11		1-5			
电势差与电场强度的关系												
带电粒子在电场中的运动											11-11	13-9

·269·

附录7

活 动

学科探索

每章课题
（贯穿整章的探索活动）

课题1 制作电磁起重机模型 ……… 13
课题2 设计报警电路 ……………… 45
课题3 家庭用电量的测算 ………… 77
课题4 研究电子计算机的原理和应用 … 111

探 索
（课前的思考与探索）

磁体都有什么共性 ……………… 14
你能用一枚缝衣针制作一个指南针吗 … 24
磁场都由永磁体产生吗 ………… 30
怎样使磁体的磁性时有时无 …… 38
不碰到铝罐，能不能使它动起来 … 46
怎样测量电流 …………………… 56
小电珠会继续亮吗 ……………… 64
怎样使一根细钢丝熔断 ………… 68
磁铁如何使导线运动 …………… 78
没有电池，你能产生电流吗 …… 84
怎样使小电珠更亮 ……………… 92
你能用硬币发电吗 ……………… 99
你能用手电筒发送信息吗 ……… 112
你看见电视机屏幕上的雪花斑点了吗 … 120
你的计算有多快 ………………… 128
电子计算机有多么重要 ………… 138

增进技能
（专业技能训练）

观察 ……………………………… 16
测量 ……………………………… 25
分类 ……………………………… 34
总结 ……………………………… 48
计算 ……………………………… 60
预测 ……………………………… 66
分类 ……………………………… 87
观察 ……………………………… 95
交流 ……………………………… 117
计算 ……………………………… 130

试一试
（基本概念的巩固与强化）

多么有趣 ………………………… 20
在圆周上旋转 …………………… 27
电火花 …………………………… 50
向下倾的水管 …………………… 59
保持电流 ………………………… 86
设计你的网页 …………………… 140

技能实验室
（探索技能强化）

世界第一台验电器 ……………… 54
长在树上的电 …………………… 104
硬币计算机 ……………………… 136

生活实验室
（科学知识的应用）

辨别假硬币 ……………………… 22
制作手电筒 ……………………… 36
制作调光开关 …………………… 62
制作电动机模型 ………………… 82
设计电池传感器 ………………… 119

跨学科探索

科学与历史
电力的发展史 …………………… 96
电子计算机的发展史 …………… 132

科学与社会
废电池的安全处理 ……………… 106
眼见不实 ………………………… 142

链 接
语言艺术 ………………………… 28
社会研究 ………………………… 70
社会研究 ………………………… 80
音乐 ……………………………… 114

目　录

走近科学：太空电器工程师 ····················· 8

第一章　磁和电磁学 ····················· 12
　　第一节　磁的性质 ····················· 14
　　第二节　与地球科学的综合：磁性的地球 ····················· 24
　　第三节　电流和磁场 ····················· 30
　　第四节　电磁铁 ····················· 38

第二章　电荷和电流 ····················· 44
　　第一节　电荷和静电 ····················· 46
　　第二节　电路的测量 ····················· 56
　　第三节　串联电路和并联电路 ····················· 64
　　第四节　与健康科学的综合：安全用电 ····················· 68

第三章　电和磁做功 ····················· 76
　　第一节　电、磁和运动 ····················· 78
　　第二节　电流的产生 ····················· 84
　　第三节　电力的应用 ····················· 92
　　第四节　与化学的综合：电池 ····················· 99

第四章　电子学 ····················· 110
　　第一节　电子信号与半导体 ····················· 112
　　第二节　电子通信 ····················· 120
　　第三节　电子计算机 ····················· 128
　　第四节　与技术科学的综合：信息高速公路 ····················· 138

综合探索：爱迪生——天才的发明家 ····················· 146

参考资料
　　技能手册 ····················· 152
　　　　像科学家一样思考 ····················· 152
　　　　动手测量 ····················· 154
　　　　科学研究 ····················· 156
　　　　理性思维 ····················· 158
　　　　信息处理 ····················· 160
　　　　绘制图表 ····················· 162
　　附录：实验室安全守则 ····················· 165
　　索引 ····················· 168
　　致谢 ····················· 172

科学课程设计的认识论考察

第二部分 两个苹果的电功率

9. 重复第 3 和第 4 步骤,再用第二个苹果、钉子、铜片和两根导线制作另一个苹果电池。
10. 用不同的方式连接第二个电池进行试验,直到计算器能工作。
11. 如果你用两枚镀锌的钉子插入苹果中,没有铜片,你认为苹果电池会工作吗?设计实验并作出回答。

分析与结论

1. 画出第一部分和第二部分的电路图。
2. 苹果电池的组成和普通化学电池有什么相似?
3. 用一只苹果提供电力的计算器,它的工作情况怎样?如果用两只苹果电池,情况又怎样呢?你怎样解释它们之间的不同?
4. 用苹果电池给计算器供电和用干电池给计算器供电,计算器工作一样吗?
5. 苹果电池是用两枚钉子进行工作的吗?为什么?
6. 分别是苹果电池的哪些部分相当于干电池的正极、负极?你怎么知道的?
7. 想一想 互换连接到计算器上的导线,会发生怎样的结果?为什么你认为是这样的?

进一步探索

只有苹果这种水果能被用来产生足够的电去启动计算器吗?试一试橘子、柠檬、西红柿或其他水果。苹果电池能驱动其他仪器或设备工作吗?试一试小玩具、电子游戏机或电子钟。

提示:苹果电池产生的电压比较低。

附 录

技能实验室

得出结论

长在树上的电

化学电池能把化学能转变成电能。在这个实验中，你要用一个苹果制作一个化学电池，同时训练你的推论技能。

问题
怎样利用家中的一些普通材料，制作简单的湿电池？

材料
两枚镀锌的钉子，约10cm长
两片跟钉子大小差不多的铜片
3根约30cm长、两端约2cm已剥去绝缘层的导线
两块弹子球大小的黏土
4只衣夹（带弹簧）
两只苹果
装有一节1.5伏干电池的计算器

步骤

第一部分　一个苹果的电功率

1. 用计算器先做一些计算，以确认它是完好的。
2. 从计算器上取出干电池。
3. 把一枚镀锌钉子插入苹果中，留出约3～4cm的钉子在苹果外面，同时把一片铜片插进苹果。

   提醒：小心钉尖。

4. 在钉子露在苹果外的一端上连接一根导线，在露在苹果外的铜片上连接另一根导线。用衣夹夹住，使它们接触良好。
5. 分别把这两根导线的另一头连接到计算器的两个裸露的接线柱上，用衣夹或黏土块使它们接触良好。
6. 试一试计算器能否工作，如果计算器不能工作，检查一下接触是否良好。
7. 互换连接到计算器上的两根导线，务必保持接触良好。试一试计算器能否工作。
8. 如果你使得计算器能工作，试着用它做一些计算。如果不行，继续你的实验。

名词索引

A

阿基米德原理　107

凹面镜　116，117，147

B

本体论　38，176，177

辩证唯物主义　60，91

标准参照评价　236

C

才智　18，33，52，53，97

操作概念　44

操作性　43，189

测量　149，163，234，238，247，265

差异　18，43，67，104，127，128，143，145，160，175，185，190，202，223，236，237

常模参照评价　236

超越性　43

诚实　29，52，53，93，112，140，201

程式化　40，41，43~45，48

冲突　99，198，199，205，233

传统科学课程　33，56，91，92，97，103，138，145

创造能力　47，64，67，68，74

创造性　47，48，51，59，65，67，69，146，178，212，219，221，226，232，239，246

磁偏角　117

存在结构　63，67

错念　204，206，208

D

代表作品评价　236

单称陈述　94，95

档案袋式质性评价　243

道尔顿制　123

道德信念　182

第二次现代化　134

动态生成性 56，216

动物性 178，181

动物性的合群本能 181

独立思考 28，83，85，133，136，158，159，201，225，232

独创性 48，197

多维互动式教学理念 243

惰性知识 150

多样化 31，235，237，240

多元化 162，235，237，240

E

儿童中心课程 18

F

法理的利己性 175

发现式学习 25，105，154~157

发展性评价 235，237

反馈过程 240，245

反馈机制 236

范式 33，100，102，128，173，174，203，204，210，211，214，217

方法论 7，39，60，61，93，98，127，129，137，169，203，206，216

方法论意识 3

非决定论 178

非线性的相互作用 217

非专门化 74

分科科学课程 20，22，23，58，150，151

分析方法 111，112，129，137，139~141，218

分析思维 128，170

丰富性 63，221，222

否定性 43，48，100

符号 64~67，92，191

G

概念 5，14~16，19~21，28，29，33，41，43，44，51，54，56，57，65，72，76，77，80，84，86，92，93，96，102，107，109~111，116，119，137，139~141，144，145，150~157，159，163~165，167，169，172，175~178，183，184，186，190，204~208，211，213~216，221，223，229，231，233，234，244

概念结构图 151，152

概念性 44

改造主义的课程 19

感觉 14，72，83，93，142，181，199，200，253，263

杠杆定律 107

高中物理教学纲要（草案） 125

高中物理课程 25，30，160，231，236

个人价值 175，180，183

格物 115，118

个性 18，25，33，36，50，97，126，

143，145，175，178，183，184，220

工业经济　134

关联性　221

观察　1，13，24，53，60，66，72，76，77，81~83，86，94，95，97~99，102，103，106~112，116，117，121，122，127，140~143，164，166~169，174，192，198，205，211~215，223，226，230，232，246，254，264

观念　3，11，16，24，27，30，32，34，37，42，43，53~55，57~61，65，66，78，81，83，86，87，90，93，96，101，102，105~108，112，117，130，137，138，141，142，145，146，157，162，166，168，176，183，185，190，199，201~210，214，215，217，221，226，227，229，230，243

观念生态　204，206，214

观念转变　154，203~208

观念转变机制　204

观念转变理论　166，203，205，206

惯性　116，146，148，199

规范理论　205

归纳　8，12，13，93~98，106，108，109，121，122，128，164，168，170，229

归纳方法　94

归纳原理　95

过程模式　17

过程性　56，61，75，158，160，210，235，240，243，244

过程性评价　236

过程性评价策略　240

H

哈佛物理（HPP）　20

好奇心　29，30，130

互补性　104

互惠　187，192

互为主体　187

环境污染　4，36，129，192

还原性原则　110，139

活动性　67

J

基础教育课程改革纲要　25，30

基础知识与技能　30

技术　3~6，9，10，12，16，18~20，28~30，35~41，43~46，48，50~52，58，59，62，68，73，74，78，80，82，85~88，97，104，105，113，125~127，136，138，145，158，169，189，192，196，197，199，203，218，221~223，238，239，241，249，252，253，258，261

技术化　40，45

技术化蜕变　40

技术理性　39~41，43~45，53，60

名词索引

"技术性"教育思想模式 199

机械论 140,141

机械论哲学 140

机械性学习 151

记忆 10,11,18,32,33,41,42,50,52,56,61,65,87,96,97,102,103,133,138,143,154,155,161,164,198,218,227~229,245,249,252,258,261,262

机制 36,48,77,78,106,113,154,155,157,175,203,204,208,218,236

价值观念 3,86,145,199

甲种本 125

建构主义 23,154,157~159,184,208,235

检验 23~25,54~58,61,79,82,98~101,103,106,107,109,110,131,166,185~188,194,210~212,215,230,231,236,254

教材 1,15,16,18~20,23,26,31,33,116,118~126,143,150,164,165,169,173,198,207,233,242,252,262

交互作用 39,171,187

教授法 124

教学法 123,124,159,160

教学方法观 7

教学过程 42,137,154,155,158,185,187,194,239,242,243,253,263,264

教学内容大纲 186

教学相长 187

教学的艺术 158

教育观 13,16,59,146

教育价值 105,186

教育理念 186,194

教育理想 3,65,172

教育批判方式 187

教育现代化 144

教育现实 3,238

教育知识观 89

教育中的国家主义 179

教育专业技能 187

教育专业自主性 187

经典物理 102,123

经济质量指数 133,134

精神 3~5,24,27,30,37~40,44,45,48~52,54,63,64,67~69,71,74,80,82,83,103,107~109,119,124,126,128,132,137,142,143,145,150,154,156,159,160,164,165,168~170,182,183,190,191,194,195,203,213,223,230,233,243,253,263

经验 15~19,21~24,28,34,44~46,54,57~59,65~68,72,75,81,92~95,98,99,101,103,104,108,

111，112，123，126，127，138，139，
141，142，144，145，157～159，167，
168，171，178，179，183～185，187，
191，194，198，199，201，204～206，
210，212～215，218，223，226，230，
241，242，246

经验方法　187，194

经验批判主义　92

经验主义的课程　18

经院哲学　107～109

结构不良问题　225

解　释　24，46，52，67，76，86，101，
102，107，110，112，116，117，128，
129，139～141，157，159，173，181，
194，204，206～208，211，212，214，
216，217，219，224，229，230

解释框架　204

接受式学习　25，154，161，231

解决问题能力　13，213

决定论　141，176，178

K

开放性　44，63，64，67，74，80，173，
225，239

开放性问题　225

课　程　1～3，7～23，25～35，39～42，
48～50，52，53，55～62，71，72，79，
80，82～84，86～91，96～98，103～
106，111～115，118，119，122，124～

127，129，138，143～146，150～156，
158～167，170～174，179，180，184～
192，194～200，204～210，212，213，
215，216，219，221，225，226，230～
240，242，245～258，260～264

课程编制　3，15，16，98，163

课程法则　185，188

课程观　7，8，16，55，56，59，61，
105，138，166，180，185，188，189，
248，251

课程论　7，15～17，188

课程目标　17，25，30，57，146，186，
235，244

课程评价　160，210，235，239，244，
245

课程设计　7，10，14～17，20，22，23，
30，31，35，49，54，55，58～61，
89～92，97，101，104，145，146，
155，160，161，163，166，171～174，
178，184，185，202，210，213，214，
220，227，238，252，253，261，262

课程设置　16，26，31，113，115，127，
151，223

课程实施　15，30，33，59，180，253

课程性质和价值　212

课程研究　15，17，174，200

课程要素　171

课程的意识形态　170

课程知识体系　145

名词索引

科举考试 127

课堂教学 34,35,232,233,235,242,243,246,247

课堂教学评价 238,246,247

课堂教学评价的策略 246

可反驳性 99

可检验性 54,56,79,98,99,101,103,185,210,215

可塑性 74,75

科学 3~12,17~42,44~46,49~63,66,67,72,75~122,124,125,127~129,132~146,150~154,156,158~160,163~168,172,175,176,177,184,185,187~195,198~200,202~208,210~223,226~232,242,243,247~249,251~253,255,257,258,260~263

科学本质 106,184,212

科学的人文主义的课程 19,144

科学法则 189

科学方法 121,143,144,150,151,167,191,251

科学革命 127

科学共同体 206

科学观 40,55,98,203~205,208

科学技术 9,12,19,29,37,85~87,105,192,197,253

科学教育 3,6,23,24,28,80,81,84,85,87,97,105,114,115,143,159,204,231,236,243,247

科学精神 3,27,80,119,143,150,191,213

科学课程 3,7,20~23,26~31,35,48~50,53~56,58~62,79,80,82~84,87~89,96,97,103,106,113,119,138,143,145,150,153~156,166,173,184,185,187,189~191,194,209,210,212,216,219,221,223,225,235,254

科学（7~9年级）课程标准 25,87,213,231

科学课程发展 22

科学课程观 21,138

科学课程合法化 21

科学课程活动化 21

科学课程结构 210

科学课程评价 61,235

科学课程设计 22,30,55,61,89~92,138,155,166,184,210

科学课程的综合化 21,105,106

科学化 143,144

科学精神 3,27,80,119,143,150,191,213

科学史 72,83,117

科学事实 189

科学素养 21,25,28,29,33,84,86~88,135,184,191,192,194,248,255

科学态度　27，82，170，191，213

科学探究方法　30

科学研究兴趣　30

科学哲学　189

科学知识　7，9，25，32，50，52，58，62，72，79，87，112，118，119，150，154，157，189，191，210，212，218，226，228，229，251，252，261

科学知识观　7

科学中心课程　17

科学主义　143，144，166，185，190

可操作性的思维框架　189

可持续发展思想　6，14

客观　8，32，37，54，58，60，67～69，91，96，97，111，138，142，143，145，154，157，171，190，198，210～212，214，215，225，227～230，248，251，260

客观精神　67，68

客观性　19，23，98，215

客观知识　8，228，229，255

客观知识体系　8

客观主义认识论　23，32，33

客观主义知识观　92，97，154，161

客体　60，78，90，91

可证伪性　99

L

理科课程　9～12，22，27，32，41，42，58，97，98，151，153，163，164，184，191，192，210，233，248～258，260，261，263，264

理科课程设计　10，22，32，227

理解　6，10～12，18～20，25，28～30，33，34，36，37，41～43，46，50～52，56，58，61，63，65～67，69，72，75，83，85～87，91，96，107，109，119～121，129，133，138，139，142～145，150，154，156～158，163～165，167～169，185～188，192，195，196，199，200，204～208，211～213，220，226～229，231，238，241，244，249，252，258，261，262

理解记忆　10，11，41，42，261

理科课程论　15

基于环境和文化分析的情境模式　17

理性　24，35～37，39～41，43～46，48，50，52，53，56，60，62～66，71，72，80，83，90，93～95，98，99，101，107，108，127，137，138，166，171～175，190，201，206，208，229，230，247

逻辑思维　36，248，251，255，260

理性主义　36，63

两种文化　38，44，45，47～53，60，62，63

零点项目　50

理想　3，45，48，50，56，60，61，65，

66，69，71，83，103，123，145，172，183，184，188，189，203，208，219，239，245

逻辑实证主义 92

量子跃迁 102

量子化 101，102

六·三·三制学制 124

伦理道德 181，182

理性思考 190

理科教育范式转换 211

理想课程 15

量化评价 237

理论取向 61，166，170～175，178，184，185

M

迈瑞宣言 6

目标模式 17

矛盾 44，69，91，95，99，183，198，199，208，212，225

模糊性 225

矛盾性 225

N

能源短缺 4

能量的连续转移 102

内容组织原则 152

内在需求 233，245

内在动机 245

内在的学习动力 243

O

偶然性 78，177，178

P

批判课程模式 17

普通高中物理课程标准（实验稿） 30

判断 13，24，44，58，82，83，86，88，92，96，98，111，116，131，161～163，168，174，185，194，201，202，207，230，239，240，254，264

批判性思维 44，47，56，60～62，88，131，132，136，166，187，189，191，194，195，197，200～203，209，248，251，255，260

叛逆 22，48，56，130～132，209

PSSC（物理）课程 144

评价依据 160

评价方式 235～237，239

评价内容 161

评价手段 161

评价主体 162，236

评价目的 162，163

判断力 190

批判性教学方法 187，195

批判意识 47，200，202，203

评价体系 235，237，245

评价理念 237

评价主体多元化 237

评价信息的多源化 237

评价 16～18，28，30～32，38，55，56，59，61，105，138，158，160～163，180，182，197，202，210，212，220，222，235～240，243～247，253，254，264

Q

全球观念 30

求知欲 14，30，233

潜在课程 42

全称陈述 94，95

全日制十年制学校中学物理教学大纲（试行草案） 125

启蒙运动 174，175

情感性 177，178

群体利益 181

确定性 74，99，103，145，198

情感领域的评价 161，239

R

认识论 8，23，32，33，54，55，59～61，89～92，96～98，103，138，142，154，159，166，185，190，205，210，212

人文文化 44，50

热情 13，27，39，44，53，190，209，220，232

认知活动 57，78，84

认识结构 90

壬子癸丑学制 119

壬戌学制 120

人文主义 5，19，20，142，144

人类学基础 174

人性 5，51，62，66，70，89，174，175，182，184，203

认知方式 206

认知冲突 205，233

（日本）小学理科课程标准解说 210

认知策略的评价 239

任务驱动 240～245

S

生态 3，4，6，26，36，42，66，204～206，208，214，221

实证主义 8，32，33，54，91～94，96～98，138，154，166，173，174

实践与折中模式 17

实证研究 21，54，215

STS科学课程 22

思维习惯 28，30，85，86，88，195，226

世界观 32，96，100，139，190

实证科学 32，96，190，191

数学 12，28，38，39，42，43，50，85～88，92，105，107，110，113～115，121，122，126，144，155，191，

197，209，211

实证经验主义　44

实证主义　8，32，33，54，91～94，96～98，138，154，166，173，174

生命冲动　63，64

社会结构　70，133

社会建制　76

生物进化　78

实证主义哲学　33，92，97，138

思维方式　40，41，43～45，48，86，104，118，127～129，151，158，216，217

实验　2，4，12，13，22～26，30～32，42，55，80，82，94，96，99，101，102，106～112，114，116，117，119，120，122～124，126，128，138～141，143，144，149，150，154～156，160，162～164，167，168，187，191，192，194，205，211～216，219，223，230，231，233，234，236，239，249，257，259

实科中学　113

设计教学法　123

顺从　53，99，129，130，132，133，197

塑造　68，69，74，133

生活质量指数　133，134

审议　146，171

社会需求　171，191

社会文化需求理论取向　178

社会学　50，77，155，172，178，179，200

顺应　114，159，204

生物学意义　175

社会权利　180，181

社会利益　181

社会价值　53，173，180～182

实验验证　117，187

师生关系　187

实验教学　213

实验能力　213

生物能量　223，224

审计学生的表现　237

实验操作技能的评价　239

时效性　243

社会责任感　30，182，184，245

T

统计分析　21，34

探究式教学　25，33，34，86，164，214，226，227，229，231，233，254

通识性教育　50

凸面镜　116，147

泰勒原理　17，145，146

同化　45，159

推理的能力　168

讨论　14，15，34，35，43，57，60，61，79，101，109，124，126，148，156，164，165，170，172～174，186，187，

195，200，205，207，218，233，241，
242

探究 13，14，20，24，25，27，30，
33～35，40，47，52，56，57，61，82，
87，105，110，137，140，145，156，
163～165，167，186～188，194，195，
198，210，212，219，223，225～227，
229～235，241～243，252，261

探究式教学 25，33，34，86，164，214，
226，227，229，231，233，254

W

物理课程 2，12，13，25，30，122，
125，160，213，231，236

文化价值取向 21

文化学 11，21，22，106

唯知识论 33，97，166，173

物理科学 38，39，72，110，111，140，
141，221

文化人类学 47

问卷调查 1，2，7，8，26

未完成性 67，75

文化创造 66～70，74

文化媒介 69

文化进程 77，78

唯理论 108

五段教学法 123

"五·四"学制 126

唯知识论 33，97，166，173

唯理主义 168

文化知识基础 184

完整的人 63，64，67，69，70，184

文化再生产 15

问题式学习 225，226

外部激励 245

X

新课程标准 1，26，160，232，236

学习观 7

学科知识体系 10，20，146，153，184，
186，253，263，264

学习兴趣 2，12

学习方式 11，12，23，25，42，57，
105，119，154，157，187，195，220，
231，234，241，242

现代课程论 15，17

学科中心课程 18

学问或知识中心课程 19

学科基本结构 145，151，154，155

想象力 48，66，239

信念 30，49，52，83，97，103，108，
109，170，182，201，202，204，206

形而上学唯物主义 60，91

西学东渐 118

形式逻辑 96，106，127

学科中心 166，170

学习者的兴趣能力 171

相互关联 75，154

学习者理论取向 170，174，175

行为主义 171，176，208

行动 6，27，46，47，52，68，73，80，81，83，86，116，130，142，174，176，183，184，192，197，201，209，231，246

系统论 178，183

习得课程 187，239

协商 187

学科内容整合 221

现实性 66，221

循环性 221~223

形成性评价 236，237，240，243

学生的反思性自评 235，236

学习过程 25，58，211，220，231，232，234，236，240，245，247

学习动力 243

Y

厌学情绪 2，3，50，173

研究范式 33，173，174

应用科学 37，38，51

艺术 39，44，45，49~53，66，67，109，145，158，172，196，202

意志 36，51，52，63，83，130，140，191，219

毅力 52，222

研究假设 56，57，61，166，185~189，194，216，254

演绎 95，106，107，109，151，164，174

演绎推理 106，108

原子论 93，106

因果原则 107

元气学说 117

乙种本 125，126

意识 3，6，12~14，20，27，28，30，34，40，44，47，48，51，52，62，65，72，80，81，83，87，93，111，130~133，140~142，145，158，166，170~173，175，177，178，180，182~184，189，190，192，195~203，207，209，218，232，240，241，245

运算 155，176~178，267

依赖 28，29，45，57，65，68，71，75，82，85，86，111，140，142，171，172，178，181~183，186，191，196，206，216，217

运作课程 15，187，188

元认知 207，233

"原生态"问题 221

严密性 221，222

研究报告评价 236

Z

知识体系 3，8，10，20，23，52，58，59，62，79，81，99，103，107，119，145，146，150，153，184，186，201，

211，216，217，227~229，248，251，253，255，260，263，264

中国21世纪议程 6

真理 8，24，30，46，48，51，66，82，90，93~95，99，101，103，111，112，140，157，170，191，199，201，202，210，212，213，227~230，248，251，255，260

综合理科 20，22，26，27，57，58，152，153，191，192，251

综合科学课程 20~23，26，27，31，58，156，184

证实 23，54，55，58，92~96，98~100，108，211，215，230，240，251，260

自主学习能力 30

指示性 44

专门化教育 50

自信 53，155，160，219，236，242

证伪 24，54，55，92，98~103，166，215，230

证伪主义 54，55，98，166，215

主观精神 67~69

哲学 5，17，23~25，33，44，52，56，63，65~67，72，73，81，83，88，89，91~93，96，97，106~110，127，128，138~141，157，159，173，179，188~191，203，205，208，209，214，218

宗教 66，67，72，83，92，107，109，110，113，141

主观 8，12，31，60，69，77，91，111，142，145，157，177，190

主体 23，47，54，58，60，90，91，99，158，159，162，175~179，187，215，221，230，235~238，242，244

综合方法 112，137，141

中小学课程暂行标准纲要 122

知识创新指数 133，134

知识传播指数 133，134

中国公民科学素养调查 135

知识经济 134

直线式的累加 154

知识的运输 158

甄别 162，163，237，238

自我 28，47，71，80，84，106，133，157，160，162，175~178，180，181，184，199，200，216~218，225，235，236，238，239，241，244，245，254，264

自我中心主义 176

自私自利意识 175

自主性 46，47，175，176，183，187

自我繁殖 177

自我反思 177

自我意识 47，133，178，199

自我选择 178

自觉性 52，178

自主 18，25，34，77，178，183，195，

216～219，231，243

自我实现 184

知识迁移 186

质疑 48，57，132，186，187，194，195，198，202，205

中立性 198

政治性思考 199

自我激励 216～218

自我发展 80，217

真实性问题 225

真命题 23，93，230

纸笔测验 161，162，235，236，239，253，264

质性评价 237，243

自我评价 162，238，239，245，254，264

自我调整 238，245

自我监督 240

真实任务 56，235，240，244

自主学习 243

自学能力 243

责任意识 182，183，245

自我监督 240

指标体系 245

诊断性评价 236，237

人名索引

A

爱因斯坦　6，43，53，93，100，102，231

埃德加·莫兰　40，41，129，176，177，218

阿尔诺德·格伦　64

阿基米德　107，109

阿普尔　195～198，200

奥苏伯尔　208

B

波士科威克　93

布鲁纳　28，105，154～157，206，208

保罗·弗莱雷　133，195，202，203

巴克尔　231

巴罗斯　241

C

陈侠　15

陈文哲　118

陈文　120

蔡元培　191

D

戴维·普赖斯　5

狄更斯　38

多尔　39，40，81

杜威　33，42，53，81，97，105，123，131，139，171，189，231

丹皮尔　56，72，83，109，110，141

笛卡儿　88，93，127

德谟克利特　106

狄德罗　113

丁韪良　118

杜亚泉　121

E

E.B. 怀特　5

恩格斯　6，24，44

恩斯特·卡西尔 64

F

法拉第 93

弗朗西斯·培根 105，112

傅兰雅 118

饭盛挺造 118

方嗣樱 124

冯·格拉赛斯菲尔德 159

弗雷德·R. 达马尔 190

G

高佩 15

古德莱德 15，52

古德拉 17

G. H. 哈代 51

哥白尼 112，140

哥伦布 117

高铦 121

格朗兰德 163

格兰特·威金斯 238

H

赫尔巴特 18，123

胡塞尔 32，96

哈贝马斯 46

黑格尔 48

赫胥黎 49，105，114

怀特海 108

赫姆霍尔兹 110

合信 118

赫斯贡 118

和田猪三郎 118

何德贲 118

赫伯特·马尔库塞 44，202

I

Ianwestbury 173

J

J. H. Plumb 38

伽达默尔 46，190

伽利略 55，110，112，139，157

J. R. 拉维茨 72

吉尔伯特 93

贾丰臻 120

James V. McConnell 132

角屋重樹 211

K

卡尔·波普尔 3

孔德 92，96

库恩 100，203，217

夸美纽斯 112

孔多塞 113

康德 66，136

凯特林 137

克龙巴赫 240

L

雷切尔·卡森　5

廖世承　14

理查兹　15

李定仁　15，16，188

廖哲勋　16，31

劳厄　42

列奥纳多·达·芬奇　44，109

兰德曼　67~69

罗素　92，174

莱布尼茨　93

赖辛巴赫　94

拉卡托斯　93，100，203，214

罗吉尔·培根　108

罗亨利　118

林毅夫　127

拉伊　143

柳斌　88，136，193，194

洛克　204

林达　206

拉伯雷　218

M

马克斯·舍勒　63

马林诺夫斯基　72

马克思　24，44，52，73，199

马赫　92，140

莫里茨·石里克　92

墨翟　116

孟子　133

马斯洛　139

梅伊曼　143

玛格丽特·玛斯特曼　214

N

尼采　37，45，73

牛顿　41，51，55，83，93，100，102，
　　103，112，140，215，265，267

尼尔森　85

诺布尔　117

诺拉　157

内伏　240

P

普罗太戈拉　73

皮亚杰　91，208

皮戈特　117

帕斯卡　127，129

鄱斯纳　203，205

Q

契诃夫　39

瞿昂来　118

瞿菊农　124

琼·所罗门　28，35，192

钱学森　88，136，193，194

R

R.W.泰勒　172

任鸿隽　191

S

斯宾塞　1，105，114

斯坦豪斯　16，188

邵宗杰　27

舍恩　40

斯卡特金　42

孙维刚　42

施瓦布　17，105，111

圣托马斯·阿奎那　107

沈括　117

孙思邈　128

Semmelweiss　132

苏格拉底　157，159，200，202

石中英　179

斯特莱克　205，206

斯塔弗尔比姆　240

T

泰勒　15，17，93，145，146，163，172，239，240

唐纳德·T.坎贝尔　78

泰勒斯　93

陶行知　124，196

托马斯·库恩　203

W

王克仁　14

王伟廉　15

王秀红　26，27

吴国盛　41

W.奥根　89

魏斯曼　92

威廉·奥卡姆　108

王充　116

王夫之　117，136

王季烈　118，122

王兼善　119，122，146

汪世清　124

王国维　137

维柯　157

威利斯　241

X

邢清泉　15

徐继存　15，16，71，74，75，188

休谟　95

徐寿　118

徐建寅　118

谢洪贲　118

徐镜江　120

夏佩白　122

西尔伯曼　144，165

修森　207

Y

于海波　10，11，22，106

伊藤信隆　15

英费尔德　43

伊壁鸠鲁　52

亚里士多德　88，89，106～109，202，213

亚当·斯密　113

虞祖辉　118

严济慈　125

阎金铎　126

雅斯贝尔斯　104，160

伊姆雷·拉卡托斯　93，203，214

Z

钟启泉　15，16

赵友钦　117

张载　117

钟衡臧　120

周昌寿　120

郑贞文　120

詹姆斯·波帕姆　238

后　　记

　　本书从题目的确定、结构的形成到最终的完善都是在徐继存教授的支持与指导下完成的。传统科学课程由于在认识论上的偏差造成对文化的偏离，助长了科学课程中的科学主义倾向，不利于学生的健康成长，激励着笔者将该研究逐步深入下去。徐老师一直都鼓励我们从文化的角度看待科学，起初很长一段时间并未能理解这个中的含义。但当"噪声"一点点滤去，人的"文化"形象渐渐清晰，文化的品格、文化的内涵也渐渐浮出水面，这就是文化那种否定、超越的秉性和骨气，这才是文化真正重要的最为本质的表现。正是由于文化对自身的不断否定与超越的能力，才使文化成为不断生长着的、发展的文化。发现这一点不容易，但是很重要，否则绝不可能理解文化、绝不可能做到从文化的角度看待科学，也就不可能找到科学课程从科学与人文两方面培养人才的根本途径和实施策略。同时徐老师做学问的严谨态度和精湛的学术造诣以及徐老师一遍遍修改书稿时的孜孜以求的精神都感召我不致轻言放弃。所以尽管呈现在读者面前的书稿还并不完美，但没有徐老师在各方面给予的指导与关心，现在这种程度也依然不能达到。

　　书稿的修改过程中，还得到戚万学教授、高伟教授、魏薇教授、唐汉卫教授、赵昌木教授、万光侠教授、曾继耘教授、于洪波教授、王传奎教授、满宝元教授、东北师范大学于海波教授、曲阜师范大学王继锁教授的耐心指教，他们提出了许多非常宝贵、又极富启发性的建设性意见，对书稿的完成与完善起到了十分重要的作用。老师们带给我的这份激励与感动将会在今后的工作与生活中继续鼓舞我、温暖我克服困难、应对困境。

书稿的出版还要感谢山东师范大学物理与电子科学学院王传奎院长等领导的大力支持，感谢曲阜师范大学王继锁教授的热情帮助，以及社会科学文献出版社人文分社宋月华社长、张晓莉主任以及杨春花助理的鼓励与信任。没有他们的精心规划与辛勤工作，书稿至少不会这样快、这样高质量地得以出版。

书稿中同样凝结着家人的期望、理解和支持。母亲对我学习与工作热情一如既往的呵护总能给我信心与勇气；丈夫的辛劳是保障我每天开展工作的直接动力；细心又体谅的儿子的帮助对我更是莫大的鼓舞。没有他们书稿就不会如此顺利地完成。

鉴于作者的水平，书中观点可能还有疏漏、分析也可能还并不全面，因而作者不敢妄想能让读者从中获得多少益处，只是期盼读者能读下去，并多提批评意见，就将是对作者最高的奖赏。我愿与读者共同成长！

山东师范大学　张磊

2013 年 7 月 18 日

图书在版编目(CIP)数据

科学课程设计的认识论考察/张磊著. —北京：社会科学文献出版社，2013.9
 ISBN 978-7-5097-4963-0

Ⅰ.①科…　Ⅱ.①张…　Ⅲ.①科学知识-课程设计-中学　Ⅳ.①G633.72

中国版本图书馆 CIP 数据核字（2013）第 193685 号

科学课程设计的认识论考察

著　　者 / 张　磊

出 版 人 / 谢寿光
出 版 者 / 社会科学文献出版社
地　　址 / 北京市西城区北三环中路甲29号院3号楼华龙大厦
邮政编码 / 100029

责任部门 / 人文分社　(010) 59367215　　　责任编辑 / 孙以年
电子信箱 / renwen@ssap.cn　　　　　　　　责任印制 / 岳　阳
项目统筹 / 宋月华　杨春花
经　　销 / 社会科学文献出版社市场营销中心　(010) 59367081　59367089
读者服务 / 读者服务中心 (010) 59367028

印　　装 / 三河市尚艺印装有限公司
开　　本 / 787mm×1092mm　1/16　　　　　印　张 / 19.5
版　　次 / 2013 年 9 月第 1 版　　　　　　　字　数 / 242 千字
印　　次 / 2013 年 9 月第 1 次印刷
书　　号 / ISBN 978-7-5097-4963-0
定　　价 / 79.00 元

本书如有破损、缺页、装订错误，请与本社读者服务中心联系更换
▲ 版权所有　翻印必究